山东省社会科学规划研究项目文丛·一般项目

地域方言权研究

耿焰 张朝霞 ◎ 著

中国社会科学出版社

图书在版编目(CIP)数据

地域方言权研究 / 耿焰，张朝霞著 . —北京：中国社会科学出版社，2020.7
ISBN 978-7-5203-6046-3

Ⅰ.①地… Ⅱ.①耿…②张… Ⅲ.①方言—研究 Ⅳ.①H07

中国版本图书馆 CIP 数据核字（2020）第 033824 号

出 版 人	赵剑英	
责任编辑	任　明	
责任校对	季　静	
责任印制	郝美娜	

出　　版	中国社会科学出版社	
社　　址	北京鼓楼西大街甲 158 号	
邮　　编	100720	
网　　址	http://www.csspw.cn	
发 行 部	010-84083685	
门 市 部	010-84029450	
经　　销	新华书店及其他书店	

印刷装订	北京君升印刷有限公司	
版　　次	2020 年 7 月第 1 版	
印　　次	2020 年 7 月第 1 次印刷	

开　　本	710×1000　1/16	
印　　张	12.5	
插　　页	2	
字　　数	198 千字	
定　　价	88.00 元	

凡购买中国社会科学出版社图书，如有质量问题请与本社营销中心联系调换
电话：010-84083683
版权所有　侵权必究

序　言

顽强的方言

第一次意识到地域方言权问题，源于与学界著名的"王大爷"王人博老师（中国政法大学教授、博士生导师）的一次闲聊。当时他说到一个故事，大意是有一次与朋友们讨论问题，在他侃侃而谈后，有位北京人看着他很认真地总结道："王老师，您说话有口音。"王老师一愣，随即问道："我山东口音算口音，你北京口音算不算口音？"江湖传闻说，听王大爷谈话，思想火花迸发。王大爷的诘问让我猛然意识到：以北京口音为主的普通话，在中国实际处于"中央方言"地位。语言也有"中央"和"地方"之分，那么地域方言是不是也有独立的地位？语言权利中是否可分出地域方言权？这是个有趣的问题，值得挖掘。

虽然研究地域方言权问题较晚，但同所有非北京地区出生和长大的人一样，我对地域方言并不陌生，因为特定的地域方言就是我的母语，这是自然而然的事，没有任何刻意的安排。

我老家是四川峨眉山市，当地方言号称"峨语"，据说是世界上几大难懂语言之一，因为发音与天府之国的绝大多数地方都有区别，据说是因为明朝的汉语遗韵较多。我的童年处在物资匮乏的年代，收音机罕见，了解外面世界的信息主要靠报纸和广播，杂志几乎没有。童年的我，因为好识字，报纸的大标题和主要的内容，基本能囫囵吞枣地顺下来。但我不太喜欢报纸，因为报纸的文字用我们的"峨语"念出来，不仅别扭，而且所传达的信息表明那是另一个世界，与我的世界基本不相干。因此，现在根本记不起来自己在报纸上读过什么。相对于报纸，广播给我的印象更深。每天晚上六点，墙上那个装在一个木匣子里简陋的"纸盆广播"会准时响起来："峨眉县广播站，现在开始广播。"这是个地域方言的有线广播，广播用语是"峨语"。所有的内容无论是当地的新闻、摘自报刊的新闻还是天气预报或农业知识以及所谓的散文等，统统用"峨语"来读。当然，广播以峨眉新闻为主。广播里说的话与我日常听的、说的别无二致，感觉就是隔壁的嬢嬢（当地对阿姨的称呼）在说话，特别亲切。实际上，广播并不需要刻意去听，但似乎一直都在。吃饭、做事、发呆的时候，尤其在那些阴冷、濡湿的冬夜，广播用峨语特有的起起伏伏的声调，使用我们熟悉的词语，叙述着我们平静的生活。这是一种别样的温暖和安全。某种意义上，家乡就是"峨语"表达和勾勒出来的世界。故乡如此遥远，童年如此模糊，不过是一个没有轮廓的剪影。但就是这个"峨语"方言广播，让童年灵动起来，也是小城人们共同的经历和记忆。

  上学了，老师要求用普通话。小娃儿的我们哪里知道什么是标准的普通话？何况，那时候老师的普通话也很"朴实"，毕竟四川的小县城与北京地区相隔如此遥远。我们的普通话似是而非，只是将所有想表达的意思都转成普通话的调调，词语还是方言词语，是地道的"峨语"。例如，把普通话中的"树梢"转化成"树的颠颠高头"，在我们看来是很自然、很拿手的事。现在知道了，那是"川普"或者更形象一点，是"椒盐普通话"，川味儿十足。那个年代，学校里都是椒盐普通话，虽然不标准，但是好用，既满足了普通话的要求，又不影响我们的思维方式，毕竟只是语音调调的转换嘛。何况，普通话只管教室、操场、食堂、家庭都是"峨语"的天下。两者和平相处、相安无事。所以，与其说我是用普通话接受的小学、初等教育，毋宁说我是用"峨语"和"川普"接受的初等、中等教育，普通话并没有影响到我的思维。我们这一代人恐怕都是如此。

  浸润在"峨语"和"川普"的我上了大学，兜兜转转仍然在四川，即现在的直辖市、当年四川第二大城市——重庆。当地话是重庆话，与成都话有些区别，与"峨语"的差别更大些，但仍同属于四川方言。重庆话在保留四川话拖音的同时，有一股很直爽的味道，这或许与重庆的坡坡坎坎有关？抑或受重庆火锅的熏染？大学里，老师们有用普通话上课的，更有"开腔"就是四川话或者重庆话的。学生不论来自哪里，都以会说四川方言为荣，因为在那座山城，唯有操一口地道的四川方言才能获得如鱼得水的生活。西南政法大学有个独特的现象，低年级的新生都说着天南海北调调的普通话，到四年大学下来说一口流利四川方言的大有人在。还记得课堂上,老师一句"知其然不知其所以然",其中"所以"中的"所"的尾音拖了二里长。这抑扬顿挫所带来的韵味显然不是讲究字正腔圆的普通话可比拟的。

那是个地域方言还有很大生存空间的年代,也是以地域方言为依托的各种思想交锋和碰撞的年代。事实上的语言权利带来了语言的丰富,而语言的丰富又带来了文化的繁荣,特别是地域文化的繁荣。

语言承载着文化。地域方言是特定地域各种历史的沉淀,农耕、养殖、建筑、手艺、饮食、起居、迁移、战争等都能在地域方言中沉淀,并通过方言来展现。语言还反映了特定语言群体看待世界、自然、社会的视角和认知,这种视角和认知是独特的、不可以被其他视角和认知轻易取代,而这也许就是世界、自然和社会真实的一面。一种地域方言的灭失意味对应地域文化的没落;一种地域方言不能在本地域的公共场合使用,则意味着地域文化被不恰当地挤压。

遗憾的是,地域方言权利作为语言权利的一种,本来是最自然的权利,但却没有得到最自然的承认和重视。在特定地域内,人们有没有可以选择特定地域方言为交流语言的权利?这种交流显然不限于私人或私下交流。人们有没有选择以当地地域方言作为受教育语言的权利?宪法在"推广普通话"的政策下回避了这个问题。王人博老师困惑除北京口音外所有口音都被视为"口音"?而"北京口音"就不是"口音"?这个问题实际上是法律政策长期忽视地域方言权利而形成的一种语言歧视,哪怕轻微的,也是歧视。

今天,山城的大学课堂上是不是还用四川方言作为课堂教学语言,不得而知。恐怕"开腔"就是四川话的少了吧?很可能字正腔圆的普通话已经统领了校园。倒是家乡的电视台建起了,高高地耸立在城中央,成为县城(早已成为市)一景。峨眉山金顶那个高高的电视发射塔据说覆盖全省。但不知从什么时候起,家乡的广播、电视再听不到"峨语"了,无论扭开那个开关,广播、收音机、电视里传来的都是字正腔圆的"普通话"。只是在大街小巷,熙熙攘攘的人们还在用"峨语"说着他们的过往、他们的故事;万家灯火中,不少家庭仍然用"峨语"叙说他们的憧憬,他们的向往。在教师都需要通过普通话水平测试的今天,"峨语"仍然是当地的交流语言。可以想象,这种状况会一直存续下去。

诚如木心所言：方言，比什么都顽强的。地域方言权，也应该比什么都坚固。

是为序。

耿　焰

2018 年春节于峨眉山

目　录

第一章　地域方言权问题的缘起 ……………………………………（1）
　一　统一国家认同后的语言问题 ……………………………………（2）
　　（一）国家权力介入后的语言类型 …………………………………（2）
　　（二）统一国家认同中通用语言的确立 ……………………………（4）
　　（三）统一国家认同中确立通用语言的缘由 ………………………（9）
　二　地域方言的界定 …………………………………………………（12）
　　（一）地域方言的概念 ………………………………………………（12）
　　（二）地域方言的类型 ………………………………………………（16）
　　（三）地域方言的实质 ………………………………………………（18）
　三　通用语言：中央地位的地域方言？ ……………………………（20）
　　（一）地域方言与通用语言的对立关系 ……………………………（21）
　　（二）地域方言与通用语言的协同关系 ……………………………（23）
　四　研究地域方言权的意义 …………………………………………（25）
　　（一）地域方言权研究现状 …………………………………………（25）
　　（二）研究地域方言权的意义 ………………………………………（30）

第二章　确定地域方言权的关键因素 ………………………………（39）
　一　对语言选择自由的容忍程度 ……………………………………（39）
　二　国家的目标定位 …………………………………………………（44）
　三　语言群体的实力 …………………………………………………（50）

第三章　地域方言权 …………………………………………………（58）
　一　地域方言权的含义 ………………………………………………（58）
　　（一）选择地域方言作为交流语言的权利 …………………………（60）
　　（二）选择地域方言作为教育语言的权利 …………………………（61）

（三）地域方言权的消极权利性质 …………………………（63）
　　（四）地域方言权的积极权利性质 …………………………（65）
二　地域方言权的内容 …………………………………………（67）
　　（一）不同地域方言的平等地位 ……………………………（67）
　　（二）地域方言在特定地域准官方语言的地位 ……………（69）
　　（三）地域方言的准官方语言地位不是排他性的垄断地位 …（75）
三　地域方言权的主体 …………………………………………（78）
　　（一）地域方言权的个人主体 ………………………………（78）
　　（二）地域方言权的集体主体 ………………………………（79）
四　地域方言权的实现路径 ……………………………………（83）
　　（一）作为习惯权利的地域方言权 …………………………（83）
　　（二）作为自治内容的地域方言权 …………………………（87）
　　（三）作为语言权利的地域方言权 …………………………（90）
五　地域方言权中的国家义务 …………………………………（97）
　　（一）地域方言的困境不是自然竞争的结果 ………………（97）
　　（二）确定地域方言权国家义务的原则 ……………………（99）
　　（三）地域方言权国家义务的内容 …………………………（104）

第四章　地域方言权与其他权利的交织 ……………………（108）
一　地域方言权与平等权 ………………………………………（109）
二　地域方言权与表达自由权 …………………………………（111）
三　地域方言权与受教育权 ……………………………………（114）
　　（一）地域方言权与受教育权的差异 ………………………（114）
　　（二）公立教育中的地域方言选择 …………………………（116）
四　地域方言权与公正审判权 …………………………………（120）
五　行政领域中的地域方言问题 ………………………………（124）

第五章　地域方言权的中国启示 ……………………………（127）
一　我国汉语地域方言的形成和划分 …………………………（127）
二　地域方言的分化问题 ………………………………………（130）
　　（一）地域方言内部的分化：强势方言与弱势方言 ………（130）
　　（二）对地域方言发展的两种观点：肯定派与否定派 ……（134）
　　（三）对地域方言使用的两种态度：限制方言与保护方言 …（136）

（四）使用地域方言的两种情况：规范使用和随意使用 ……… （143）
　　（五）地域方言发展变化的两种方向选择：一体化抑或
　　　　　多样性 ………………………………………………………… （145）
三　地域方言与普通话的关系 ……………………………………… （147）
　　（一）地域方言与普通话的历史渊源 ……………………………… （147）
　　（二）地域方言与普通话的现实纠缠 ……………………………… （151）
四　地域方言权与推广普通话的正确"姿势" …………………… （157）
　　（一）地域方言法律地位分析 ……………………………………… （157）
　　（二）推广普通话的"姿势" ……………………………………… （165）
五　地域方言权与中国道路自我表达的话语困境 ……………… （168）
　　（一）中国道路自我表达的原创语言缺失 ………………………… （168）
　　（二）通用语言的强势造成汉语语言的供给吃紧 ………………… （171）
　　（三）通用语言与中国文化的脱节现象明显 ……………………… （172）
　　（四）通用语言的强势削弱了思想的原创性 ……………………… （174）
六　地域方言权与中国道路自我表达话语困境的突破 ………… （176）
　　（一）地域方言展现了真实的中国 ………………………………… （176）
　　（二）地域方言所蕴含的地域文化构成中国文化 ………………… （178）
　　（三）地域方言为中国道路的思想原创提供路径 ………………… （179）

参考文献 ……………………………………………………………… （183）
后记　方言的味道 …………………………………………………… （186）

第一章

地域方言权问题的缘起

语言是什么？从人类学、政治学、法学、历史学的角度，同一现象注定有不同的解释。如在人类语言学家看来，语言是可交流思想和情感的语音符号系统，"是一个具有完美同质性载体的完美符号系统，它可以处理特定文化的所有意义所指，无论是在实际交流当中，还是在交流的理想替代形式中，如思考"。① 在政治学家眼里，语言代表了任何社会对现实、对世界、对自然、对自身、对自身历史及奋斗目标的看法，通过"形象地描述和抽象的隐喻"表达了这些看法。②

统一国家的过程中，语言的发展演进也出现了新的变化。这其中的基本缘由是认同问题。正如有人所观察的那样："认同问题和归属感似乎已经取代了物质权益问题。"③ 各国为了促进国家认同，都通过法律的形式明示或默示地确立了以某种或某几种地域方言为基础的通用语言或官方语言的地位，造成了"通用语言""官方语言""标准语言""国家语言""民族语言"和"地域专有语言""方言""地域方言"等多种语言并存的局面。有人统计，目前世界上采取单一官方语言的国家约为3/4，采取两种以上官方语言的国家约为1/4，如印度有23种官方语言，南非有11种官方语言。④ 不同的语言之间不再是自然状态下的此消彼长的平等竞

---

① [美]爱德华·萨丕尔：《萨丕尔论语言、文化与人格》，姚小平译，商务印书馆2011年版，第4页。
② Cf. Isaiah Berlin. *The Crooked Timber of Humanity*, edited by Henry Hardy, London: Johan Murray (Publishers) Ltd., pp.8-9.
③ [英]吉姆·麦圭根：《文化政策的三种话语》，载[美]尼克·史蒂文森编《文化与公民身份》，吉林出版集团2007年版，第180页。
④ 张学谦：《印度的官方语言规划——第八附则与语言承认》，载《台湾国际研究季刊》2006年第2卷第4期。

争。国家强制力的干涉既带来了不同语言之间的借鉴和融合，也产生了不同语言之间的冲突，地域方言问题被提出。本部分内容包括：统一国家认同后的语言问题，解决基于特定的文化需求与个人的"母语情结"下的语言选择；法律对地域方言的界定；地域方言与通用语言的关系，阐述权力介入后通用语言的"国家方言"或"中央方言"优势与地域方言的"天然劣势"；地域方言的法律地位问题等。

一　统一国家认同后的语言问题

（一）国家权力介入后的语言类型

什么是语言呢？最常见的概念往往也是最难定义的概念。《韦氏新世界字典》的解释或许是比较全面客观的一个定义：语言不仅包括通常理解的人类的言语、系统的文字表达、用来表达或交流思想和感觉的声音以及由这些声音组合而成的系统，还包括表达或交流的任何方式，如手势和标记，也包括用来传达信息的符号、字幕、数字、规则等特殊集合。语言的类型很多。早在1951年，联合国教科文组织（UNESCO）按照语言使用的目的以及群体将全人类的语言作了分类，包括：特定地域原有居民的本土语言或原生语言（indigenous language）；通用于地中海某些港口掺有法语、西班牙语、希腊语、阿拉伯语和土耳其语的意大利混合语（由具有不同的第一语言的人们为特定目的而沟通所惯常使用的语言）（lingua francas）；一个人从孩提时代就掌握的语言——母语（mother tongue）；作为一个政治、社会或文化共同体的民族语言（national language）；用于官方场合的官方语言（official language）；具有不同语言背景的人使用的混合语言（pidgin）以及由居住在特定地域的具有不同语言背景的人使用的地方语言（regional language）等。有人对这种分类标准提出了质疑，如土著人语言是处于最初状态的语言，但一种语言的"最初状态"要到什么程度才能够得上土著人的语言？这很容易产生分歧。因此有人提出了另外的语言分类，包括官方语言、地方语言、跨越种族界限在多语言民族使用的语言、群体语言、教育语言、文学语言、宗教语言等。① 从这些语言的分类不难看出，分类的标准依据的不仅仅是语言学中的语言本身，如发音系统、语法、词汇等，而且也依据语言与权力关系的远近来划分。可以说，所有语言类型绝不仅仅是语言学上的语言类型，更多地体现为语言与权力的关系类型。依照这个标准，语言可分为通用语言（官方语言）、标准语言、国家语言、本土语言、地域方言、社会方言。它们之间的区别既有语言本身在形成、发展中产生的语言学上的分别，更有国家权力介入程度的区别。

一是通用语言：又称官方语言，是作为一个国家或实体用于官方以及公共场合的语言，通常由国家的法律或政策明示或默示地确立其地位，通用于国家权力所辖范围内。有人统计过，在联合国192个成员国的162部宪法中，有112个国家的宪法规定了通用语言或官方语言，占69.1%。

二是标准语言：称为Standard Language，按照雷蒙·威廉斯的定义，标准本意是度量的尺度或准则、基准，语言之所以标准是因为"标准（standard）这个词汇从重量与长度的度量单位和标准尺度延伸到其他领域，具有普遍的指南或规范的意义。"② 如果与标准不吻合或者有差别，那么就意味着不规范或不准确。一种语言的语音、词汇、语法等之所以成为衡量其他语言的标准，这其中不难发现权力的作用。本来语言就是自发形成、不断变化发展的，无所谓标准与否。虽然历史上的各种过往，偶然的或必然的都可以在特定语言的形成和发展中找到痕迹，甚至是很深的痕迹，但是形成和发展本身终归是语言自己。倘若截取语言中的某一种或某几种，将其定为标准、作为权威来衡量其他语言，这是一种文化宰制，是权力对以语言为代表的文化宰制。因此，从这个意义上讲，标准语言与通用语言或官方语言异曲同工。

三是国家语言：国家语言通常简称国语，这也是权力介入后才确立专有地位的语言，通常认为其在促进国家凝聚力与统一性，促进对国家和文化的认同以及忠诚方面有独到的作用。如澳大利亚在1987年《国家语言

---

① 参见 Colin H. Williams, *Linguistic Minorities in Democratic Context*, Palgrave Macmillan 2008, pp. 82–83。
Isaiah Berlin, *Vico and Herder: Two Studies in the History of Ideas*, London: The Hogarth Press 1976, p. 168.

② [美] 雷蒙·威廉斯：《关键词——文化与社会的词汇》，刘建基译，生活·读书·新知三联书店2005年版，第502页。

政策》宣布澳大利亚英语为澳大利亚的国语，是澳大利亚独特文化的表达方式，是民族认同的组成要素。

四是本土语言：这是一种与地域相关的语言，与国家领土有关，但与权力的密切关系远不如通用语言、标准语言和国家语言。本土语言通常是指在国家成立之前领土上实际通用的语言，本土语言可以作为通用语言、标准语言或国家语言，也可能因为权力关系与通用语言、标准语言或国家语言分离，如澳大利亚在1987年《国家语言政策》中承认土著语言是澳大利亚的本土语言。本土语言是一种统称，不是具体的语言语种如澳大利亚土著人的语言实际上又分为许多种相互独立的语言。

五是地域方言：地域方言又称地区专有语言（如《世界语言权宣言》所表述的就是地区专有语言），是在特定地域历史性沉淀下来并作为公共场合实际交流工具的语言，地域方言可以因权力的介入成为通用语言、标准语言或国家语言，如现代在英国作为标准语言的英语就来源于16世纪特定地域的方言，主要是伦敦的方言。当然，更多的地域方言因无权力的介入，或没有被权力选中而以原生态的形式存在。因此，从这个角度看，地域方言是语言的最小单位，具有独立的语言地位，是浸润其中的个体和群体当然的母语。

六是社会方言：这是语言的一种变体，依据社会地位、阶层、行业属性或行业特点以及生活习惯的变体。

（二）统一国家认同中通用语言的确立

通用语言又称官方语言，其通常不是自发形成或者自行产生的，而是基本属于国家权力介入的结果。首先，"通用"不仅表明了语言的实际运用范围和状态，更表明了权力的一种期望和预期的目标，是权力确定的结果。其次，官方语言中的"官方"表明了语言使用的首要主体，表明政府在对内和对外交往中将某种语言作为正式使用的语言，这也是权力界分的结果。人类文明发展中，以明示方式如通过立法或者类似立法的举措来确立某种或某几种语言在政治统治中垄断地位的做法早已存在。例如，古罗马在奥古斯都屋大维时期，将恺撒时代确立的以速记方式抄录并公布元老院会议的内容和决策的做法再进一步细化，确切地说是发扬光大。屋大维根据元老院发言的内容，将元老院会议分为《每日纪闻》和《元老院纪事》。其中《元老院纪事》仍然以速记方式记录内容，记录存在档案馆，任何人都可以随时来翻阅。而《每日纪闻》则更接近官方消息，以记录国家政策、元老院议事以及公职选举的结果等内容为主，向本土内的地方自治体以及行省内的殖民城市发布官方消息。《每日纪闻》和《元老院纪事》均为表明罗马官方立场的记录，都要求使用拉丁语和希腊语。① 因此，拉丁语和希腊语可以视为通过明示方式确立的罗马通用语言。

现代社会中，通用语言和官方语言的确立更为常见。据统计，目前世界上绝大部分国家都以明示或默示方式确立了自己的通用语言或官方语言，其中明示是通过法律或政策对某种或某几种甚至多种语言在国家权力以内作为专门交流工具的地位进行确定，典型的如澳大利亚、英国、西班牙、新西兰、日本、泰国以及中国等。这其中包括以下几种情形。

通过明示方式确立通用语言或官方语言的第一种情形是将原有的、在一定的地域流行的或某个特定语言群体的语言直接宣布为官方语言或通用语言，这往往与特定地域内语言群体的实力，包括政治、经济和文化上的实力相关，结果就体现为实力最强的语言群体的语言更有机会得以成为官方语言或通用语言。例如，澳大利亚在1987年《国家语言政策》中正式确认澳大利亚英语的地位，正式声明澳大利亚英语是澳大利亚的官方语言，是联邦、州及地区议会及制定、颁布和解释澳大利亚法律所公开正式使用的语言，也是澳大利亚不同语言背景的人的通用语。

通过明示方式确立官方语言或通用语言的另一种情形为从国家共同体内本来存在的多样语言中进行选择，将其中的一种或几种语言的部分，如语音、语义、语调、文法等进行重新组合，成为官方语言或通用语言。这种官方语言或通用语言的特点是同国家共同体内的原有的某种或某几种地域方言有亲缘关系，即原来就在国家中存在，但仅仅在国家共同体的某些特定领域历史性沉淀下来、作为该地域专有交流工具的某种地域方言，因为权力的认可，成为国家共同体内其他地

---

① ［日］盐野七生：《罗马人的故事》（Ⅵ 罗马统治下的和平），徐越译，中信出版社2012年版，第23—24页。

域公共领域内的交流语言。这实际上意味着，被通用语言选中的某种或某几种地域方言获得了一种"中央方言"的地位。如欧洲在 19 世纪，以语言为基础构建民族主义，于是"（方言）被加以汇编、标准化、一元化和现代化……"，① 由此在原生的、并存的方言中介入了权力，"政治权力为方言的统一提供了驱动力，被印刷的官方语言文字在政治疆域内获得推广、普及；民族语言表现出通用化、专业化和疆域化的魔力"。② 于是，一批以原生的地域方言为基础的通用语言得以产生。例如，法语是以奥依语区的巴黎方言为基础方言，西班牙语是以卡斯蒂利亚语为基础方言，英语是以伦敦方言为基础方言，中国现行的普通话也是如此。根据中国的《国家通用语言文字法》，普通话是以北京语音为标准语音，以北方话为基础方言，以典范的现代白话文著作为语法规范而确立的通用语言。其中，北方话仅仅是汉语方言中的一种。③

通过明示方式确立通用语言或官方语言的第三种情形比较特殊，特殊在所确立的官方语言或通用语言与国家共同体内原有的、历史性沉淀下来的语言可能没有任何关系，官方语言或通用语言完全是其他语系中的、在国家领域外其他地域形成和流行的语言。之所以如此，在于因某种缘由（这往往与被殖民或被附属的历史相关），使得本来与特定国家原有的各种语言毫不相干的某种语言以强势的姿态强行在特定国家内推行，最终造成了该种语言在国家共同体内形成了一定规模的语言群体，这个语言群体的规模或许不大，但在国家共同体内的实力强大。于是，即便是某种缘由已经不存在，或者某段历史已经结束，该种语言也作为通用语言被特定的国家准许在公共领域内使用。这方面典型的例子如印度将英语作为官方语

---

① ［英］埃里克·霍布斯鲍姆：《帝国的年代》，贾士蘅译，上海人民出版社 2006 年版，第 177 页。

② ［美］本尼迪克·安德森：《想象的共同体：民族主义的起源与散布》，吴叡人译，上海人民出版社 2005 年版，第 69—77 页。

③ 中国有多少语言区域，这是一个有争论的问题。单是汉语言区域就有七大方言区、八大方言区和九大方言区之说。1934 年《中华民国——语言区域图》将汉语方言分为九类：北方官话区、上江官话区、下江官话区、吴方言区、皖方言区、闽方言区、粤方言区、潮汕方言区、客家方言，另外还有古方言区。

言或通用语言。①

确立通用语言或官方语言的默示方式则是虽然国家层面没有法律或政策来对某种语言的专门交流工具地位进行确定，但是在实际政治生活、经济来往以及文化表达中，某种特定的语言实际地被作为交流工具，典型的如美国。虽然美国在国家层面通过国会议员频频提出关于确立英语为通用语言的各种提案，特别是21世纪以来，这种提案更是多见。② 从立法形式看，至今美国在联邦层面仍然没有明确的立法来确立英语的通用语言地位。但是在联邦政府层面，英语具有实际的官方语言地位，联邦政府的各级官员在执行公务和处理行政事务时必须使用英语；政府部门的历史文书、公文记录、政策法规、公开出版物以及任何形式的书面文函不得使用英语之外的语言。在国会中，虽然规则规定议员们可以用自己选择的语言包括非英语在内的其他语言来作为发言语言，但是国会没有义务为此提供翻译，这实际上迫使议员们使用英语来辩论和发言。③ 最重要的是，美国政治体制中联邦与州权力的划分，使得在州的层面上，各州有权自己制定法律、颁布政令。这造成一个局面，即虽然到目前为止，联邦层面以法律形式明确规定英语为美国官方语言或通用语言的法案还未能通过，但在50个州中，已经有30个州颁布了"英语为官方语言"的法律。虽然其中也有亚利桑那州关于"英语为官方语言"的法律被裁定为违反宪法，但是其他各州关于英语作为官方语言的地位没有动摇过。④ 更何况，美国还

---

① 印度确立了23种官方语言，除英语外，其他均为地域方言。英语在印度宪法中原本只是过渡性、临时性的官方用语，在宪法生效之日起15年后即予以取消。这条规定不仅针对联邦官方机构，对地方各邦也是类似的要求。宪法第210条第1款规定，各邦立法机关的事务以"邦官方语言、该地方语、印度语或英语处理"，第2款则规定，自宪法施行之日起15年后，邦立法机关应将前项"印度语或英语"中的"或英语"删除。然而，印度后来颁布的《官方语言法案》和《官方语言条例》，彻底改变了上述规定。英语的官方地位不仅没有被取消，反而获得更高的宪法地位，这里面印度精英群体功不可没。

② 关于美国21世纪以来语言立法的主导倾向，参见周玉忠主编《美国语言政策研究》，外语教学与研究出版社2011年版，第140—145页。

③ Alan Patten and Will Kymlicka, *Language Rights and Political Theory: Context, Issues, and Approaches*, Will Kymlicka and Alan Patten (edited), *Language Rights and Political Theory*, Oxford, Oxford University Press, 2003, p. 20.

④ 按照美国的分权体制，即便州政府所颁布的法律和法令违背了宪法，只要执行过程中没有人将其告至联邦最高法院，联邦政府无权干预，因此，其余各州关于"英语为官方语言"的法律法令实际仍然有效。参见周玉忠主编《美国语言政策研究》，外语教学与研究出版社2011年版，第148页。

有其他政策来支撑英语的实际官方语言地位,如"历史上州政府边界的划定和它们加入联邦的时间都经过了精心的安排,以确保以英语为母语的人可以在美国联邦的50个州中都占大多数。"① 此外,长期如一的学校教育尤其是公立学校教育和移民政策中的实际奉行的英语语言选择政策,更是实际巩固了英语的"通用语言"地位。

可见,用默示方式确立某种或某几种语言的官方语言地位表现为国家层面的立法虽然缺失或者不明确,但可以以不包括立法在内的多种方式明确或者隐含在有关政府行为的法规甚至惯例中。更为重要的是,默示方式确立的通用语言,如美国的英语在实际的政治统治、经济交往、社会生活和文化表达中占据的统治地位往往非常明显,或者实际不能被挑战。

不管是明示的方式,还是默示方式,通用语言在确立自己排他性专有地位的过程中,国家权力的介入是关键,而权力介入的方式多以教育、经济和兵役的方式,其中必然伴随着权力对其他语言的排斥。以法国为例,其位于欧洲大陆,即便在罗马帝国势力强盛时期,得益于罗马帝国对行省和殖民地宽松的语言政策,现在的法国属地在当时并没有通过语言被强行同化。其后,与罗马帝国势力相提并论的帝国不多,法国的发展总体应该是宽松的,语言也呈现出多元的局面。到19世纪中叶,法语在法国还没有普及,当时法国有四分之一的人不讲法语,而且还有四分之一的人不懂法语。其后,将法语教育与培养公民意识结合起来,将所谓的法兰西精神也与法语相联系,正如1994年法国国民议会通过的《法兰西共和国法语使用法》所申明的一样:"根据宪法,法语是法兰西共和国的语言。法语是法兰西品格和遗产的基本要素。法语是教育、劳动、交际和公共服务部门使用的意愿。法语是法兰西共同体各成员国之间的特殊纽带。"可以说,正是通过权力确定教育,包括关于公民的教育和关于共和精神的教育,并通过权力打压其他语言(如禁止布列塔尼人说布列塔尼语,将其语言与随地吐痰并列;禁止泰罗亚人讲泰罗亚语,认为其语言不干净;禁止西班牙人讲西班牙语),② 法语得以成为法国的通用语言。其间的过程体现权力强大的功能,权力所辖之处就是法语所扩展之地。同时也体现了

---

① [加]威尔·金利卡:《少数的权利——民族主义、多元文化主义和公民》,邓红风译,上海世纪出版集团2005年版,第12页。

② [法]罗朗·布洛东:《语言地理》,祖培、唐珍译,商务印书馆2000年版,第86页。

权力的傲慢，表现为权力对其他语言和语言群体的贬低、排斥或歧视。其他国家，如英国、德国确立各自通用语言的过程也大致如此。①

至于确立一种、两种还是多种语言作为通用语言或官方语言，这也与权力相关，在某种程度上，也是一种政治考虑。世界上目前实行多种语言为通用语言或官方语言的国家以欧洲一些国家居多，典型的如瑞士、比利时等。以瑞士为例，其以德语、法语、意大利语三种语言为官方语言，表面上看，这是一种对语言的中立态度，权力似乎没有介入，或者至少介入的程度不如确立一种官方语言的国家如法国等那样深。但是，联邦在对三种语言刻意平衡的背后，仍然是权力的角逐，只是这个角逐甚至超过了瑞士本身。因为瑞士在地理位置上处于欧洲的交叉口，文化上也处于交叉口，境内语言群体分别为德语、法语、意大利语以及混合语群体，而德语、法语、意大利语背后都是欧洲的主要强权。有人为此总结道："德语、法语和意大利语在法律上的平等地位是瑞士中立这个铜板的另一面。"② 意思是三种语言在瑞士的平衡是权力平衡不得已的结果。

通用语言或官方语言的确立是权力直接干预或直接介入的结果，而权力与语言之间之所以能名正言顺地建立关系，或者建立的关系至少表面具有相当理性，这主要是借助了统一国家认同。

（三）统一国家认同中确立通用语言的缘由

毋庸置疑，统一国家认同中确立通用语言的理由首先在于语言是一种别的方式无法取代的、人类最为重要的交际工具。其次，语言是文化最为重要的载体，是文化群体经历的浓缩。但值得一提的是，统一国家认同中确立通用语言更重要的理由在于语言与思维直接相关，在某种程度上，语言甚至等同于思维模式，如沃尔夫提出了"萨丕尔—沃尔夫假说"，论证了语言与思维的关系，认为所有高层次的思维都依赖于语言。每一种语言都由特定文化规定了其形式和类别，人们不仅根据这些形式和类别进行交往，而且用以分析现实，梳理自己的推理并构建自己的意识。换言之，语

---

① 关于确立通用语言与公民教育、民族教育的关系，可参见肖建飞《语言权利研究——关于语言的法律政治学》第二章《民族国家政治构建中的语言权利模式》第一节《西欧单语制下的语言自由》，法律出版社2012年版，第35—56页。

② 详细论证可参见［美］安德森《想象的共同体：民族主义的起源与散布》，吴叡人译，上海人民出版社2005年版，第127—130页。

言不仅仅是自我与现实之间的媒介，而且语言在思想中具有组成性，决定了思维的方式或模式，如特定词语在特定语境中产生，有特定的含义，这决定了浸润于其中的使用者思考、观察、反应和总结的角度和方式。处在特定语言环境中的人，既不能从语言中走出去，用其他的方式来准确地表达自己或者让他人理解自己，也不能脱离语言本身的束缚，以一种不受语言影响的超然视角来看待这个世界。有人曾经总结道："一个民族所有的生活环境、气候条件，它的宗教、社会建制、风俗习惯等等，一定程度上都可以跟这个民族脱离开来。然而有一样东西性质全然不同，是一个民族无论如何不能舍弃的，那就是它的语言，因为语言是一个民族生存所必需的'呼吸'（Odem），是它的灵魂所在"。① 这实际上表明了以地域方言为标志的原生态语言同人们的思维关系。语言的形成也是人们价值观的结果，用洪堡特的话说是"人类精神力量创造活动的结果"。② 此外，语言与维持社会运转的各种系统，无论是政治的、法律的还是文化的以及社会系统等，它们之间的关系也不是单纯地表达与被表达的关系，而是有着更加复杂更加交织的关系，语言在表达这些系统的同时也在改造着这些系统，③ 这从另一个侧面证明了语言和思维的关系之间也不是单纯的，可以说，正是借助语言、依靠语言，人们才得以认识自己、认识他人、认识社会和世界，认识自己与他人的关系、自己与社会的关系、自己与世界的关系，从而将自己定位。因此，从这个意义上讲，不同的语言本身代表或者意味着不同的思维方式。

基于上述考虑，顾及到语言在交际、交流中不可取代的地位，作为文化的核心部分甚至文化的标志，以及语言与思维你中有我、我中有你的无法切割的关系，国家在统一中才会对语言产生政治期望或政治顾虑，人们担心语言在成为民族黏合剂的同时，也会成为加剧民族冲突乃至分裂的导火线。现实中，激进的族裔政治运动往往又以某种特定语言为表达方式，这更加剧了人们对语言分歧的政治顾虑，以至于"争取文化承认构成了这个时代最危险最迫切的问题之一。在这些斗争中出现的种族、语言、民

---

① ［德］威廉·冯洪堡特：《论人类语言结构的差异及其对人类精神发展的影响》，姚小平译，商务印书馆2008年版，第39页。
② 同上书，第47页。
③ 关于语言与社会系统之间的复杂关系论证，可参见韩礼德《语言与社会》，苗兴伟等译，北京大学出版社2015年版，第65页。

族、族裔与性别关系的紧张对立几乎是现代社会所有社会关系都具备的一个面向。文化关系不能与其他社会关系分开单独处理。文化乃是所有社会互动中人际关系往来的方式，也是遵循或挑战社会规范的方式，因此成为所有社会关系的面向之一，从工场中的文化污名到民族之间的往来都包括在内"。① 即便是由移民构建的所谓新国家，如美国，在语言与民族的问题上仍然存在顾虑。例如，美国总统西奥多·罗斯福（Theodore Roosevelt）对英语与政治凝聚力，与民族和谐的关系曾论述道："我们拥有旗帜，但只能是一面；我们必须拥有语言，但只能是一种。那种语言必须是《独立宣言》所用的语言、华盛顿总统告别演说所用的语言、林肯总统葛底斯堡演说和他第二次总统就职演说所用的语言。我们不能容忍以欧洲任何一个国家的语言和文化反对或替代从这一合众国缔结者那里传承下来的语言和文化的任何企图。这一民族的伟大依赖于她敞开胸怀欢迎登上海岸的异乡人的迅速同化。企图阻碍这一同化进程的任何势力就是我们国家最高利益的敌对势力。如果因为照顾某一集团利益而让其自由发展，这种势力将会破坏我们的国家机器，改变我们国家的理想"。② 换言之，语言作为不可替代的交流工具，本身又是文化身份的标志之一，同一语言群体的成员因相同的语言而具有相同的文化身份，遵循大致相同或彼此能相互理解、心领神会的思维方式，相同的语言通过将每一个成员都网罗其中，在成员之间形成一种特殊的连接，这种连接在相当程度上能形成国家内部的凝聚力，反之则疑虑丛生。

此外，基于提高交流的效率和加强社会流动能力的考量，统一国家认同中，国家通常也有确立官方语言或通用语言的理由。官方语言是指由国家以明示或默示的形式认可的、获准在国家共同体内的公共领域中作为交流（包括口头和书面）的语言。由于语言形成独有的自发性、历史性和地域性，官方语言或通用语言常常不是一种重新创造的语言，而往往是在原有的语言基础上的一种变通或选择，是通过权力的作用被确立为"社会母语"的语言。

---

① ［加］詹姆斯·塔利：《陌生的多样性——歧异时代的宪政主义》，黄俊龙译，上海世纪出版集团 2005 年版，第 14 页。

② 蔡永良：《美国的语言教育与语言政策》，上海三联书店 2007 年版，第 31 页。

二　地域方言的界定

（一）地域方言的概念

地域方言是在特定地域历史性沉淀下来作为实际交流工具的语言，又称地区语言、地区方言、地方语言、地方方言等。其中"方言"就是地域语言或者地区语言的简称。

地域方言的特质之一是与通用语言相比较，地域方言首先是一种方言，是同通用语言相分立而形成的，在地位上与通用语言有本质区别。方言可以指在语音、语义、词语上与标准语言有区别、有变化的语言，通常与地方有联系，但是也有可能与社会地位如阶层、职业特点乃至族裔相联系。英语中，方言称"dialect"，形成于16世纪末，来源于古希腊的"dialetus"和"dialectos"。最初的含义是"言说"（siscourse）和"谈话"（conversation），后延伸为"一种说话的方式"或者"一个国家或地方的语言"。① 方言"dialect"其通常有两种含义。一是指特定语言群体所使用的语言与标准语言（standard language）相比有变化，如口音的变化、特定词语的变化等，但是这些变化不影响特定语言群体与标准语言群体彼此之间的相互理解，此时，方言的含义如同我们所说的口音。如《牛津词典》对方言的定义："一种语言的附属形式或变体——具有地方特征的词、发音或片语"指不同于"标准语言"或"优雅语言"的各种语言。② 地域方言的第二种含义是指社会层级意义上的，不是指标准语言的变种，而是指一种语言其在产生、发展或进化过程中与标准语言的产生、发展或者进化的关系不是那么密切，如二者虽然可以说是同源，同一家族，但形成过程中由于种种原因而分道，使得该种语言与标准语言差异很大，甚至成为独立系统的语言。③

地域方言是方言，但不是单纯作为标准语言变体的方言，而是独立的

---

① ［英］雷蒙·威廉斯：《关键词——文化与社会的词汇》，刘建基译，生活·读书·新知三联书店2016年版，第175页。
② 《牛津高所英汉双解词典》，商务印书馆、牛津大学出版社，第756页。
③ 关于英语中"dialect"的释义可以参照《维基百科》。

语言，是语言最自然和最小化的单位。有人提出，地域方言是一种"彼此相对独立的亚语种"，① 这也表明了地域方言的独立性。有一种观点似乎比较流行，认为地域方言是语言的一种变体或者支派，其之所以为方言，是因为源语言的存在，如有人认为我国的吴方言、湘方言有一个共同的源语言——汉语，② 但是这种观点值得商榷。如果汉语为源语言，但这个汉语如何定义？是以秦统一语言文字后的语言为汉语？如果这样，秦统一的语言文字实际上是通用语言。那么作为吴方言、湘方言的源语言是什么地位？通用语言还是地域方言？不可否认，秦确立的通用语言对其他地域方言都有影响，但这种影响还不至于将秦确立的通用语言作为特定地域方言的源语言。因为在秦的国家权力介入语言之前，中国的语言实际上就是以地域为特征的各种历史性沉淀下来的、有独立语音、语法和词汇系统的语言，也是一种地域方言。秦借助权力将本在秦国一带通行的语言变成了国家的通用语言。此外，如前所述，方言还可能仅仅是口音或者词义或者语法的变化，或者是语言的各种变化的结合，但是如果同一种语言下各种变化不妨碍语言者或者语言群体之间的交流的话，这种因语言的变化而获得方言地位的语言与所谓的标准语言实际上是同一种语言，显然不是地域方言。所以，地域方言应该是英语"方言"中的第二种含义，又称地方方言或地域专用语言，指在特定地域历史性地沉淀下来并被人们作为公共交流语言的语言，人口、地理环境、历史、文化等因素的差别体现为地域差别，这些差别不仅成就了语言的丰富形态，更是造成了特定地域方言与其他语言的迥异。

地域方言作为独立语言单位的原因首先是历史原因，或者说地域方言的独立语言地位在于其是历史性沉淀下来的语言。历史性的沉淀，表明了地域方言形成的非人工性，是自然形成的，反映了特定地域的各种历史，如文化变迁、农耕、游牧、建筑、工艺以及生活方式等历史。由于地域方言与特定地域历史的密不可分的关系，地域方言反映的历史甚至比记载的

---

① 原文是："何谓地方方言？地方方言又可以称为地区方言或地域方言等，不同的语言使用群体在交际网络中相对隔绝，或者在相似的语言特征中做出不同选择的实收，语种就会产生彼此独立的亚语种，即地方方言。"杨清望、代秦《论地方方言保护的法理、困境和方法》，《邵阳学院学报》第16卷，第4期，第1—8页。

② 史红改：《试论言语片区和地域方言、方言岛和社会方言的关系》，《鲁东大学学报》（哲学社会科学版）2015年第4期。

历史还要准确和可靠。① 需要注意的是，这里所说的"历史性沉淀"不仅是个完成时态，更是个进行时态。完成时态意味着特定方言在语音结构系统、词汇结构系统、语法结构系统等方面已经积累或完成到相当的程度，能够满足本地域社会交际的实际需要。进行时态则意味着在文化的变迁或形成过程中相伴产生的特定的地域方言，这类地域方言由于正在形成过程中，虽然与其他语言有着千丝万缕的联系，但作为某种文化的代表，仍然可作为"历史性沉淀下来"的语言，如产生在香港地区的"港式粤语"。有学者考察，"港式粤语"不同于传统的、纯粹的粤语，而是各种语言的杂交，在语音、词汇、语法上出现了新的变种，即"所谓港式粤语，口语包括港腔广府方言、新的俚语流行语，以及夹在粤语句法里的英语单词断句。书面语则由旧三及第（白话文、文言文、粤语方言）转向新三及第（仍带文言文的白话文为主构，加上粤语词句，偶然出现英文）"。② 而这个"港式粤语"成为以毁灭性创造香港本土文化的工具和载体，这也是个"历史性沉淀"的过程。③ 其次，即便从语言学的定义看，基于语音、语义、词汇、语法标准，地域方言也是独立的语言单位。正如有人所概括的那样："地域方言拥有自己的语音、语义、词汇、语法系统，在方言区内部具有全民性，是该区域内人民所使用的交际工具、思维工具。"④ 再次，地域方言的独立语言地位还可以从交流程度来观察。由于语音（这最为突出）、语义、词汇乃至语法的不同或重大差异，不同的地域方言之间实际上很难相互交流或者根本就无法交流。如同为地域方言的粤语、闽语和吴语，其间的交流就很困难。而处于同一地域方言之下，尽管在语音、语法、语义上存在差异，但其间的交流基本流畅。因此，可以说

---

① 如有人研究发现，在中国，从潮州到海南，那里的人都自称来自福建莆田，但正史、野史都难以找到具体记载，而一些方言词汇却明白地反映了潮州、雷州、琼州的闽南话是和莆田、仙游一致，而和漳、泉不一致的事实。参见李如龙《关于方言与地域文化的研究》，《泉州师范学院学报》2005年第1期。

② 陈冠中：《90分钟香港社会文化史》，https：//www.douban.com/group/topic/4597819/。

③ 有学者认为，到20世纪50年代，香港存在"中国传统文化、广东地方传统文化、广东以外各省地方传统文化、英国殖民地文化、世界各地文化、本土文化"等。其中"本土文化是杂种的，已经超过文化的多元并列或浅度观摩交流，而是带着创造性毁灭的、混血的、自主创新的新品种、新传承"。即香港本土文化是以香港为主体，把其他系统文化拿来糅杂的创新而成的。参见陈冠中《90分钟香港社会文化史》，https：//www.douban.com/group/topic/4597819/。

④ 叶宝奎：《语言学概论》，厦门大学出版社2002年版，第59页。

地域方言是语言最自然的状态,也是语言划分中最为客观和最小化的单位。这也是《世界语言权宣言》为彰显不同语言的平等地位,在尽可能避免使用甚至放弃使用母语、通用语言或官方语言等概念的情形下,仍然用专门的术语"地域专有语言"来定义地域方言的原因所在。

由于语言形成、发展过程的漫长性,各种明显的、不明显的因素的交互作用,在通用语言、官方语言或标准语言已经占据绝对优势的前提下,地域方言的现象仍然普遍存在。《维基百科》所列举的典型的地域方言是意大利 Regional Romance Language,直译为地域性罗曼语,在当时,这是普遍性程度很高的语言。此外,法语、德语中都有地域方言存在。这与欧洲 18—19 世纪借助语言来构建民族或者打造同质文化的目标和努力直接相关。有人将方言理解为标准语的变异,但实际上,任何语言本身都有变异。语言的变异究竟是基于标准语的变异还是在标准语确定之前就有的变异,这是个有争论的问题。但从语言学的角度看,后者的可信赖度更强。有学者对此总结道:"从中性角度看,语言就是由这一些变异的类型组合而成。但在文化宰制的过程中,所投射出来的,不仅是一种经过筛选出来具有权威式的类型(除了这个类型,其他所有的变异类型,可能被判定为低劣或不正确的),而且是一种完全抽象的概念:将语言视为存在的变异之外。"[①] 标准文和方言就是这种投射的反映。地域方言在中国也普遍存在,如通常认为中国大陆有 7 个语言区,其中北方语言区作为了通用语言即普通话的基础,其余的语言区如闽南语、粤语等都作为地域方言存在。通常,只要某种语言获得通用语言的地位,那么相应地就会出现地域方言,通用语言在本质上属于获得国家承认和支持,并以各种倾向性的法律和政策来保证其优先发展甚至垄断发展的特殊地域方言。因此,可以说,只要没有被国家通用语言所采纳或获得"中央方言"地位的语言都可以纳入地域方言的范畴,这还包括土著或其他少数文化群体等少数人的语言。例如,在中国台湾地区,闽南话、客家话和原住民语言共同被称为"乡土语言",2008 年台湾当局要求改为"本土语言"。乡土语言也好,本土语言也罢,同中国台湾地区的通用语言"国语"相比较,其没有获得"中央方言"的地位,因此,其本质上就是地域方言。

---

① [英]雷蒙·威廉斯:《关键词——文化与社会的词汇》,刘建基译,生活·读书·新知三联书店 2016 年版,第 176 页。

地域方言的另一种特质就是具有很强的"地域性"或"区域性",是一定的空间地域内的人们共同使用的语言,特定地域方言与其他语言的界限以"地域"为界,表现为不同的、独立的地域方言的语言群体往往集中于某一特定地域,这也是"方言"与"地域""地方"相连的缘由所在,即地域方言之所以冠以"地域",这是因为"地域"与"方言"之间的内在联系。例如,有学者定义,"方言是一个地方的人民在长期的生产、生活实践中创造和积累下来的丰富生动的语言",① 强调了方言的地域性、地方性。至于地域方言中的"地域"是否与政治体制中的权力管辖区域如省、州、市、县等区域重合,不是地域方言的内在要求,地域方言中的"地域"的界分更多地是依赖历史因素而缓慢形成并稳定下来。历史上的大规模人口迁徙、移民以及某些政策的实施都可能是成就某种语言成为特定地域特有语言的原因。地域方言是在特定的地域内,人们长期共同的交流、交往形成的。同时,地域方言也因人们的使用为特定的地域构筑了交往社会空间,"地域性"特征进一步凸显。鉴于地域方言的地域性特征,1996年的《世界语言权宣言》将其称为"地域专有语言"或"地区语言","是历史性地奠基于这一空间的社区的语言",这样的地域被称为"语言社区"。② 无独有偶,澳大利亚将地域方言称为"社区语言","'社区语言'(Community Language)一词产生于20世纪70年代,用来指在澳大利亚使用的非英语语言。'社区语言'这个词强调这些语言并不是外语",③ 可见,"社区语言"中的"社区"与"地域"是异曲同工的两种表述。因此,社区语言本质上也是一种地域方言。

(二) 地域方言的类型

地域方言是与通用语言或官方语言相分立而产生的一种通称。通用语言本身或其前身也是一种或几种方言,由国家以法律、政策和政府的各种

---

① 王丽坤、董丽娟:《地域方言词语蕴含的民俗文化——以辽西朝阳地区方言为例》,《沈阳师范大学学报》(社会科学版)2014年第4期。

② 《世界语言权宣言》定义的"语言社区"(language community)是指"任何人类社会,于特定地域空间内历史地奠基,不论这个空间获得承认与否,将自己视为一个群体,并已发展出一种共同的语言作为成员间沟通和文化凝聚的自然工具者"。参见《世界语言权宣言》第1条第1段。

③ 王辉:《澳大利亚语言政策研究》,中国社会科学出版社2010年版,第23页。

策略来确立其统治或绝对优势地位，并动用公共资源甚至国家强制来推行，因此，通用语言的地位等同于"中央方言"地位。反之，没有享受到国家所有优惠政策或没有被国家利用权力确立为统治或绝对优势地位的语言实质上都作为"地域方言"或"地方方言"的形态出现。因此，在现实中，地域方言的类型多样，具体可分为：

1. 少数民族语言

包括少数民族语言、移民群体语言等。少数民族语言也是地域方言，只是此处的地域限于少数民族聚居区域。移民群体语言虽然表面上不与不同特定地域相联系，或者仅仅与特定身份的人相联系的语言，但追本溯源，移民群体语言与特定地域的环境、历史、文化、人口等不可分割，也是一种地域方言。

2. 与通用语言在语音、语义、词汇或文法等某个或某几个方面存在相同或相似性，但未被通用语言采纳或吸收的方言，以及与通用语言在语音、语义、词汇或文法上存在极大差异，不被也不可能吸收到通用语言的方言。追本溯源，这种类型的地域方言还很可能与通用语言具有同源性或者非常密切的关系，但由于某种或某些原因，二者渐行渐远，以至于在语音、词义、书写上都出现了较大的差异或分歧，而这种差异或分歧实际上妨碍了两个语言群体之间的交流。典型的如中国的粤语、吴语等中国南方的地域方言。以粤语为例，其来源于广府方言，由历史上南迁的群体不断带来，承袭了许多古代汉语的语用习惯，不仅在读音发音上与北方语区的方言不同，而且融入了大量古字可以进行书写，造成其书写习惯与北方语言区基本统一的书写习惯有着极大差异。由于通用语言在本质上属于获得国家承认和支持，并以各种倾向性的法律和政策来保证其优先发展甚至垄断发展的特殊地域方言，因此，可以说，只要没有被国家通用语言所采纳或获得"中央方言"地位的语言都可以纳入地域方言的范畴。

3. 通用语言的非标准变体

这是通用语言在特定情势下因特定群体的需要与其母语相结合而产生的一种语言，对于在这种语言环境中成长的个体而言，这也是一种地域方言，是他们的母语。典型的如 20 世纪 60 年代在美国形成的"黑人语言"，包括"混合语"和"黑人方言"。非洲本来是个多语言的地区，被作为奴隶贩卖到北美的黑人本来说不同的非洲语言，由于被分居各处，不同的非洲语言相互混杂，产生了混合语（Pidgin）。他们的孩子在"混合语"的环境中成长，"混合语"自然就成为其母语。同时，黑人奴隶为交流需要，也学会了一些简单的英语，同时保留了自己的非洲词汇。更重要的是，为了表示对奴隶制的反抗，黑人奴隶间还产生了一些专门用来针对白人的词语，有些英语的语义也被改变，如褒义改为贬义等。这些作为"民族自觉的一种表象"① 的黑人方言就是通用语言的非标准变体，本质也是一种地域方言。

可见，地域方言是语言最为本质、最为自然的状态，也是语言划分中最为客观和最小化的标准。所有的语言本质上都是一种地域方言。一些学者甚至认为方言与语言基本同义或可相互替用，原因就在于方言的原生形态。通用语言或官方语言仅仅是权力介入后的地域方言，少数民族语言也是地域方言，只是这个地域限于少数民族聚居区域。甚至那些虽然表面上不同特定地域相联系，仅仅与特定身份的人相联系的语言如移民群体的语言追本溯源，也是一种地域方言。

（三）地域方言的实质

1. 地域方言是文化最恰当、最成功的解释

语言就是传达人们思想、想法的一系列沟通符号、表达方式和处理规则，通过人们的发声系统、结合视觉、听觉等来完成。虽说从语言学的角度看，语言的种类可谓五花八门，这其中的重要原因就在于语言本身的多样性，但这些五花八门的语言都有一个共同的特点，那就是所有人类语言的形成都是历史性的，借用赫尔德的话说，"语言是群体共同经历的表达"。② 因此，与特定文化历史性联姻的语言成为文化识别的标志。如果说文化的成长是一个自然的过程，那么语言无疑就是这个自然过程中最为核心的部分。可以说，一个人的文化或经历是由语言构成的，一种语言本身就是一种独特的世界观，说不同语言的人基于其语言特有的结构，利用其语言特有的表达方式和对现实独到的观察形成了不同的观点。用菲西曼（Fishman）的话说，语言是特定文化的利益、价值和观点的最好表达，

---

① 蔡昌卓：《美国英语融合与创新的历史研究》，北京大学出版社 2002 年版，第 177 页。
② Isaiah Berlin, *Vico and Herder: Two Studies in the History of Ideas*, London: The Hogarth Press 1976, p. 168.

是特定文化典型产物的最好命名。套用菲西曼（Fishman）的描述，语言和文化二者之间存在一种"索引"式的关系。① 虽然这种联系并不意味着一种文化只能用一种语言来表达，但是在特定文化发展中所形成的、与文化伴随产生的"原生语言"无疑是特定文化最恰当的、最成功的诠释。地域方言恰恰是在特定地域，经过各种因素以看得见或看不见的方式相互博弈，历史性沉淀下来的语言，是伴随文化形成和发展的原生语言，自然成为文化最恰当、最成功的诠释。

进一步追溯，语言不仅是特定文化最成功、最恰当的诠释，甚至语言本身就是文化的化身。对特定群体而言，将不同成员联系起来的信念和行为必须依赖公共的、大家所公认和遵守的符号，即语言。在这个意义上，语言不仅是一种媒介，也作为观念本身而存在。通常情形下，人不可能先想出某种观念，再设法寻求一种语言来"包装"，除非你所使用的语言不是你自己的原生语言或母语。思想的过程就是使用符号的过程，也就是语言产生的过程。这其中的情形正如赫尔德所坚信的那样：语言是一种意识的自然成长过程的核心部分，这个意识认识到他们之间（指群体成员，作者注）具有共同性，而这种共同性的意识又依赖于人与人之间的交流。② 特定的词语、特定的语言将事物与感情联系，将过去与现在联系，并且依照语言所形成的记忆和想象，文学、历史、艺术乃至家庭、社会得以产生，即语言成为文化本身的典型化身，特定地域方言也成为特定地域文化的化身。

2. 地域语言代表了文化认同

语言不仅仅是交流的工具和手段，且不同的语言为不同的语言群体支撑了一个应该如何生活和如何彼此相处的价值系统、生活方式。特定语言、特定词语总是与特定经历联系，如汉语中的许多成语就为如此，"黄粱美梦"比喻空欢喜一场可以理解，但"美梦"何须与"黄粱（小米）"连在一起？这其中的缘由绝不应该从逻辑、推理等方面去寻找，甚至其中根本就没有什么逻辑联系或推理关系，脱离语言产生的特定场

---

① 关于语言和文化"索引"式关系的详细论证可参见 Fishman, *Reviewing Language Shift: Theoretical and Empirical Foundations of Assistance to Threatened Languages*, Clevedon, England: Multilingual Matters, p. 20。

② Isaiah Berlin, *Vico and Herder: Two Studies in the History of Ideas*, London: The Hogarth Press 1976, p. 168.

合、情景，所有的语言就表现为一种"随意"的形式。由于特定语言形成的历史不同，观念迥异，不同的语言之间甚至难以找到妥帖的可以相互转换的词语。如加拿大印第安人就认为他们难以在英语中找到能表达他们愿望的词语，那种认为模仿、学习和使用外语也一样能表达文化识别的观点如果不是过于乐观就是过于肤浅。每个人都可以模仿其他文化群体的语言，但这并不意味着能同时抓住其中的精神、理解其中的经历和背景；即便抓住是否能全盘接受又是一个问题；即便全盘接受也不一定就意味着已经成为特定文化群体的成员。早有有识之士对于试图用外语取代本土语言的幻想予以了否认。① 特定的语言不仅与特定的文化识别相联系，而且作为文化识别的标识，表明了个体对于特定语言所代表的一种生活方式的参与，一种价值观念的认同，是一种文化认同。特定的地域方言作为历史性沉淀下来的原生语言，也代表了一种文化认同。因此，对特定语言的破坏受到损害的不仅仅是语言本身，更包括其所代表的一种生活方式、价值观念的延续性和系统性受到的损害，这些损害最终影响甚至否认了个人的文化识别，否定了文化认同。而文化认同是其成为特定个人的基础。正如加拿大部分文化少数群体成员对其文化认同的标志——他们作为典型地域方言的语言所评论的那样，"若语言遭到损害，我们印第安人的生活方式和文化的许多方面也会由此遭到损害，尤其是我们的母语所描述的那种人与自然的关系、伟大的精神以及事物间的秩序等。没有我们的语言，我们就不再作为一个独立的人而存在"。②

三 通用语言：中央地位的地域方言？

语言远不是其表面所展现的那样，仅仅是一种表达系统，语言是文化最为重要，也是最为基础的载体，之所以如此，就在于语言本质上是一种思维方式的表达。对语言是如何产生的众说不一，摹声说、感叹说、社会约定说、劳动叫喊说、手势说、进化说等都有各自的理论。但不管关于语

---

① Isaiah Berlin, *Vico and Herder: Two Studies in the History of Ideas*, London: The Hogarth Press 1976, p. 180.

② *Eli Taylor, of the Sioux Valley Reverse in Manitoba, as quoted in Stacy-Diabo. Aboriginal Language Rights*, p141.

言产生的学说如何，在肯定许多因素作用的同时，都无法回避思维的因素。如人的器官的发达、生活环境的刺激、生活方式的不断重复、交流的需要等都是通过思维在语言的产生与发展中起到了各自重要的作用。这也在一定程度上能解释为什么同样的交流需要、同样的人体器官如发声器官、同样的环境，甚至同样的生活方式（如果将生活方式理解为衣、食、住、行等宽泛的含义）能产生不同的语言，不同的表达。

国家为追求统一国家的认同感，追求语言表达的效率，从而确立在公共领域内适用的特定语言，这本来无可厚非。但是，如果因为通用语言的确立而对其他本来早已存在，也正在生活中使用的地域方言不加区分地采取排斥的政策，那么未被吸收进通用语言的地域方言就同通用语言形成了一种对立的局面，而这种对立的局面反过来不利于统一国家认同，甚至会直接危害到统一国家认同。具体而言，可通过地域方言与通用语言的关系来解释。

（一）地域方言与通用语言的对立关系

地域方言与通用语言的对立关系首先表现因认同而导致的对立。通用语言在国家权力介入后的强势地位表明了国家对统一国家认同的定位，如法定的官方语言地位、国家各种推广通用语言的法律政策保障、为推广通用语言的各种物质手段等无不是在语言方面来保证成员对统一国家的认同，强调成员对国家的归属关系。与此同时，由于语言是文化的载体，甚至本身就是文化的化身。特定地域方言代表了特定地域的文化，是特定地域方言语言群体文化身份的象征，是一种文化认同。换言之，通用语言代表了国家认同，而地域方言代表了文化认同，这两种认同意味着两种共同体的存在，即通用语言代表的国家共同体和特定地域方言代表的文化共同体，后者可以体现为族裔文化群体或地方文化共同体等。文化身份强调文化共同体共同的语言、共同的历史、集体记忆以及共同的经历，这与国家共同体强调的以通用语言为纽带的共同的语言、共同的历史、共同的记忆可能发生冲突，体现为在两个认同发生冲突时，个人必然面临选择，究竟哪个认同处于更优越、更优先的地位。因此，从这个角度看，地域方言与通用语言的对立关系表明了两个认同之间的矛盾。

其次，地域方言所代表的价值观与通用语言所推行的价值观的差异形成的二者的对立关系。基于人与文化的关系,人不是自己就成为人的,人是文化的产物。"文化,这类模式的集大成者,不只是一个存在的装饰品,而是——就其特性的主要基础而言——人存在的基本条件。"① 即人之所以成为人,成为这样的人,而不是那样的人,成为一个与他人不同、不能被取代的、有着自己道德、见解的人就是因为文化,这意味着"没有独立于文化的人性这样一种东西。……没有文化的人类会是没有多少有用本能的怪物,只有极少的可理解的情感,而且没有智力,是智力上的残疾人。我们的中枢神经系统——最重要的是大脑皮层——部分是在于文化的交互作用中成长起来的,因此没有有意义的符号体系提供的指导,它就不能指引我们的行为或组织我们的经验"。② 人是在文化中获得认同完整自我、自己与他人、与自然、与社会、与世界关系的价值观念的,甚至人认同这些关系、获得一定价值观念所需要的自我判断与自我反省能力也来源于既定的文化。③ 从这个意义上讲,代表文化的语言本身就是一种认识世界的角度和方式,是人与人、人与自然、人与世界的经验的总结,代表了价值观念,这种价值观集中体现在生活方式中。唯有如此,才能解释为什么"我们都从能供养一千种生活方式的自然条件开始,而最终只选择了一种生活方式"。④ 因此,可以说以语言为代表的文化集中体现在生活方式中,这本身就是价值观念的展现,这也是不同生活方式应该得到尊重的原因所在。即语言作为交际工具和思维工具,本身就展示了价值观念,特定地域方言展示了一种特定价值观念,通用语言以特定地域方言为基础或者就是特定地域方言,本身也展示了价值观念,通用语言在形成和推广过程中也展示了一种价值观念。如果某种或某几种地域方言与通用语言有比较紧密的关系,如通用语言以特定的地域方言的词汇为词汇、语法为语法、语音为基础语音,典型的如我国北方语言区的各种地域方言与普通话的关系,那么两种或几种语言所隐含的价值观有大体一致的地方,反之,

---

① [美]克利福德·格尔茨:《文化的解释》,韩莉译,凤凰出版传媒集团、译林出版社2008年版,第50页。
② 同上书,第53页。
③ 关于人的价值观念与文化的关系可参见耿焰《少数人差别权利研究——以加拿大为视角》,人民出版社2011年版,第20—24页。
④ [美]克利福德·格尔茨:《文化的解释》,韩莉译,凤凰出版传媒集团、译林出版社2008年版,第49页。

则可能形成价值观的冲突。

再次,地域方言与通用语言的对立也体现在对语言群体的争夺以及语言领域的竞争上。按照联合国关于濒危语言的定义:"一旦某种语言的使用者不再使用该语言,或者使用该语言进行交际的场合越来越少,或不再将其代代相传,那么这种语言就面临濒危。"[1] 通用语言是有权力辅助和促进的官方语言,与地域方言相比,无疑是强势语言。国家对通用语言的推广实际上就是在与地域方言争夺语言群体,争抢语言使用的领域。表面上看,国家通用语言的推广只限于公共领域,如教育、立法、行政、司法等,但是这种领域的推广实际上也很可能会极大地缩小地域方言的语言群体,缩减其使用的领域,包括传统的家庭领域或其他私人领域。以教育为例,倘若以通用语言为教育语言,那么在可预见的将来,就可造就一批对通用语言非常熟悉甚至以通用语言作为母语的群体。人有特性,无论交往还是表达,第一选择都会是自己最熟悉的、最运用自如的语言,在推广通用语言环境下学习、成长起来的人们,在国家推广通用语言的要求下,选择通用语言作为交流语言不存在任何障碍,而这种无障碍化会有将通用语言与其本来的母语地域方言并列的趋势,这种趋势势必会给他们自己将来的家庭、将来的子女带来决定性的影响。即意味着,其家庭、子女会自然而然地成为以通用语言为母语的语言群体,到这一程度,通用语言实际上已经成功地介入地域方言传统的私人领域、家庭领域。加拿大对印第安人的同化政策就是这个方式,结果成功地将印第安人的语言锐减了三分之一多。因此,产生地域方言与通用语言的对立地位的因素之一就是二者的竞争关系,更重要的是通用语言中权力在其中的决定作用,是通用语言的强势地位所造成的。这也是联合国教科文组织所担心的:"到21世纪末,在全世界大部分地区,约90%的语言可能被强势语言取代。"[2]

(二)地域方言与通用语言的协同关系

首先,无论是地域方言还是通用语言,即便是展现了价值观,也不直接等同于价值观念如政治主张或者政治诉求,而只是文化身份的象征。因

---

[1] 范俊军编译:《联合国教科文组织关于保护语言与文化多样性文件汇编》,民族出版社2006年版,第54—58页。

[2] 同上。

此，从这个角度看，地域方言和通用语言之间的对立关系可以得到缓解甚至消除。在历史上和现实中，说不同语言哪怕是不同的地域方言或者通用语言的人或群体并不意味着就一定持有相互对立的政治主张，这样的例子比比皆是，在政治领域也是如此。语言是文化的载体，也是政治观念的载体，但语言终究不是政治观念本身，因此，地域方言和通用语言之间可以存在协同关系。

其次，地域方言和通用语言都是语言，它们之间无论在语音、语义、词汇甚至语法方面都可以产生互动，互相影响、互相借鉴。通用语言由于权力的介入，其对地域方言的影响可以说是当然的结果。有人观察到：通用语言"对方言的语音、词汇和语法都有一定的影响，它的词语经常传播到各方言中去。它制约着方言的发展，使它们不能相去甚远"。[①] 另外，虽说通用语言获得了权力的强力支持，但不能以此否定地域方言对通用语言的影响。毕竟地域方言是历史性沉淀下来的，可以说每一种地域方言都有极其悠久的历史，如中国闽方言形成于唐末期与五代十国。这些都是千百年来各种因素的左右、影响和博弈下形成的，其中有权力的因素，但更有语言自身的生命力。因此，地域方言实际上为通用语言提供了极其丰富的资源，通用语言的发展在相当程度上也依赖于地域方言。如普通话是中国的通用语言，以北方语言为基础，但其许多词语、语法都借鉴了吴语。如"垃圾""柜台"来源于吴方言，"狗仔队""雪糕"来源于粤方言，"说说看""穿穿看"源于吴方言的语法。

只有在个人有充分的权利，且共同体并不要求他改变自己自然思考的习惯的时候，个人才有可能充分融入共同体。如果因为统一国家认同的需要，国家在确立官方语言或通用语言后，对其他非官方语言或通用语言的地域方言采取排斥的态度和政策，在共同体内的公共领域中不允许使用个人从小习得的、已经同其思维紧密联系的地域方言，那么个人势必会不得不改变其思考的习惯，会处处感受到不自在或压抑。更何况，地域方言的群体往往不止于少量的个人，当这样的不自在或受压抑在群体中成为普遍的心态时，又怎么去指望群体及其成员完全地融入国家共同体呢？爱因斯坦曾经在谈及犹太复国主义时说道："当一个人融于共同体时，他最好的

[①] 邢公畹：《现代汉语教程》，南开大学出版社1994年版，第5页。

一面才能发扬光大。因此，犹太人的道德危险是不与本民族的人相联系，并被接纳他的民族视为外人。犹太人的悲剧在于……他们失去了可以把他们团结起来的共同体的支持。结果就是个人缺乏牢固的根据，极而言之等于是道德不稳定。"① 正是由于这种包括语言在内的被排斥、被孤立，使得许多犹太人在他们本来愿意融入的国家共同体中感到了一种孤独和不被信任。"虽然多数犹太人调整自己——从语言上、态度上，在很大程度上甚至包括宗教形式上——以适应他们生活于其中的欧洲人，但犹太人和他们东家之间的陌生感始终没有消失。"② 这种因被排斥而产生的无法融入其所在共同体的疏离感、孤独感最终成为犹太复国主义所依靠的力量，这未必就是一件幸事。

四 研究地域方言权的意义

（一）地域方言权研究现状

尽管语言是人类生活不可缺少的工具，但也许是最常见就可能是最无视的，对语言的研究并不是与语言的发展同步，将语言选择视为一种权利更是近代才开始的事情。从世界范围来看，语言权或者语言权利是在 19 世纪开始得到关注。

西方学者将有关语言权利的研究分为五个阶段。第一个阶段是 1815 年前，这是一个欧洲语言霸权的时代，西方殖民者将自己的语言强加给殖民地人民，作为殖民主义的辅助政策，而殖民地民族的语言权利被忽略和剥夺；第二个阶段始于 1815 年维也纳会议，此时开始提出保护少数群体语言的条款，有些国家宪法开始保护少数群体，如奥地利率先在宪法中提出各民族都有保留和发展自己语言的权利；第三个阶段是在两次世界大战之间，国际社会开始重视保护少数群体的语言权利；第四个阶段是 1945—1970 年，人权问题受到国际社会重视，并出现了众多人权立法，

---

① ［英］以赛亚·伯林：《个人印象》，林振义、王洁译，译林出版社 2013 年版，第 65 页。
② ［美］阿尔伯特·爱因斯坦：《思想和见解》（*Ideas and Opinions*），索尼亚·巴格曼新译本和修订本（伦敦和纽约，1954）。转引自［英］以赛亚·伯林《个人印象》，林振义、王洁译，译林出版社 2013 年版，第 66 页。

但对少数群体的语言权利并未引起足够重视；第五个阶段始于 1971 年，有关语言权利的国际立法与国际宣言广泛出现，语言权利研究开始受到国际社会的重视，并成为一个相对独立与完整的研究领域。①

相对于其他宪法权利而言，中国法学界对语言权利的研究起步更晚。尽管宪法、民族区域自治法、第一部民事诉讼法、刑事诉讼法均规定了少数民族有权使用自己的民族语言，② 实际上确定了个体和群体的语言权利，但是，这并不代表法学界对语言权利已经有系统研究。中国法学界开始对语言权利进行系统研究是在 2000 年前后，标志是 2002—2003 年，苏金智教授通过两篇论文即《论语言权》《语言权保护在中国》完成了将语言权研究引入中国法学界的工作，使得语言权这样一个国际社会广泛关注而国内民众相对陌生的基本人权概念进入人们的视野。③ 对语言权利的研究主要集中对少数人语言权利的保护、不同国家的语言权利比较等。比较而言，对地域方言的法学研究相当滞后。长期以来，对地域方言的研究在国内主要集中在语言学。研究者们将研究对象集中在地域方言本身，研究其语音、语法、语义，即便涉及历史、文化，这也是为了对地域方言语音、语义和词语的变化进行佐证。虽然由于社会语言学兴起，尤其是社会语言学中关于语言社区的理论对地域方言的研究加深了许多，但是其通过社会因素的变迁尤其是文化、人口、政治等因素来研究地域方言的方式终究还是将地域方言仅仅作为语言来看待，没有考虑到地域方言所代表的是一种生活方式，更没有深入地思考地域方言与通用语言的竞争究竟意味着什么。总之，单纯从语言学哪怕是社会语言学来研究，解决不了地域方言的法律地位问题。正如有学者所总结的那样："方言一直以来缺乏法律界的关注，法律地位不明确。"④ 这种研究状况，总体上不可能对地域方言的法律地位进行系统的法学探讨，也直接影响到对作为语言权利的地域方

---

① 苏金智：《论语言权》，载周庆生、王洁、苏金智主编《语言与法律研究的新视野》，法律出版社 2003 年版，第 21—22 页。

② 宪法第 4 条第 3 款规定：各民族都有使用和发展自己的语言文字的自由，都有保持或者改革自己的风俗习惯。宪法第 121 条和第 143 条还具体规定了地域方言群体在不同地域、领域的使用权利的自由。

③ 丁延龄：《新世纪中国语言权研究——现状分析与前景展望》，《政法论丛》2010 年第 1 期。

④ 同上。

言权的深入研究。

语言权利和地域方言的法律地位问题真正引起法学界关注是在 2000 年 10 月 31 日颁布《中华人民共和国通用语言文字法》（以下简称《通用语言文字法》）后。《通用语言文字法》确定了普通话和规范汉字作为"国家通用语言文字"的法定地位后，普通话、规范汉字与其他包括少数民族语言在内的地域方言不可避免的冲突引起了人们关注，它们之间的张力使得法学界开始探索语言权利问题，尤其是在通用语言法律和政策下，探索关系到地域方言的存在、发展的法律地位问题。

此外，由于信息技术的发达，普通话传播速度在权力和政策的支持下空前加大的同时，地域方言也因其对地域文化独到的表达而引起人们的关注，二者之间的角逐、竞争也在加剧，如地域方言出现在了原来几乎由普通话和规范汉字垄断的电视、电影等领域。为此，当时国家广电局曾发文禁止方言译制片的禁播，① 地方上对地域方言教育鼓励和自然兴起都对普通话和规范文字在教育领域的垄断地位提出了挑战，这引起了不少的争议，有些争议还发展为冲突，如 2010 年广州爆发的捍卫粤语播音的示威游行等。② 在这一系列的争议和冲突中，学者敏锐地捕捉到其中的宪法意义，如《"方言学校"事件的评析——以我国宪法文本中普通话条款的规范分析为路径》（张震，2007）、《当前中国语言权立法状况之分析——以近年来的语言事件为契机》③（翁金箱，2011）等都从这些争议和冲突中发问：禁止方言的使用是否合宪？而这背后隐藏的问题则是：在普通话和规范汉字已经确定为通用语言文字的前提下，地域方言的法律定位如何定位？这是一个亟待解决的问题。这一时期的研究呈现出以下特点。

---

① 2004 年 10 月，国家广电局发出《关于加强译制境外广播电视节目播出管理的通知》禁止播放方言版的译制片；2005 年 10 月发出《关于进一步重申电视剧使用规范语言的通知》进一步强制要求普通话的使用。

② 2010 年为亚运会的筹备，广州市政协在十一届常委会二十一次会议上提交了一份《关于进一步加强亚运会软环境建设的建议》，说可以在综合频道或新闻频道的主时段用普通话播出，以适应来穗参赛的国内外宾客的语言环境的需要，结果引发了当地居民的严重不满，产生联名抵制和游行示威。参见凤凰网资讯《广州市政协建议电视台改用普通话遭市民抵制》http://news.ifeng.com/mainland/detail_2010_07/06/1722779_0.shtml。而在新浪、网易搜狐等各大媒体的同日报道中，都可见到这一新闻。

③ 张震：《"方言学校"事件的评析——以我国宪法文本中普通话条款的规范分析为路径》，《山东社会科学》2007 年第 5 期；翁金箱：《中国语言权立法状况之分析——以近年来的语言事件为契机》，《政法论坛》2011 年第 3 期。

第一，已经开始关注地域方言与特定文化的关系，如《地域方言词语蕴含的民俗文化——以辽西朝阳地区方言为例》（王丽坤、董丽娟，2014）。这方面的研究表明，地域方言真实地记录了文化及其演变，如有学者发现："方言既是一种语言现象，也是民俗文化的外在表现形式。它以独立性、稳定性和地方性特征承载着一方地域文化的发展轨迹，忠实地记录着民俗文化的演变过程。"[1]

第二，已经开始从宪法的角度来分析地域方言与普通话和规范文字的冲突。出现了两种直接对立的观点，一种观点认为普通话的推广并不能禁止地域方言的使用，而另一种观点则强调普通话的推广本身就应该规范地域方言的使用。第一种观点中，还有学者进一步从行政法的角度提出了如何保护地域方言的问题，如《论汉语方言的行政法保护》[2]（庄汉，2018）。

第三，对于地域方言的法律地位问题争议比较大。首先，关于地域方言的母语地位存在很大的分歧。如有学者认为："只有民族语言才是母语，地域方言不是母语。[3]"但也有人认为按照母语的定义，倘若作为自幼习得的语言，地域方言具有当然的母语地位。[4] 其次，对于地域方言与普通话和规范文字冲突的认识有分歧。有人认为推广普通话和规范文字是宪法确定的，《通用语言文字法》又明确规定了普通话和规范文字的通用语言文字的法律地位，因此，地域方言没有被宪法确定法律地位。但与此同时，也有人持另一种相反的观点，认为："对普通话的强制要求有违宪法的原则和法律的精神。……语言权利仍然是在'国家本位'的理念下制定的，在规范性和规范内容上都令人不甚满意。因此，我们应该重新塑造语言权利的立法理念和原则，保障语言多样性和规范性的统一，明确规定个体语言权利，充分尊重公民使用母语等其他非规范性语言文字的自由，努力保护方言和手语等少数群体语言。"[5]

---

[1] 王丽坤、董丽娟：《地域方言词语蕴含的民俗文化——以辽西朝阳地区方言为例》，《沈阳师范大学学报》（社会科学版）2014年第4期。

[2] 庄汉：《论汉语方言的行政法保护》，《行政法学研究》2018年第1期。

[3] 原文是"在不同的民族间才存在母语之说，在我国同为汉族语言的不同方言不算母语。"参见张震《"方言学校"事件的评析——以我国宪法文本中普通话条款的规范分析为路径》，《山东社会科学》2007年第5期。

[4] 耿焰：《地域方言权：从习惯权利到宪法权利》，《政法论坛》2017年第1期。

[5] 翁金箱：《当前中国语言权立法状况之分析——以近年来的语言事件为契机》，《政法论坛》2011年第2期。

值得肯定的是，在关于语言权利的研究中，有的学者已经开始面对语言权利的问题，认为找到若干个切入点比逻辑上确定语言权利概念更为妥当。如有人提出："找到若干个切入点，分析国家立法如何协调和规范不同群体之间的语言关系——'谁'（单独的个人还是群体）在'什么地域'（本群体生活的地域还是更广的区域内）和'什么领域'（家庭和邻里和小社区的交流，还是教育机构、公共媒体，以及立法、行政、司法领域）使用和发展'何种语言'（母语、地方通用语还是国家语言或官方语言，乃至国际通用语）。"① 其中，地方通用语就是地域方言。也就是说，已经有研究者关注到语言权利关系到谁有权在什么领域使用什么语言的问题，这其中就涉及地域或区域文化群体的成员在特定地域使用地域方言的问题，触及地域方言权问题

这些研究无疑对确立地域方言的法律地位尤其是宪法地位极有助益，但是，对于地域方言究竟应该如何确定其法律地位？以地域方言为母语的个体和群体的语言权利如何衡量？内容如何？与通用语言的冲突如何协调？还是基本处于比较模糊的状态。

4. 直接提出地域方言权的概念，作为语言权利下的子概念，丰富语言权利的内容。在关于地域方言权上，有人认为："多数学者在探讨语言文化保护时预设了地方方言权的存在。"② 理由有三，其一，宪法第四条规定了各民族都有使用和发展自己的语言文字的自由。从静态层面和动态层面看，它是指各民族有自由使用各自已有语言和文字的权利。方言是同一种语言在不同的地域产生的在语音、语调以及词语方面的一些变化之后的叫法而已。③ 其二，地域方言是语言的子语言，因此，地域方言权属于语言权的子权利，是宪法承认的权利，具体包括地域方言或地方方言的自由使用权和发展权。其三，《通用语言文字法》规定了四种可以使用方言的情形，"从正面清单的形式规定了方言使用权的具体内容"。④ 因此，地域方言权是一个虽然没有在宪法中提及甚至没有在法律中提及，但是宪法和法律都承认的权利。另有一些学者认为地域方言权不是法定权利，《通

---

① 肖建飞：《语言权利的立法表述及其相关概念》，《中央民族大学学报》，2012年第3期，第57页。
② 杨清望、代秦：《论地方方言保护的法理、困境与方法》，《邵阳学院学报》2017年第4期。
③ 同上。
④ 同上。

用语言文字法》规定的地域方言的四种使用情形是以限制使用为目的的，本身就是为了钳制地域方言的自由使用。但在现实中，地域方言的使用是一种事实，因此地域方言权而是以习惯权利的形式存在，有必要向法定权利转换，如《地域方言权：从习惯权利到宪法权利》①（耿焰，2017）。虽然两种观点迥异，但值得肯定的是，都肯定了地域方言权的概念。

（二）研究地域方言权的意义

1. 丰富语言权利的内容

如上文所述，语言权或者语言权利在 19 世纪才开始得到关注，随着有关语言权利的国际立法与国际宣言广泛出现，语言权利研究成为一个相对独立与完整的研究领域。中国法学界从对少数人语言权利的保护、不同国家的语言权利比较等开始对语言权利进行系统研究。尤其是在通用语言法律和政策下，探索关系到地域方言的存在、发展的法律地位问题，开始关注地域方言与特定文化的关系；从宪法的角度来分析地域方言与普通话和规范文字的冲突；探讨地域方言的法律地位；并有研究者直接提出地域方言权的概念，作为语言权利下的子概念，丰富语言权利的内容。

研究地域方言法律地位之所以能丰富语言权利的内容，在于以下原因：

首先，研究地域方言法律地位须界定地域方言的法律概念。即便是法学尤其宪法学已经将语言权利作为研究对象，但在涉及地域方言时，所使用的概念仍然是语言学的概念，如从语音、语调、语义、词汇、语法等与通用语言的比较来得出地域方言的概念，没有试图从法律上来界定地域方言。而从法律上界定，抛开不同方言的语音、语调、语义、词汇、语法，不考虑其与通用语言的相同或差异，只要是历史性沉淀下来作为特定地域公共场合实际交流工具的语言就是一种地域方言。对于生活在特定地域的群体和个体而言，倘若这种语言是自幼习得的，那么自然获得母语的地位，这是无法否认的。因为浸润在特定地域方言中的个体不仅借助其来与他人交流，甚至特定地域方言已经成为他们的思维方式，谁能否认自幼习得的语言在个人乃至群体思维中不可替代的作用？洪堡特在《论人类语

---

① 耿焰：《地域方言权：从习惯权利到宪法权利》，《政法论坛》2017 年第 1 期。

言结构的差异及其对人类精神发展的影响》中将其称为"精神力量",认为这"才是真正进行创造的规则",而其中最重要的就是语言。① 可见,从法律的角度来定义地域方言,"历史性沉淀""公共领域交流工具"、"母语"构成了其中的关键词。

其次,研究地域方言法律地位须厘清地域方言与通用语言的关系。虽然目前关于地域方言的研究认识到地域方言的危机,并将危机归为通用语言的扩张,但没有从本质上厘清地域方言与通用语言的关系。不管以何种方式确立的通用语言,通用语言都离不开与权力的关系。通用语言也是以某种或某几种自然产生的,并带有强烈或明显地域特征的语言为基础产生的,本质上也是一种地域方言,只是因为权力的介入而获得"中央方言"地位。即通用语言是一种特殊的地域方言,特殊就特殊在权力的介入而获得的权威地位。

更重要的是,研究地域方言权必须着眼于地域方言本身,明确地域方言权的含义、探究地域方言权的内容、确定地域方言权的主体、确定地域方言权的实现路径以及国家在其中承担的义务等。这些都将极大丰富语言权利的内容。

2. 探究个人和群体的语言自由程度

探究个人和群体的语言自由程度,弄清国家和社会在多大程度上和多大范围内承认和尊重个人和群体的语言选择和语言运用自由,目的是权衡各种因素后,以合理方式消除妨碍语言自由的不合理障碍,使个人能最大限度地尽其所愿地过上自己想要过的生活,成为自己想要成为的人。同时探究个人和群体的语言自由程度也能在根本上维护国家和社会的稳定。

如果说语言权利是一种人权,那么在特定地域内选择和使用特定地域方言的权利也是一种自然的人权。因此,研究地域方言的法律地位,确切地说地域方言的宪法地位实际上与探索人的自由有关,和尊重人的选择的程度有关。

包括法律制度在内的一切制度的终极价值目标都是人的幸福,人的幸福可以有多样的因素促成,其中自由是事关人的幸福不可缺少的要件,这

---

① 原文是:"在人类隐蔽的、仿佛带有神秘色彩的发展中,精神力量是真正进行创造的规则。而这个精神力量是指文明、文化和教养。"参见[德]威廉·冯·洪堡特《论人类语言结构的差异及其对人类精神文明的影响》,姚小平译,商务印书馆1999年版,第28页。

是毋庸置疑的。自由包含有选择的自由，对自己生活规划的自由，其中的原理如密尔所言："一个人自己规划的生活是最好的，不是因为是最好的，而是他自己规划的。"① 那么一个人可以在多大程度上规划自己的生活呢？生活最为基本的含义之一就是与他人、与社会的交流、互动，如果一个人不能说自己想要说的话，不能表达自己想要表达的观点，这是言论自由问题。生活在缺乏言论自由的社会的人不可能获得幸福，但是言论自由的核心在于言语的内容和表达的含义，不涉及语言的问题，即不涉及用什么样的语言来表达的问题。如果一个人不能用自己思维和交流的自然工具——自己的母语来表达，那么仅仅关注其表达的内容又有什么自由可言呢？更何况，排除母语的运用，个人在多大程度上能表达自己的意愿本身也是个问题。退一步说，即便母语不是唯一的个人能够熟练运用的思维和交流的工具，在理论上，非母语也可以达到甚至超过母语的熟练程度，但是，自由本身蕴含的旨意也不能指望或强制每个人都用不属于自己母语的其他语言来表达和交流。自由的根本含义就在于对于个人意愿和由此导致的选择最大限度地承认和尊重。不管通用语言在国家的推广下如何突飞猛进地发展或迅速地扩张，在社会中，特定的地域内，不仅存在与通用语言相分立的地域方言，还存在以特定地域方言为母语的个人和群体，他们在与自身利益密切相关的公共生活中选择自己母语的意愿在多大程度上能获得国家和社会的承认和尊重呢？倘若一个人或群体在公共场合如果不能自由地选择自己最运用自如的语言来表达，很难说他或他们是自由的，相反，会有一种与自由对立的、被剥夺或被强制的感觉和体会。

3. 维护文化多样性

无论对文化的定义有多么令人困惑，到目前为止，比较通行的观点认为文化主要有三个方面的定义。一是指人类集体生活的产物，表现为人们生活中所有的物质和精神方面的继承元素，当然这种继承是一种有意识地模仿和保留；二是指某一特定地域内被认可的有关个人修养标准，这方面的定义与群体生活有关，实际上在某种意义上是群体生活的所定义的一种理想；三是指特定的群体所拥有的精神财富，与第一种概念接近。② 文

---

① ［英］约翰·密尔：《论自由》，许宝骙译，商务印书馆1959年版，第80页。
② 关于拉丁语、英语中"文化"一词的演变，参见 Cf.Raymond Williams, *Keywords: A Vocabulary of Culture and Society*, London: Frontana Paperbacks 1983, pp. 88–89。

化由于通过人们的生活来展现，包括他们的建筑、音乐、服饰、饮食、宗教、文字等，因此，文化又体现为一种生活模式，表现了特定的群体对于自然、对他人、对世界的观念和看法，其中语言是最为重要的载体。

文化的产生和发展有自身的条件，并不总是与社会在物质方面的进步同步。物质方面的发展可称为狭义的文明，但物质的发展和变化只是为文化的发展和变化提供了某些外部条件，却不能单独决定文化本身。这也是许多物质文明发达的国家却陷入文化低谷的原因之一。文化的发展更重要的是依赖个人与群体、群体与更大的社会、个体与社会的关系，具体地讲是个人、群体在社会中如果能更多地保留可识别性，不被沦为社会这个庞大的机器上的不可识别的部分，那么文化就得到了良好的传承、创造和发展。有人曾说过："真文化更容易依赖较低的文明存在下去。在这些文明中，个体的社会经济功能的差异要小得多，因而沦为社会机制之模糊碎片的危险性也较小。"① 这其中就暗合了个体、群体在社会中的可识别性程度与文化之间的关系。

遗憾的是，在现代社会，个体、群体在社会中的可识别性并没有随着人类技术的进步而增强，原因在于：由于技术的进步、效率的提高，个体、群体在社会中的定位从多方面的定位转化为较为单一的定位，如工人，在技术发达、效率高的背景下，很可能就从事特定的非常具体的工种，与技术不那么发达的、效率还不那么高的年代不得不承担多样工作的工人相比，前者的定位显然要简单得多。以此类推，所有的个体乃至群体都处在一定相对简单的定位，这使得他们可识别性大为降低，不仅鲜有机会直接参与文化的塑造、传承和发展，甚至会轻而易举、没有任何顾虑地被取代。工业革命后，技术高度发达、效率空前提高，但是个体、群体的可识别性反而降低，而他们恰恰是文化的创造者、传承者。文化因技术、效率的提高而进入低谷甚至缺失，该情形又加剧了个体、群体的空虚感、困惑感和沮丧感，这是技术、效率以及它们可能带来的丰富的物质无法弥补的，有人将此列为工业革命后世界范围内的劳

---

① ［美］爱德华·萨丕尔：《萨丕尔论语言、文化与人格》，高一虹等译，商务印书馆2011年版，第242页。

工运动频繁的深刻原因之一。①

语言，尤其是自发生成的、具有原发性的作为母语的地域方言是识别个体、群体的客观标准，原因在于语言的生成和发展的过程中不知不觉地接受了自然环境和社会环境的各种因素，有学者认为在词汇、语法形式和语音系统方面，语言都受到环境的影响，尤其是词汇。可以说，"一个完整的词汇表确实可以视为包含了该语言使用群体所有观点、兴趣、职业的复杂目录"。"语言的词汇也带有说话者所生活的自然环境的印记。"② 因此，地域方言实际上不仅是区分、识别具体个体、群体的客观标准，而且是他们文化的重要部分。如有人早已发现："方言是一个地区民俗的载体，它是民俗文化赖以留存、传承的媒介，它不仅是民俗文化的表现形式，它也是内容。"③ 但是基于某种抽象的目的、为交流的效率而人为地限制甚至排除地域方言在特定地域内公共生活中的使用，会使具体的个体、群体的被识别性大大降低，从而直接影响文化的生存、发展条件。强行在特定地域内限制地域方言在公共生活中的使用，将产生于另一种自然环境和社会环境的地域方言作为通用语言，或将几种地域方言杂糅成一种新的语言，这意味着让个体、群体用一种可能与他们的生活没有多少关系或根本就迥异的语言来表达自己，且不论是否能表达到位，但是这种安排就强行地割裂个体、群体与特定文化的内在联系，特定文化的传承、多样性不再存在。文化的作用不可忽视，其不仅可以补充、发展人的各种能力，文化更是这些能力的组成部分，没有文化的人会成为"完全没有头脑因而也无用的怪物"，④ 那么强行脱离特定的个体、群体与特定文化的内在联系的结果就可想而知了。所以，通过肯定地域方言的法律地位，尤其是宪法上的地位，以保障文化的多样性，这终究不是为了文化本身，而是为了特定的个体、群体能获得充分发展的空间，成为健康的个体和群体。

---

① ［美］爱德华·萨丕尔：《萨丕尔论语言、文化与人格》，高一虹等译，商务印书馆 2011 年版，第 242 页。
② 同上书，第 49 页。
③ 王献忠：《中国民俗文化与现代文明》，中国书店 1991 年版，第 296 页。
④ ［美］克利福德·格尔茨：《文化的解释》，韩莉译，凤凰出版传媒集团、译林出版社 2008 年版，第 73 页。

4. 有效地防止文化帝国主义

因语言问题而产生的冲突在历史上、现实中是屡见不鲜，但深层次地追究，其中的原因是什么呢？

这首先涉及人性问题。人性问题貌似抽象，似乎不论处在何地、何时、在何种具体场景下的人都应该是一样的。作为生物体的人可以这么理解（如人有相同的器官或组织或者有满足生物体生命安全的共同的基本需要等），但是作为社会成员的人这种理解难免有些偏颇。人性是具体的，是现实的，即便有共同的基本需要，但如何满足、怎样才能满足这些基本需要的方式、路径等却是多种多样的。这意味着在不同的时代、不同的地域、不同的文化，甚至在同一文化的内部，人对自然、对他人、对自己的种种反应和体验以及其相互间的转变都不可能是完全一致的，这种不一致性通过人的信仰、习惯、价值观和生活方式等来得以展现，也得到了一定程度的固化。因此，可以说，自然的人除却一致的生物特征，其他的能反映其生活经历、生活模式和对他人、社会以及世界认知等诸如此类的东西都不是一致的，也不能奢望其用某种强制或统一的手段来让它们达到完全的一致，而这些种种不一致恰恰构成了人性本身，或者说是人性不可替代的组成部分。

如果说不一致乃是人性的本质，是人性的固有特征，而此种不一致是通过人的各种信仰、习惯、生活方式、价值观等来体现，那么人在一种文化环境下从小所自然习得的语言是不是可以归结为生活方式的组成部分呢？语言是文化最为重要的载体，也是文化最为系统的诠释，这毋庸置疑。而文化与生活方式之间本来就有内在的联系，某种程度上，文化就是一种生活方式，如德国哲学家赫尔德所认为的那样，文化就是社会成员的想法、感觉，通过他们的衣着、歌声，他们敬仰的上帝，他们的设想、他们的习俗和他们固有的习惯来表现。[①] 如此看来，个人自然习得的语言即其母语，哪怕是由于种种原因没有被通用语言或官方语言采纳的地域方言，这也是个人具体人性的组成部分。如果说一个人的穿衣、饮食等反映了一个人的习惯，蕴含着一定的价值观念，那么一个人作为母语的地域方言岂不是更反映了其思维方式，反映了其对自然、自己、对他人、对世界

---

① 关于文化与生活方式联系的观点，可参见耿焰《文化识别———一种界定少数人的进路》，《文史哲》2011年第6期。

的种种观察和观点？设想一下，如果有这种人性的人，在特定地域的公共场合因为官方语言或通用语言的确立而不得不放弃自己作为母语的地域方言，在相当程度上，他就等同于被强行剥夺了某种人性，这样的人能不心生幽怨？此种因官方语言或通用语言的确立而在特定地域的公共场合排斥特定地域方言的情形，也构成了不同语言群体之间因语言而产生矛盾的渊源。

其次，因语言问题而在不同语言群体及其成员之间产生矛盾的原因在于通用语言确立后特定地域方言群体成员不得不多承担的成本。无论是从国家共同体中已有的地域方言中选取一种或几种，或采取不同地域方言组合的形式来确立官方语言或通用语言，从表面上看，这仅仅是一种为交流的效率所作的权宜之计。但是，在实际存在多语言区域和多语言群体的国家共同体中，由于通用语言不是一种自然形成的，而是借助权力而人为规定的，这种语言规定的背后就不可避免地涉及社会资源、机遇等的重新分配，有人或许会从中受益，有人或许会比他人付出更多的成本包括但不仅限于时间、精力、金钱等才能得到相同或相似的机遇。其中的情形有人曾描述道："假如现代社会有一种通用语言，按照这一术语的诠释，就意味着国家赞助、灌输、定义的语言和文化，所有的国家职能和经济职能都需通过这个通用语言和文化来起作用。因此，使用这种语言并属于这个文化群体的人们很幸运地拥有极大的优势，而讲其他语言的人则处于劣势。"① 正是由于这种权力的介入，才使得本来以自发性、历史性形成的语言在现实中有了实际不同的地位，因此，官方语言或通用语言的确立可能会诱发矛盾。

既然不存在一成不变、固定的人性，所有的文化、习惯、习俗和贯穿其中的语言应被视为人性的一部分，那么这个由人及其活动所组成的世界也不是一个单一物，而是一个复杂的混合物，没有一个十分明确的严格的界限。语言本也是如此，在特定的地域沉淀，在特定的地域自然地渗入人们的日常生活，他们所从事的事务、他们的娱乐都与特定地域的语言相关，离不开特定地域方言在其中的作用。相近地域间的语言也会呈现出自然的过渡，居住于地域相隔很远的人们的语言才会表现出很大的差别。但

---

① Charles Taylor, *Nationalism and Modernity*, in R. Beiner (ed.) *Theorizing Nationalism*, State University of New York Press 1997, p. 34.

是也不妨碍人们通过学习其他地域的语言来消除这些差别。更何况，语言之间的相互因交流而互相借鉴的情形在生活中也不是一种罕见的现象。因此，总体说来，语言间哪怕有语音、语义、语法、词汇等方面的区别，也不能视为一种不可逾越的严格界限。而人为地、强制地在不同的语言间划分严格的界限，并由此来限制特定人的语言，这无疑就进入了文化帝国主义的怪圈。

文化帝国主义是指不顾人或特定的群体作为主体的意愿，强制其接受一种文化的种种做法。由于不同的文化之间是平等的，不存在先进文化与落后文化之分，只存在不同文化的区分。文化之间的交流也是自然的，尊重主体的意愿。具体到语言，如果特定的人或群体将某种语言，哪怕此种语言并非当地历史性积淀和成就的地域方言或地域专有语言，只要是出于自愿，这种做法就无可厚非。文化帝国主义恰恰是在违背意愿的前提下，强行将一种不同于当地地域方言的语言作为当地公共场合甚至私人场所唯一交流语言所致，是一种人为的同化。文化帝国主义在语言上的做法之所以受到诟病，就在于其否定了人性的非固定性，否认了不同的人或群体在生活中所形成的包括运用特定语言的自然特性，并结合强行推行的、排他性的语言政策，使得特定的人或群体自然在社会资源的分配中处于劣势，并不得不独自承担由此带来的种种不利后果（包括但不限于与自己母语强行脱离所带来的压抑、焦虑或痛苦等）。从表面看，虽然强行推行的、具有排他性的通用语言政策将本不属于通用语言的群体进行同化，实际上将他们纳入了通用语言的群体，但是，这对于特定的人或群体来讲，仍然是一种不正义，其中的缘由正如有人所总结的那样："同化的做法将以往被排斥的群体带进主流社会，但是优势群体却预订了同化的规则和标准，要求每一个人都合乎这些规则和标准的评量。优势群体并没有认知到这些标准是文化和经验上的特别标准，以为它们是人性的共同理想，是中性和普遍的。"①

在排斥地域方言的语言政策方面，文化帝国主义的做法曾在不同国家的历史上普遍存在，人类也由此遭受了本不应有的灾难。典型的就是在北美历史上臭名昭著的"寄宿学校"。寄宿学校的全称是"Indian

---

① I. M. Young, *Justice and the Politics of Difference*, Princeton University Press, 1990, p.164.

resendential school",是北美对印第安人同化措施中的一种。例如,在加拿大,当时所直接依据的法律是 1857 年的《逐步教化法案》(*Gradual Civilization Act*)和 1869 年的《逐渐授予印第安人公民权法案》(*The Act for the Gradual Enfranchisement of Indians*)。在加拿大,第一所寄宿学校开办于 19 世纪 40 年代,1960 年后开始陆续关闭,最后一所寄宿学校在 1996 年关闭。其间约有 15 万印第安儿童接受寄宿学校教育,另有 5.5 万梅蒂斯人的儿童被迫进入白人养父母家庭。根据寄宿学校制度,印第安人的 6—15 岁的学龄儿童必须离开家庭到寄宿学校,不将孩子送到寄宿学校的印第安家庭将受到监禁的处罚。这种措施实际上将印第安儿童强行与其家庭和所属的文化群体相分离,是一种文化强制隔绝,目的是培养所谓的"基督教徒"(christiantity)或"使其开化"(civilize them)。进入寄宿学校的印第安儿童被禁止讲土著语言,私下也不允许,只能讲英语或法语,并接受基督教的教育。寄宿学校制度使得印第安人等土著人的文化遭到了极大的破坏。以语言为例,许多语言被强行灭绝。在 1600 年,加拿大土著人有 100 多种语言,现在只有 53 种。因此,寄宿学校制度被称为"文化毁灭"(cultural genocide),这是文化帝国主义理念下,在语言政策方面的极端做法所带来的灾难。

当然,随着人权意识的提高,类似北美这种对待印第安语言的极端做法在现代社会已经少见,但这并不等同于说因语言问题引发的矛盾已经消除。文化帝国主义仍然在诸多有关通用语言和地域方言的关系定位上可看出端倪。例如,在中国台湾地区,在 20 世纪 50—70 年代推广其"官方"确定的通用语言"国语"时,依然将各种地域方言置于对立地位,这其中包括客家话、闽南话等语言。再如,1966 年"各县市政府各级学校加强推行国语计划"中规定,禁止电影院播放方言影片;严加劝导街头宣传勿用方言;各级运动会禁止使用方言报告;严加劝导电影院勿以方言翻译等。①

---

① 戴红亮:《台湾语言政策》,九州出版社 2012 年版,第 139 页。

第二章

确定地域方言权的关键因素

地域方言权实质是一种语言权利。研究地域方言权既可以丰富语言权利的内容，又能探究国家、社会承认和尊重个人和群体选择自由的确切程度，使个人能最大限度地尽其所愿地过上自己想要过的生活，成为自己想要成为的人，从而在根本上维护国家和社会的稳定。任何文化群体语言本身的传承、维护和发展或者灭绝、丧失等问题都不能完全归咎于语言本身，即不是语言的语法规范结构或发音等决定语言的发展，而是语言背后的各种势力的较量造成了语言的各种状态，不同文化群体各自的语言在发展上的起伏波动都是语言背后力量博弈的结果。因此，可以说，确定地域方言权的关键因素既包括国家对语言选择自由的容忍程度，也与国家的目标定位相关，更抛不开语言群体的实力。

一 对语言选择自由的容忍程度

先由巴比伦通天塔故事说起。

《创世纪》31：1—31：9记载，历经大水灾后，诺亚后代繁殖的人遍布地面，他们之间没有语言的区别，甚至连口音都一样。当他们东迁时，来到一大平原，因平原地区石块不易获得，人们发明了砖的制造方法，修建了繁华的巴比伦城。人们为自己的业绩骄傲，决定在巴比伦修一座通天的高塔，来传颂自己的赫赫威名，并作为集合全天下兄弟的标记，以免分散。因语言相通，同心协力，很快，高塔就高耸入云。这引起了上帝的担忧。在上帝看来，如果语言统一，通天塔建成，那人们还有什么事干不成呢？于是上帝离开天国，他变乱了人们的语言。人们开始说不同的语言，也无法交流，猜忌、分歧自然出现。由此，不仅通天塔的工程也停止了，人们也按照语言分成不通的部族，分散在世界各地。

这则故事反映了人们关心的一个普遍的问题，更确切地说是人们的一种担忧：语言不统一是否真的会削弱人们的能力？这个问题在统治者看来，那就更直接了：统治力的扩张是否必须伴随语言的强力扩张？否则，不统一的语言会不会削弱统治的力度？实际上，在许多人看来，如果语言统一，连上帝都畏惧，还有什么事办不到呢？相反如果语言不统一，那么人们的分歧将不可调和，人们将不可避免地陷入混乱。巴比伦通天塔的故事就表示了人们对语言选择自由的一种顾虑。

国家统治力扩展的过程与特定语言的扩张同步可以从语言与思想的关系来解读。从统治者的角度看，借助权力对语言进行干预，如确立统一的通用语言或官方语言，压制特定的地域方言等，还与思想控制以及文化控制有关。思想虽说是个人头脑中的活动和由此获得的想法，但并不完全由私人主宰。对此，有学者分析道："人的思想基本上既是社会的也是公共的——它的自然栖息地是庭院、市场和城镇广场。思想不由'头脑中'发生的事构成的（虽然发生的事在这里和其他地方对产生思想是必要的），而是由被 G. H. 米德和其他人称之为有意义的象征符号之中进行交流构成的，这些符号——绝大多数是词汇，但也包括姿态、图形、音乐、钟表类的机械装置，或珠宝类的自然物等任何东西，它们与纯粹的现实脱离并用来将意义赋予经验。"[①] 可见，思想是在借助有意义的符号的交流中产生的，思想有自己的源，格尔茨称为"符号源"（symbolic sources），而在"符号源"中最重要的部分就是词语构成的语言。从这个意义上讲，语言可以说是思想产生的前提。对于这样一个与其思想直接相关甚至等同的语言，不可能不成为权力关注的目标。更何况，语言是文化的载体，或者本身就显示了文化。而文化是什么？文化不仅表现为习惯、习俗、传统等，文化更是指引、解释人们行为的一种看不见的系统装置，格尔茨称为"总管人民行为的控制机制"。并且，由于"人明显地是这样一种动物，他极度依赖于超出遗传的、在其皮肤之外的控制机制和文化程序来控制自己的行为"。因此，对语言进行干预实际上也意味着对文化的干预，其中的显著效果是有利于政令的执行。这从统治的目的来讲，是值得考虑的

---

① ［美］克利福德·格尔茨：《文化的解释》，韩莉译，凤凰出版传媒集团、译林出版社 2008 年版，第 49—50 页。

事。历史上，许多统一语言，或者用权力强行推行特定语言，以压制、削弱甚至取代不同地域方言的情形也多与这种统治思维有关。如欧洲之所以从18世纪开始，到19世纪发展出所谓的哈贝马斯所称的"语言民族主义"，源于将语言与统治的结合，认为"世界是多样的世界，人类被划分为不同的民族。语言是那些将一个民族区别于另一个民族差异的外在的和可见的标志；它是一个民族被承认生存和拥有建立自己的国家和权利所依据的最为重要的标准"。① 即便是以号称自由主义代表的密尔也不例外，他认为以共同语言为表征的同质文化是产生自由信念的一个前提，理由是："（如果）没有一种共同的语言和民族认同，为自由主义制度的运作所需要统一的公共舆论是不可能产生的。"② 对这样的统治思维模式，中国也并不陌生。历史上，中国文字的统一也始于此种统治思维。中国秦始皇在统一六国后，当时在六国势力范围内各自通行的语言是典型的地域方言，这些地域方言在语言、文字、词义方面存在较大区别，即以文字为代表的有意义的符号系统的不一致，客观上确实阻碍了秦始皇中央集权政府政令的下达和执行。因此，秦始皇利用权力统一文字，包括读音和写法，最初的目的也是出于推行中央集权政府的政令。

虽然说思想的产生要借助以语言为代表的符号系统，但是从特定个人的角度看，个人对某种特定符号系统的影响却是极其微弱的，完全可以忽略不计。即对于符号系统而言，个人基本上只能是被动接受，正如有人所考证的那样："从任何特殊的个人观点的角度，此类符号（指以语言为主的有意义符号）大部分是后天赋予的。他发现这些符号在他出生时的社区已经流行，并且以他可能或不可能干涉的增加、减少和部分修改，在他死后仍然流行。"③ 因此，个人，即便是权力加身的个人，其对于特定的语言究竟有多少影响力还是有相当疑问的。此外，对于特定地域历史沉淀下来作为当地实际交流工具的地域方言而言，这种语言已不仅仅是语言，而是构成了文化的核心，甚至可以说就是文化本身。而文化是什么呢？习惯、习俗、风俗、建筑、服饰、文学等，这些都是文化的表象，是文化的

---

① ［英］埃里·凯杜里：《民族主义》，张明明译，中央编译出本社2002年版，第58页。
② Johan. Stuart Mill, *Considerations on Representative Government*, The Liberty of Liberal Arts Press 1958, p. 230.
③ ［美］克利福德·格尔茨：《文化的解释》，韩莉译，凤凰出版传媒集团、译林出版社2008年版，第50页。

象征，文化是一种生活方式，①"是给其成员提供了涉及整个人类活动范围的有意义的生活方式，包括公共领域和个人领域中的社会、教育、宗教娱乐和经济生活。这种文化往往建立在地域集中和共同语言的基础上"。②这说明，通过特定地域、共同语言或交流工具来构成特定文化不可分割的部分。此时地域方言不仅具有独立语言地位，而且还因文化顽强的生命力而获得生命力。这种生命力体现在特定地域的人对地域方言的极度依赖，依赖其以有意义的符号系统提供的指导，指引他们的行为，组织他们的经验。如果说："没有人类当然没有文化，但是同样，更有意义的是没有文化就没有人类"成立的话，可以推断出，没有地域方言就没有特定地域的人类。人类学家考察认为，文化与人的关系不是一种先有人类再有文化的进程，"这意味着文化不是附加在已经完成进化或最后完成进化的动物上，而是这种动物自身产生过程的一部分，而且是中心的组成部分"。③从这个角度看，作为地域文化核心的地域方言与特定地域群体不可分割。更为重要的是，个体对于国家和统治权力的忠诚是不是要依赖于统一的语言？在多种语言存在的情形下，不可能形成对国家与统治权力的认同吗？古代罗马时期源于贵族与平民之间的相互依存的关系，罗马人称为"Client"，④ 其后用来处理具有不同地域方言的同盟国与国之间的关系以及它们与罗马的关系，获得了成功。⑤ 这个关系充分地说明了在不同语言存在的前提下，个体、群体甚至国家都可以形成对统一国家的认同，国家也可

---

① 关于文化是一种生活模式的论证可以从文化的词源考察，源自拉丁文的文化最初包含居住、教养、崇拜之义，也表达了一种自然的生长倾向。16世纪时文化开始扩展到了人类生活，用以指称人的习惯，表示对人的倾向的一种感觉，这为以后启蒙思想家开始用"文化"描述人类发展的长期过程密切相关。其后，文化成为一种生活方式，体现了社会成员想法、感觉的生活方式，通过他们的语言，衣着、歌声，他们敬仰的上帝等来体现。具体论证可参见耿焰《少数人差别权利研究——以加拿大为视角》，人民出版社2011年版，第25—26页。

② [加]威尔·金利卡：《多元文化的公民身份——一种自由主义的少数群体理论》，马莉、张昌耀译，中央民族大学出版社2009年版，第111页。

③ [美]克利福德·格尔茨：《文化的解释》，韩莉译，凤凰出版传媒集团、译林出版社2008年版，第52页。

④ Client有被保护的人的含义。在罗马，Client意味着贵族对平民的保护，平民的职业、住所、婚姻等贵族都要涉及规划、筹备甚至出财物。与此同时，平民对贵族也有义务，平民须追随贵族，成为其支持者。所以在罗马贵族和平民的关系是一种相互依存的关系。参见[日]盐野七生《罗马人的故事》（恺撒时代下），谢茜译，中信出版社2012年版，第50页。

⑤ [日]盐野七生：《罗马人的故事》（恺撒时代下），谢茜译，中信出版社2012年版，第50页。

在多语言的前提下获得忠诚度很高的公民。

鉴于地域方言与特定地域人类这种割不断的内在联系，注重长远利益的统治者在地域方言与统治力扩张关系上更应懂得顺势而为。对特定地域，哪怕是被征服的地域的人们的语言选择自由应持尊重和宽容的态度，统治力的扩张与必须借助于权力进行的语言统一之间并没有必然的联系。但是理论上的论证并没有带来实际生活中切实的语言选择自由，这与国民性格直接相关。开放的国民性格更可能接受、容忍甚至推崇非自己母语的其他特定地域方言。历史上，比较开放的国家，即便势力强劲，其统治力的扩展或国家的统一与语言的扩展和统一之间也不完全画等号，或者特定语言在能够借助权力扩张时并没有与权力联姻，这其中典型的国家如古代罗马。罗马从地处内陆的小城邦国到罗马帝国的形成，其领土的扩张与其本土语言拉丁语的扩张并不完全同步进行。反而是，依据罗马人开放的性格，其对当时文化优势明显的希腊城邦国家通行的希腊语情有独钟。当罗马的势力已经控制希腊时，拉丁语不仅没有取代希腊语的地位，相反，希腊语还成为罗马认可的语言，罗马人尤其是上层罗马人将希腊语的学习和运用作为必需的功课。罗马至恺撒时代，官方发布的文件都要求同时用拉丁语和希腊语。即便在罗马的殖民地，拉丁语也没能取代当地的语言，如作为罗马行省的高卢地区、日耳曼地区的语言，后来，法语、德语得以产生也与罗马宽松的语言政策直接相关，如罗马帝国的奠基人恺撒奉行的宽容政策。[①] 后人在总结此间的联系时曾客观公正地评价道："在罗马帝国两语共存的现象，也就是地位低下的本地土话与尊贵的代表权力和智慧的拉丁语共存的现象，通过读写教育的普及和本土语的改宗而产生了新语言。这种新语言显然与拉丁语密切相关却又与之明显不同。"[②]

从这个事例可以看出，对语言选择自由的容忍程度在很大程度上决定了人们生活的持续性，也决定了特定地域方言的法律地位。容忍程度高，原有的生活得以持续，或至少受到的影响有限，地域方言实际上就获得了独立的法律地位。这种独立法律地位体现在不论统治者如何交替或更换，

---

① 关于恺撒的宽容政策的具体论证可以参见［日］盐野七生《罗马人的故事》（恺撒时代下），谢茜译，中信出版社2012年版，第50页。
② ［德］佛罗利安·库尔马斯：《文字、语言和认同性问题》，宋玲玲译，载《文字、仪式和文化记忆》，王霄冰、迪木拉提·奥迈尔主编，民族出版社2007年版，第63—64页。

人们一如既往地按照既往的生活方式生活。倘若对自由选择语言的容忍度低，人们的生活或多或少地要受到影响。而如果没有对自由语言选择最起码的容忍度，人们就不可能获得一个稳定的生活，统治者自然也不可能获得一个安定的统治环境。可以设想一下，倘若不能自动、自如地运用自幼习得的语言，说什么话、发什么音、运用什么词语或者原来词语的含义都要被权力强行改变的话，这样的生活无论如何也与稳定无缘，统治自然也令人担忧。

二 国家的目标定位

《世界语言权宣言》在序言中总结到：每种语言的状况是政治和法律、意识形态和历史、经济和社会、文化、语言和社会语言、语言间和主观因素等汇集和相互作用的结果，而这些因素首先取决于"大多数国家上百年的减少多样性和鼓励对文化多元性和语言多元化采取消极态度的统一趋势"。[①] 统一是所有国家的定位，这个定位本身没有问题，不能维护自身统一的国家也不成为一个真正意义上的国家。问题在于，将统一作为目标的国家几乎不约而同地将语言的统一作为达到统一的路径，包括历史悠久的国家，如英国和那些后来获得独立的国家如美国。这些国家在统一的目标下，都通过明示或默示的方式确立了通用语言。通用语言对于加强国家内部的交流与凝聚力的作用是不用怀疑的。但是，在将通用语言作为单一语言或唯一合法语言的制度下，那些没有被通用语言吸收的地域方言的生存和发展却由此遭受了极大的威胁，甚至因此而消亡。如英国在历史上曾经还有三种语言，苏格兰、威尔士和爱尔兰都有自己的语言，被苏格兰武力征服后，威尔士和爱尔兰的语言受到了致命打击。如1536年和1543年《王位联合法》规定："英语是威尔士唯一的官方语言，不会说英语的人不得在政府机关任职。"美国虽然没有以立法等形式标明英语的通用语言或官方语言地位，但是其独立后由政府采取的一系列政治、经济和文化方面的政策都包含了单一语言的目标和同化非英语语言的策略，最终确立了英语语言的统治地位。换而言之，在统一国家的目标下，如同同样

[①] 《世界语言权利宣言》序言。

一面国旗、同一首国歌一样，同样的语言也被认为是统一国家的标志，是人民团结的标志。这种情形如同《联邦党人文集》中所描述的那样："上帝乐于把这个连成一片的国家赐予一个团结的人民——这个人民是同一祖先的后裔，语言相通、宗教信仰相同，隶属于政府的同样原则，风俗习惯非常相似……"① 持这种将同一种语言作为国家保持统一和团结必要条件观点的大有人在，在政治领域尤甚，包括许多具有民主精神、追寻个人自由的政治家，这里面也有他们的"功劳"。例如，美国总统罗斯福曾写道："我们必须拥有旗帜，但只能是一面；我们必须拥有语言，但只能是一种。……企图阻碍这一同化进程（指在通用语言下的同化，笔者注）的任何势力就是我们国家最高利益的敌对势力。如果因为照顾某一集团而让其自由发展，这种势力将会破坏我们的国家机器，改变我们国家的理想。"② 在这种统一目标下，在美国"英国英语原有的地域与方言差别也渐渐变得模糊，无论是书写还是口头表达，英语在这里越来越趋于统一。……在这里似乎根本不存在什么方言，从南到北，从东到西，美国各个阶层的人都能说准确而合乎文法的英语，而且口音几乎没有多大差别"。③ 同样的情形也曾发生在澳大利亚，有人在评价澳大利亚20世纪60年代的语言政策时曾指出在那个时期，容许语言多样化的存在被认为是一个问题，以至于对待澳大利亚的移民的语言也一概采取同化政策，而非现今的鼓励政策。其中的原因就在于政府对待单一语言与统一国家认同之间的关系问题上采取了排他性的肯定立场。这正如有人观察到的那样："就像其他地方一样，政府的陈述暗示外国文化被压制下去越早越好。这样，家里不说外语，法律不允许外语在正式的广播宣传，也没有独立的移民群体的代表参加公民大会等。总的看法是外来的是可耻的，移民骨子里认为对他们最重要的事情是可耻的。"④ 无独有偶，印度宪法虽然规定了十几种官方语言，但印地语是印度联邦政府承认的官方语言，以地域方言为主的其他语言被称为表列语言。印度联邦政府也支持印地语，原因也在于希

---

① ［美］汉密尔顿、杰伊、麦迪逊：《联邦党人文集》，程逢如、在汉、舒逊译，商务印书馆1980年版，第8页。
② 蔡永良：《美国的语言教育与语言政策》，上海三联书店2007年版，第31页。
③ 周玉忠主编：《美国语言政策研究》，外域教学与研究出版社2011年版，第60—61页。
④ Ozolins, U., *The Politics of Language in Australia Cambridge*, Cambridge University Press, 1993, p.78.

望用统一的印地语来构建印度的国族。对任何一个现代民族国家来说，构建国家民族的统一和认同都是执政力量的施政目标，经典的"一个民族、一个国家"的同质化目标，虽然被证明是一个"理想"，却始终在民族国家建构中影响着执政者，印度即是这方面的典型。[①] 历史上，印度只是一个地理概念，而不是一个政治实体，印度文明始终就没有在国家的状态下存在。加之英国长达174年的殖民统治，在国家目标的定位上，促进各族群、各个语言群体的国家认同、用统一语言构建国族自然成为印度联邦政府的目标。可见，国家的目标定位对特定语言的影响决不能忽略，尤其是在加速濒危语言的消亡方面。联合国教科文组织在《语言活力与语言濒危》（*Language Vitality and Endangerment*）的报告中写道："语言的态度可能成为一股强大的力量，它既能促进语言的发展，也可以导致语言的消亡。"在统一国家目标定位下，国家指定一种语言为唯一官方语言的态度对于非官方语言的其他地域方言而言，国家的这种语言态度确实对地域方言的法律地位，甚至对地域方言存在与否本身都有至关重要的影响。

其实，确立官方语言或通用语言对于统一国家认同的功能是显而易见的。单是增加交流的效率这种实用功能就非常突出。但问题在于：确立通用语言或官方语言是否一定要以否认和排斥其他地域方言为前提和代价？或者在不否认通用语言或官方语言的前提下，地域方言是否可以有自己的一席之位（当然这种一席之位显然不局限于个人私下或家庭生活等私人场合的使用）？为了解答这些问题，有必要对统一国家认同与单一语言政策的关系做剖析。因此，接下来的诘问就是：国家统一是否一定要以单一语言为其中必不可缺的条件？或是否只有统一语言才能保证统一的国家？抑或一国境内包括地域方言在内的多样语言的存在是否就必然导致国家凝聚力的衰减？个体对于国家和统治权力的忠诚是不是必须依赖于统一的语言？在多种语言存在的情形下，有无可能形成对国家与统治权力的认同？罗马的恺撒早就发现，"被征服的民族会奋起反抗，并不是出于人民的民族自主性，而是由统治阶级的煽动引发。而统治阶级的不满，又是缘于异

[①] 郝时远：《印度构建国家民族的"经验"不值得中国学习——续评"第二代民族政策"的"国际经验教训"说》，载《中南民族大学学报》（人文社会科学版）第32卷2011年第6期。

族的侵略导致他们失去了威信和权力"。① 鉴于这种认知,古代罗马将源于贵族与平民之间的特定关系②用来处理具有不同地域方言的同盟国之间的关系以及它们与罗马的关系。这种相互支持相互依靠的关系不仅使得贵族与平民之间的关系持久,也使得罗马与其行省或同盟国的关系稳定。与此同时,罗马并没有强行在其行省、同盟国推行统一的官方语言。换言之,在殖民方式下,罗马行省对罗马忠诚的稳定关系不是依靠统一语言来完成的,而恰恰是在保留行省的语言以及以语言为载体的宗教、风俗等前提形成的,这或许能给人启示。例如,恺撒对被征服的高卢全境所有的族群都很温和,不仅没有任何斩尽杀绝的行为,保留了族群的根据地,而且保留了族群的宗教、语言、生活习惯,这些都与罗马人入侵之前一样。同时,这些族群还被授予罗马公民权。罗马对高卢的这种政策,使得高卢全境的族群对罗马的忠诚稳定和牢固,即便在罗马因恺撒遭暗杀而长期陷于内战,高卢境内无罗马士兵驻扎的情形下,高卢也没有背叛罗马。有学者认为这是高卢人对恺撒的崇拜,但更有学者指出:"17年的地区稳定,不是单凭对个人的崇拜就能维持的。"③ 不强行统一语言,由此使得人们原有的生活得以继续,这自然会赢得人们发自内心的认同。换言之,在不同语言存在的前提下,个体、群体甚至国家也可以形成对统一国家的认同,国家也可在多语言的前提下获得忠诚度很高的公民。

---

① [日] 盐野七生:《罗马人的故事》(罗马统治下的和平),谢茜译,中信出版社2012年版,第50页。

② 在罗马建国后的700多年里,代表人际关系和外交用语的词是 patronus 和 clients。罗马贵族称 patronus,直译为"保护者",平民称为贵族的 clients,直译为"被保护者"。来源于罗马,就是贵族对平民的保护,平民的职业、住所、婚姻等贵族都要涉及规划、筹备甚至出财物,同时,平民也追随贵族,成为其支持者。贵族与平民这种相互依存的关系是其得以长期存在的原因,也是平民在对贵族的斗争中不能很快获胜的主要缘由。在罗马《李锡尼法》确认了平民与贵族在担任国家公职上的平等权利以后,罗马人逐渐将这种关系运用于征服地。罗马将征服的国家作为罗马的同盟和被保护者纳入罗马国家体系,作为罗马的 clients,罗马负责其安全,他们给罗马纳税或在战争时期承担提供其所需的支援,如物质和部分兵力,罗马赋予他们公民权,尽管他们不说罗马的官方语言拉丁语。如恺撒授予阿尔卑斯上的高卢人公民权,授予希腊语系的西西里岛"拉丁公民权",即剔除了政治选举权的罗马公民权,日耳曼人、西班牙人都拥有了罗马公民权,由此来形成通行不同语言地区、群体、个体对罗马国家的认同,形成一种"自然的支配与被支配的关系"。参见 [日] 盐野七生《罗马人的故事》(恺撒时代下),谢茜译,中信出版社2012年版,第25—26页,第219—210页。

③ [日] 盐野七生:《罗马人的故事》(罗马统治下的和平),谢茜译,中信出版社2012年版,第52页。

可惜，古代罗马的这种做法未能被承继罗马文明的欧洲发扬光大，欧洲反而从18世纪开始，以语言来重构民族，全然忘记欧洲的英语、法语、德语和西班牙语的产生都得益于罗马当年不统一推行罗马官方语言拉丁语和希腊语的宽容语言政策所维持的语言自然生态环境。而统一语言的结果不仅使得以少数民族语言为代表的其他非强势地域方言开始了消亡的过程，而且也未带来预想的结果，没有必然产生统一国家所需要的凝聚力。典型的如法国。

托克维尔在观察和剖析法国大革命时曾经提到："在法国这个国家，人们变得彼此最为相似"，① 尤其是本该有区别的新兴的资产者和传统的贵族，因为一个群体的行为举止和精神风尚应该是经过很长时间才能形成。但是，由于法国大革命之前所有的改革措施都指向"统一"的目标，"巴黎成为法兰西唯一的导师，它赋予一切人以同一形式和共同的行为举止"。立法统一、规章制度统一、生活方式统一，人们"具有同样的思想、同样的习惯、同样的嗜好，从事同样的娱乐，阅读同一类书，讲着同一言语"，② 于是，"不仅各省之间越来越相似，而且各省之内，不同阶级的人，至少是所有置身平民百姓之外的人，变得越来越相似，尽管他们的地位各异"。③ 人们因为同样的语言、同样的生活方式产生的同样的思想，使得法国成为"比以往任何世界可能见到的任何社会都更为密集、更为一致的冰冷的社会"，④于是大革命最终演变成为不受任何阻挡的血腥暴力。可见，强行统一语言和由此产生的趋同的思维和相似的思想，未必就一定能产生一个国家所需要的凝聚力。

将推行甚至强制适用通用语言作为实现国家统一目标必不可少的路径，这源于一种"非我族类，其心必异"的狭隘心理，其实，这种心理未必有多少根据，反而成为极端民族主义的借口。从理论上看，个人、群体对国家的认同既有文化上的认同，更有政治上的认同，且首先是一种政治认同。但政治认同不等于语言统一。文化认同虽然以语言为标志，说同一语言的往往属于同一文化群体，具有相同的文化归属感。但是，并不是

---

① ［法］托克维尔：《旧制度与大革命》，冯棠译，商务印书馆1992年版，第116页。
② 同上书，第119页。
③ 同上书，第117页。
④ 同上书，第116页。

同一文化认同才能必然产生同一政治认同,或者说并不是多样的文化认同对于政治认同是一种必然的"腐蚀剂",最终会导致国家的分裂。文化认同是"个体对影响自身的文化或文化群体所形成的一种身份归属,这种归属之所以对个体必不可少,根本原因在于人不仅仅是政治动物(亚里士多德语),需要确定自己与国家(亚里士多德眼里的'城邦')的关系,人更是一种文化动物,只有在生于斯、长于斯的文化中才能认清'我是谁'",才能对自己进行定位。① 但是,需要特别强调的是,文化认同本质上是基于个体精神需要的文化诉求,不是政治诉求,并不能由此文化诉求来产生否认统一政治共同体——国家的权威的结果。事实上,倘若国家和社会对于特定个体和群体多样文化认同持承认、尊重的宽容姿态,特定个体和群体由此会对统一的政治共同体——国家产生更多的信任和依赖感,促进国家认同,从而达到国家统一的目标。换言之,"非我族类,其心必异"的观点经不住推敲。加拿大魁北克人的实例能为此做实证。

魁北克人多年来一直以独特的文化群体自居,但是这种对自己独特文化的关切和忠诚在不少人看来很可能演化成一种"离心力",最终使得魁北克脱离加拿大,破坏加拿大的统一。魁北克分离事件似乎也验证了这种推断。但深入研究,其中的种种微妙之处却令人深思。有人提出,少数群体萌生离开或脱离一个政治共同体的去意,可能出于三种情感或情绪。一是害怕,担心自己继续留在一个政治共同体内作为独特文化群体的地位被削弱,甚至担心自己所属的文化群体由此消失;二是认为自己继续留在一个共同体内会不受欢迎;三是自信,认为脱离政治共同体的风险不大,代价不高。这三种情绪或情感的弥漫在少数群体内部达到一定程度,少数群体脱离共同体的情形就极可能发生。加拿大魁北克人这三种情绪的蔓延似乎到了某种相当危险的程度,其两次全民公决的事实充分说明了事态的严重性。而再深入下去,不难发现,魁北克人的害怕情绪的根源就在于他们对其语言有一种相当的不安全感。有资料显示,与英语相比,法语在加拿大是非常脆弱的。不仅如此,除魁北克省和个别省外,在加拿大讲法语的人在全加拿大整体呈现明显的下降趋势,而英语却呈显著的上升趋势,这种趋势在可见的未来还在继续。这使得魁北克人产生强烈的不安全感,害

---

① 耿焰:《少数人差别权利研究——以加拿大为视角》,人民出版社2011年版,第20页。

怕等负面情绪油然而生，最终成为脱离加拿大的一种"离心力"，虽然魁北克最终还是留在了加拿大，[①] 但倘若不能从根源上消除魁北克人滋生的害怕等情绪的种种原因，不消除他们对自己语言的不安全感，脱离加拿大的想法会一直有市场。实际上，早在 1969 年，法语就已经成为加拿大的官方语言或通用语言，享有通用语言地位的法语在同为通用语言——英语的竞争下，尚能引发魁北克人的语言不安全感，那些被通用语言排斥的地域方言又如何呢？不难想象那些以地域方言为母语的个体以及群体可能有的情感或情绪。究竟该如何对待地域方言才能从根本上加强不同文化群体对于统一政治共同体的认同感，答案已经昭然若揭了。

三 语言群体的实力

有不少人认为，语言的生存、传承和发展如同生物界一样，存在一种优胜劣汰、适者生存的自然法则，能在众多种语言中生存下来并发展壮大的自然是优秀语言，如英语。据统计，世界上采用国家最多的就是英语，这个事实成为英语是世界上最优秀语言观点强有力的佐证，有人甚至以此论证到拉丁语系语言的优质问题。该种观点的影响之大，使得一些国家开始甚至已经着手改造自己的语言，力图从语言结构如语法、词汇、发音等向所谓优秀的语言看齐，如土耳其等国。[②] 如果用这种社会达尔文进化论的观点来看待地域方言，是不是也会自然得出地域方言都处于劣势语言或至少不在优质语言之列的结论呢？倘若如此，这样的结论根据起码的经验和直觉都甚觉荒唐。根源何在呢？

实际上，任何文化群体语言本身的传承、维护和发展或者灭绝、丧失等问题都不能完全归咎于语言本身，不是语言的语法规范结构或发音等决

[①] 关于魁北克从加拿大的分离事件可参见耿焰《对少数人自决权的宪法解释——评加拿大最高法院就魁北克分离事件的宪法裁决方法》，载《法律方法》第 11 卷，陈金钊、谢晖主编，山东人民出版社 2011 年版，第 228—238 页。

[②] 土耳其共和国建立后，进行了语言文字的改革，放弃了阿拉伯字母文字，采用了拉丁字母创制的土耳其新文字，剔除了那些与土耳其新文字不相适应的阿拉伯语和波斯语词语，并为其寻找纯土耳其语对应词或创新新词。参见王远新《国家、民族与语言——语言政策国别研究》，语文出版社 2003 年版，第 132—140 页。阿塞拜疆、土库曼斯坦和乌兹别克斯坦等近年来都选择了拉丁字母文字。参见 Tokin H., *Language Planning*, In M. J. Ball (ed.), *Clinical Sociolinguistics*. Malden, MA: Blackwell. 2005, p. 124。

定语言的发展，而是语言背后的各种势力的较量造成了语言的各种状态，不同文化群体的各种语言在发展上的起伏波动都是语言背后的力量博弈的结果。早有人发现，语言史上语言的膨胀期与群体有关，是不断发展壮大的部落群体形成了语言的发展，被称为"标点期"（punctuation）。[1] 因此，可以说，定位地域方言法律地位的关键因素还包括语言群体的实际地位，其中首推语言群体的规模。其缘由在于语言的行使具有文化实践的本质特征，不得不受到文化实践的内在制约，即成本的制约。

文化实践是有成本的。通常来说，个体在实践自己的文化权利时，即便国家在资源的分配方面提供了最为公正的保障，个体的实践实际上也要受到成本的限制，即单独居住的个人可能由于高昂的成本而不得不放弃一些文化实践活动，或将文化实践活动局限于自己能够操作的那些方面。这其中的情形正如有人所描述的那样：

> 由于规模的关系，少数民族群体可能不得不消耗更多的文化成本以达到与多数人一样的目的。在绝大多数情况下，不考虑国家的公正与慷慨，除非相当大的群体对于遵从一种特定的文化感兴趣，否则给予个体的费用将不足以保证文化服务的供给。这样，即使社会资源是公平分配的，少数民族群体实践其民族文化的能力仍然会更加受到限制。因此，少数民族将有文化的被剥夺感，并希望继续生活在一个他们能够构成多数的共同体中。这不是社会的过错。[2]

更为重要的是，实践一种文化借助一个有活力的公共领域、公共空间，而这种领域和场所必须依赖于集体，表现为一定规模的个体组成的集体才有可能形成有活力的公共领域、公共场所，借助于这个公共领域或公共场所，个体的文化实践、文化坚守和维护才有具体被实现的可能性。以语言为例，个人可以说自己的母语，但如果缺乏公共领域，这种以自言自语的方式使用自己母语虽然不能说毫无意义，但至少意义不大，因为与他

---

[1] N Eldridge & S Gould, *Punctuated equilibria: an alternative to phyletic gradualism* [A] in: JSchopf (Ed), *Models in Paleobiology* [C] San Francisco, Freeman, Cooper, 1972, pp. 82-115.

[2] ［以色列］耶尔·塔米尔：《自由主义的民族主义》，陶东风译，上海实际出版集团2005年版，第48页。

人的交流才是语言的本质所在。即便是将母语的使用扩展到其亲朋好友的范畴，但缺乏享有同一种语言的公共领域或公共空间，这使个体与使用他种语言的公共系统之间不可避免地产生疏离感，而这种疏离感会导致在特定地域，作为其他语言群体成员的个人不能真实地实践自己文化权利。最后的结果不外乎两个，要么迁移特定的地域，寻找能实践自己文化权利的公共领域；要么改变自己的文化，融入另一文化群体。而后一种结果则可能预示着一种文化的衰落。其中的情形正如联合国教科文组织在《语言活力与语言濒危》的报告中所观察到的那样："在许多情况下，族群成员之所以放弃自己的语言，是因为他们认为别无选择，或因为他们对自己所作选择的长远后果缺乏足够的认识。在这种情况下，人们常常面临二者必居其一的选择（要么坚持使用自己的母语和保持群体特性而找不到工作，要么放弃母语以获得更好的生活机遇）。"① 事实上，保持和使用两种语言会获得更好的生活机遇。

以印度不同语言的宪法地位来说明语言群体的实力如何成为定位地域方言权的关键因素。印度有关语言的宪法制度并非理性设计的结果，而是不同语言群体所代表的各种势力相互斗争与妥协的产物，是语言群体的人口规模、经济实力和政治力量角逐的结果。不同的语言群体（表现为族群）都希望通过宪法安排，使自己支持语言的法律地位得到巩固和提高。语言群体之间相互斗争的态势，使任何一种语言都受到其他语言和社会环境的制约。于是，各个语言群体或语言族群凭借各自控制或影响的政治机构来影响宪法有关规定的实施。表现在关于语言安排的宪法制度上，看不到印度国家意志和立法意图的清晰表达。因此，印度的语言宪法制度，与其说是为了国家目标而促进或推广某种语言，不如说主要是为了缓和语言群体之间的矛盾。

在印度获得宪法地位或实际推崇地位的语言中，印地语、英语和少数语言族群的语言比较有代表意义。具体来看，印地语的宪法地位主要是因为得到印度民族主义者和联邦政府的支持。英语宪法地位除印度现实国情之外，是因为得到该国精英阶层和非印地语族群的支持。少数族群语言没有突出的人口规模或明确的政治势力，其宪法地位也不明确。以下分别叙

---

① 联合国教科文组织：《语言活力和语言濒危》（*Language Vitality and Endangerment*）2003 年。

述之。

第一，印地语的法律地位。

印地语的宪法地位首先是来自印地语的语言群体规模，即印地语的语言群体在印度与其他本地语言群体比较而言为最大，接近人口的一半使用印地语。在印度，母语是印地语的人数只占印度总人口的 14.5%—24.5%，使用总人数占 40% 多一点，虽尚不足总人口的一半，① 但已经是印度本土语言中最大的语言群体。其次，印地语得到印度民族主义者和联邦政府的支持，代表了建构现代民族国家意义上的"印度民族"即保持印度"民族性"的政治势力。在印度联邦政府大力倡导和支持下，从 20 世纪 50 年代印度建国之初，各种致力于宣传和推广印地语的机构和组织相继成立，如"宣传和普及印地语协会""印地语文学协会"等。并且有计划地开展了各种旨在推广印地语的活动，包括举行全国性的"印地语日"、举办印地语图书展览、加强印地语电影生产和发行、增加印地语广播等。印度联邦政府也成立了许多机构，如印度教育部设有中央印地语管理局（1960 年）和科技用语委员会（1961 年）。印度司法部下设官方语言委员会（1961 年），印度内务部下设印地语培训计划署（1955 年）。2014 年莫迪当选印度总理以后，推广印地语更是不遗余力。莫迪政府要求所有政府官员、公益事业、银行业的职员，在推特、脸谱网等社交媒体的官方账号上发表言论时，应当优先使用印地语。并对在工作中大量使用印地语进行交流的员工，直接给予奖金奖励。② 印度国大党为首的"团结进步联盟"（United Progressive Alliance）执政时，不管内阁会议或国大党核心成员集会，联邦政府主要使用英语。虽然莫迪本人精通英语，但莫迪政府的大小会议都改用印地语。莫迪跟外国领袖双边会谈时，也打破使用英语的传统而使用印地语。印度还曾推动印地语成为联合国官方语言之一，并且在中国推广印地语课程等。

但是，在印度，即便获得联邦政府支持的印地语推广也不是一帆风顺的，其遭到了非印地语语言群体及其政治盟友的反对和抵制，最后莫迪所

---

① 《Home / Census 2001 / Scheduled Languages in descending order of speaker's strength - 2001》，http：//www.censusindia.gov.in/Census_Data_2001/Census_Data_Online/Language/Statement4.aspx 访问时间：2016 年 1 月 5 日。

② 孙洋：《印政府鼓励官员使用印地语 舆论指新政府违背竞选承诺》，中国网 http：//news.china.com.cn/live/2014-06/23/content_27285078.htm 访问时间：2014 年 6 月 23 日。

在的人民党澄清说,推行印地语仅限于联邦政府内,莫迪政府尊重印度国内的一切语种。

第二,英语的法律地位。

英语作为印度(辅助)官方语言的宪法地位首先也是因为语言群体人口规模。从印度国情来看,印度虽然有众多的本土语言,但没有任何一种语言能够使大部分印度人所接受。使用印地语的人数最多,但也不足总人口的一半。其他本土语言的使用人数,大都不足总人数的10%。印度文明在英国殖民之前从未形成一个统一的政治实体,英语是为数不多使印度各地联系起来的重要因素之一。再加上英国对印度长达近2个世纪的统治,英语反而成为该国使用最为广泛的语言,获得了超大的语言群体规模。时至今日,英语也是唯一可以联系印度联邦和邦之间、各邦之间以及其他机构的唯一语言。在印度联邦和各邦层面,英语都具有不可替代的实际地位。这表现在宪法规定上虽然有意降低甚至取消英语的官方地位,①但是又不得不规定在许多官方场合下必须使用英语。比如说,宪法第348条规定:"除议会另以法律规定外,下列文件得使用英语,不受本篇前面各条规定的影响:1. 最高法院及高等法院中之一切诉讼或审理程序;2. 下列官方文件,包括:议会两院、邦立法机关提出的法案或修正案;议会或邦立法机关通过的法案、总统或邦行政首长公布的命令;议会或邦立法机关所制定的法律,发布的命令、规则、规程及细则。"在印度宪法文本中,"英语"出现的频率有15次之多,可见英语在印度官方场合应用之广泛。

其次,英语获得了印度精英阶层的支持,可以说英语的语言群体的经济和政治实力成为在印度获得宪法地位的必备条件。印度精英群体不仅通用英语,而且以说英语为荣。在政府中任职的官员和其他工作人员有很多在英美等国家接受教育,他们习惯使用英语,对印地语不熟悉甚至不会使用。他们认为英语对高效公共服务十分重要,2011年印度公务员考试实行的考试大纲即大幅提升对英语的要求。精英阶层有不少人认为包括印地

---

① 印度独立后,曾计划用15年的时间用印地语来取代英语,但印地语作为官方语言却遭到了南方各邦的反对,并爆发了激烈的冲突。为缓解矛盾,印度议会于1967年修订了官方语言法,规定了英语的辅助官方语言地位,同时颁布了妥协意味浓重的《三语方案》(指英语、印地语和地方方言),规定中学必须讲授英语、印地语和地方方言。参见刘长珍《从单语主义到多语主义的转变——印度语言政策研究》,博士学位论文,北京外国语大学,2015年。

语在内的印度本土语言只是很好的市井用语,但这些语言不利于进行思考,比不上英语和法语。换句话说,这种观点认为印度本土语言是"劣等语言",全国人才都集中在英语人士中。① "印度意图跻身世界强国行列,这种'大国情结'由来已久,根深蒂固。"② 英语作为全球强势语言,自然受到青睐。于是,在公共教育方面,印度中小学广泛开展英语教育,公立中小学多将英语作为必修课程,采用多种方式培养学生的语言运用能力;不少私立中小学则将英语作为教学语言,一切教学活动均以英语为媒介。在中小学英语教育中,政府与民众的高度重视、教学内容以实用为导向、教学方式灵活多样,这些举措均为印度国际化人才的培养奠定了扎实的基础。③ 而在高等学校,理工类学科则几乎全部采用英语授课,其他学科基本都用英语。可以说,印度的精英和正在跻身精英的群体都是英语群体,这不仅进一步扩大了英语语言群体规模,更增加了英语群体的经济和政治筹码。

再次,由于印地语的缘故,非英语群体之间的博弈反而促进了英语地位的稳固。非印地语族群支持英语是因为他们反对印地语。莫迪任总理之后,采取措施大力推广印地语。此举引发非印地语地区官员和其政党盟友的反对,认为这与1963年的《官方语言法》立法精神相背,违背了莫迪竞选总理时有关发展所有印度本土语言的承诺。乌尔都语族群早在1957年8月28日就举行过"乌尔都语日"活动,以对抗1955年9月14日在全印度开展的"印度语日"活动。当时对立双方发生了激烈的械斗,伤亡几十人。印度宪法关于取消英语官方语言地位的规定也曾在泰米尔纳杜引发许多骚乱,④ 导致1963年《官方语言法案》的制定。该法案规定在宪法规定的时间届满之后,英语作为辅助性官方语言继续使用,印地语仍是正式官方语言。但这一规定还是遭到了非印地语族群的反抗,参加集会,演讲,示威游行的除学生外,还有达罗毗荼进步党的领导人、泰米尔的大资本家甚至社会名流。当局采取了镇压措施,结果使矛盾进一步激化,学生游行很快发展成群众性骚乱。最后政府动用军队进行镇压,宣布

---

① 邹松,刘皓然:《印度公务员考试被批太重视英语,凸显教育不公》,《环球时报》2014年8月8日。
② 焦传凯:《印度大国之路的两难选择》,《南通大学学报》(第30卷)2015年第3期。
③ 龙玫:《解析印度中小学英语教育:特点及启示》,《外国中小学教育》2014年第10期。
④ 林承节:《印度史》,人民教育出版社2004年5月版,第442页。

宵禁，骚动才算平息下去。1983年在印度首都新德里召开的世界印地语大会期间，在一次讨论会上，在要不要推广印地语的问题上，台上台下争执激烈，群情激昂，几乎打起来。因此，非印地语族群的支持是英语宪法地位得以保障的重要政治因素。

第三，少数族群语言的法律地位。

印度少数族群语言种类繁多，占总语种的绝对多数。在涉及语言的宪法安排时，虽然"平等""不歧视"和"多元主义"等价值观念都在运用，但鉴于少数族群语言群体的实力，少数族群语言的实际法律地位与印地语、英语显然不在一个层面上。少数族群语言在现实中没有明确的政治势力支持，宪法中这类语言的法律地位也十分模糊。对少数族群个体成员基本人权的保障，也往往只具有象征性意义。比如说宪法虽然规定了在议会中使用母语发言的权利，但是如果受众不懂这类语言，那么无论发言的内容多么精彩或重要也没有意义。再如宪法虽然规定了地方各邦有责任保障少数族群儿童母语的教育权，但是各邦事实上暗中抵制少数族群使用其母语，并积极鼓励他们学习、使用该邦的官方语言。每一个邦都很清楚，大力推行本邦的官方语言，可以增强本邦民族凝聚力，巩固自身统治。①这是少数族群语言"非官方语言"身份的应有之义，同时也决定了这类语言的弱势地位。

政治角逐中的语言群体的势力不仅从表面上影响不同地域方言宪法中的地位，而且影响到特定地域方言承继、发展的效果。换而言之，由于语言群体实力使然，法律制度的安排也无法改变语言之间竞争的结果，即大量少数族群语言逐渐被淘汰。根据印度政府对语言所做的普查，1961年为1652种，而1971年仅为700种，10年时间消失了近千种。联合国教科文组织2012年绘制的《全球濒危语言分布图》上，印度共有196种语言濒临灭绝，是濒危语言最多的国家。②事实上，作为语言群体角逐结果的印度的法律不仅不能保护少数族群语言，反而因人为构建等级秩序而加重了语言之间的不平等，这也是导致印度语言大量消失

---

① 周庆生：《印度语言政策与语言文化》，载《中国社会科学院研究生院学报》2010年第6期。

② 信明：《濒危语言：消失的文化多样性》，载《光明日报》2012年7月24日。

的原因之一。①

曾经依赖极为繁荣的地域方言来传播文化,② 在世界上形成颇具影响力的文明形态之一印度正在因语言群体的实力较量而遭遇语言语种大量减少的不利后果。要知道,不同的语言,尤其是历史性沉淀于特定地域的地域方言,都是人类以不同的方式、不同程度自我展示的结果,是人类精神的集中体现,都值得珍视。

---

① 有学者提出,联邦制有助于少数族群的语言发展,因为"多民族联邦制能够为少数族群的权利提供制度性保障,确保各民族在多民族国家内保持自己独有的文化并享有充分的自治权力。在多民族联邦制下,少数民族所居住的地区成为国家结构中的次级行政单位,全国居少数的民族在地方邦之中就居多数。由此,在那些与民族存亡息息相关的政治议程中,他们就拥有了决定权,以确保不被民主政治中的大多数所忽视或压制"。印度就是采用的联邦制,但是,语言群体的实力会使这种理想主义的安排落空,因为许多少数族群由于人口规模和密集程度达不到自治的最低要求。对于大多数居住分散或人口规模较小的少数族群的语言,它们既不是"官方认可语言",又不可能建立相应的地方自治行政单位,这类语言面临消失的风险。参见[加]威尔·金里卡《多元文化的公民身份:一种自由主义的少数族群体理论》,马莉、张昌耀译,中央民族大学出版社 2009 年版,第 36 页。

② 关于印度语言的影响可参见[德]威廉·冯·洪堡特《论人类语言结构的差异及其对人类精神发展的影响》,姚小平译,商务印书馆 2008 年版,第 1—15 页。

第三章

地域方言权

人至关重要的一个特征就是有语言能力，能够通过语言来认知自己、他人和世界。因此，语言权利并不是仅仅着眼于人有讲话或使用语言的权利，讲话或使用语言是天经地义的，即便是奴隶制度下被作为工具的奴隶也是"会说话的工具"。语言权利关注的是：什么人在什么场合下有使用自己所选择的语言的权利。这本来不是问题，人对语言的选择是自然的，通常母语是首要的选择，而母语就是"自幼习得的语言"（联合国教科文组织的定义），但在统一国家认同下，母语的界定出现了新的变化。各国为了促进统一国家认同，都明示或默示地确立了以某种或某几种自然产生的并带有强烈或明显地域特征的语言为基础的通用语言或官方语言。国家强制力的介入和干涉既带来了不同语言之间的借鉴和融合，也产生了不同语言之间的冲突，它们之间不再是自然状态下的此消彼长的平等竞争，而是凸显了"通用语言"和"地域方言"这种二元制语言现象，同时造成通用语言与地域方言的母语之争。

一 地域方言权的含义

那么其应该是一种什么性质的权利呢？不少学者都认识到地域方言权的宪法性质，但在权利的具体类型上存在分歧。一种观点认为，运用地域方言的权利属于文化权利，理由在于："文化活动是宪法权利和受国家人权法承认的基本权利"，[①] 由此产生的权利便是文化权。这种观点值得商榷。地域方言权是与文化有关，但其关注的是个人或群体在选择语言上的

[①] 秦前红：《法律能为文化发展做什么？》，中国政法大学出版社2015年版，第24页。

自由，而这种选择与地域相关，其重点在于特定地域中语言的选择，而不是说话的内容，因此，地域方言权是一种语言权利。正如有人所说的那样，"语言权利是指人们对语言的使用、学习、发展和传播的权利，这一权利终端在于'谁'、在什么'地域'和什么'领域'、使用和发展、'何种语言'"。[①] 至于将语言权利的最重要的问题落在"少数民族语言上"，体现为"国家如何确定国家语言或官方语言以及在公共领域中对少数民族语言的地位及适用做何种安排"，[②] 这有些偏颇。实际上，持这种观点的人还不少。如有人认为："语言权利是国家确保的少数人群体成员无论是在私下还是在公开场合，无论是以口头还是书面形式，享有不受干扰地使用其自己语言的权利。"[③] 实际上，语言权利不是单纯的少数人的权利，而是每个人的权利。只不过，由于语言权利是在多民族国家中少数人使用的语言面临濒危的现实背景下，在 20 世纪 80 年代在欧洲提出的。[④] 因此，少数人的语言权利是重点。如同有学者所指出的那样："语言权这一概念的早期含义主要强调少数人群体使用自己母语的权利，发展至今它涵盖了所有的人及群体使用语言的权利。"[⑤] 因此，语言权利不是少数人的"特权"，不是少数民族及其成员特有的权利，少数人的语言权利之所以成为语言立法关注和保护的重点，原因在于"少数民族在面对国家和主体民族时，具有脆弱性、易受伤害性"。[⑥]

如前所述，地域方言不仅包括少数民族语言，还包括与通用语言在语音、语法、语义上不一致甚至自成语音和书面文字系统的语言，如粤语。但这些语言群体规模大，不属于少数民族。因此，语言权利的重点应该是国家如何确定包括少数民族语言在内的地域方言与通用语言的关系问题，尤其是在特定地域中个体和群体的语言选择问题。倘若特定地域内的地域方言已经构成了语言社区，那么人们就有权选择以该地域方言作为交流、

---

① 肖建飞：《语言权利研究——关于语言的法律政治学》，法律出版社 2012 年版，第 33 页。
② 同上书，第 33 页。
③ 周勇：《少数人权利的法理》，社会科学文献出版社 2002 年版，第 48 页。
④ 关于语言权利产生的背景可参见肖建飞《语言权利产生的背景及法定化》，载《法制与社会发展》2010 年第 1 期。
⑤ 刘红婴：《语言法导论》，中国法制出版社 2006 年版，第 22 页。
⑥ 肖建飞：《语言权利的立法表述及其相反概念》，《中央民族大学学报》2012 年第 1 期。

教育的语言，这就是地域方言权。从这个意义上看，地域方言权同其他语言权利一样，也是一种语言选择权。

（一）选择地域方言作为交流语言的权利

地域方言权是指，人们尤其是特定地域的人们有选择和使用该地域的地域方言作为交流语言的权利，这不仅包括私人场合，更重要的是在公共场合或者其他事关私人重大利益的、非特定地域的公共场合。理论上，私人场合交流语言的选择与国家权力关系不大，应该不需要用权力的方式来保障人们选择自己语言的权利，或者不需要制度的特别安排，反倒是在公共场合中人们对地域方言的选择须仰赖权利，需要国家权力的保障。这其中的缘由在于私人场合可以说是人类生活具有最低限度的自由和不可侵犯的领域之一。在人的生活中，"应该存在着最低限度的、神圣不可侵犯的个人自由的领域；如果这个领域被践踏，个人将会发现他自己处于一种甚至对于他的自然能力的最低限度的发展也嫌狭隘的空间中，而正是他的那些自然能力，使得他有可能追求甚或领会各种各样人们视为善良、正确或神圣的目的"。① 在私人生活的领域，即便通用语言或官方语言也不能想当然地获得优越或优先地位。其中的情形正如加拿大联邦人权委员会在McIntyre v. Canada一案中所认定的那样："一个共同体可以选择一种或多种官方语言，但在公共生活之外，这种选择亦不能排斥个人选择自己意愿的语言来表达的自由。"② 可以设想，如果在私人场合连选择语言的自由都要受到挤压，那么还能奢望什么样的自由？

但实际上，个人在私人场合选择地域方言交流的自由不是想象的那么宽松，这与通用语言这个"中央方言"的地位直接相关。恰如一个人不能选择自己的出生一样，一个人对其父母、其父母的语言、其成长的文化环境中的语言也是无从选择的。没有非常特殊的情形，个人成长过程中所使用的语言就成为一个人的母语。每个人都有自己的母语，从孩提时代就开始学习，如果将胎教之类的方式也作为一种特殊的学习方式，甚至可以说从出生前就开始了学习母语的过程。如果一个人的母语恰好属于与通用

---

① 肖建飞：《语言权利的立法表述及其相反概念》，《中央民族大学学报》2012年第1期。
② Ballantyne, Davidson, McIntyre v. Canada, Communications Nos. 359/1989 and 385/1989, U. N. Doc. CCPR/C/47/D/359/1989 and 385/1989/Rec. 1（1993）

语言不同的地域方言，单纯依靠这种母语，与掌握居于支配地位通用语言的人相比较，个人就可能在社会经济中处于明显不利的境地，如许多工作的前提条件是掌握通用语言。为了改变这种不利的竞争条件，或者为自己争取和创造一个更为宽广的、更为多样的经济机遇，个人就很可能不仅自己要去学习特定共同体中的处于"中央方言"地位的通用语言，而且极有可能让自己的孩子学习。即便不能从小在一个将通用语言作为日常语言、家庭语言的环境中成长，但个体的这种做法实际上是已经在放弃或部分放弃自己的母语。有报告显示，加拿大的许多土著人的家长在其孩子已经掌握英语的情形下，更期望他们的孩子将加拿大的另一官方语言——法语作为其孩子的第二语言，而没有将其民族语言纳入选择范围。[①] 这种情形在我国也同样存在。例如，有人对福州话的生存环境进行调查发现，在家庭语言中，受访者选择最多的是"以普通话为主，夹杂着福州话"，占34.11%；其次是选择普通话为家庭语言，占26.36%；选择福州话为家庭语言的最低，占16.28%。可见，普通话为主要家庭语言的已经超过60%。不仅如此，调查还发现单纯使用福州话作为家庭用语的比例随年龄的增长而上升，呈正相关。在18周岁以下这个组别中，单纯使用福州话作为家庭用语的比例还不到3%。这充分表明，在福州青少年的家庭中，普通话作为家庭语言的比例已经很高，而福州话的比例已经大大下降。[②] 正如此，私人场合选择非通用语言的地域方言作为交流语言的概率就迅速降低了。此外，经济、文化市场的世界化也正在压缩人们选择地域方言作为交流语言的自由。正如《世界语言权宣言》在序言中所写的一样："经济世界化进程，因而也就是信息、传播，也就是文化市场的世界化进程，这一进程正在打乱能确保每个语言社会内部凝聚力的各个关系领域和相互作用的形式。"

(二) 选择地域方言作为教育语言的权利

因地域方言与通用语言的竞争关系，通用语言在权力主导下的强势推

---

① [加] C. Michael Macmillan, *The Practice of Language Rights in Canada*, Toronto, Buffalo London, University of Toronto Press, 1998, pp. 186-187.

② 李诗凭：《推普环境下方言的生存现状和发展——以福州话例》，硕士学位论文，天津大学，2013年。

进很可能使地域方言的语言群体规模有缩小趋势,语言群体的结构呈现老年化等,即便在特定的地域中历史性沉淀下来的方言也不能幸免。例如,上文提到的有人调查福州话的生存状况,超过60%的受访者使用普通话而非福州话作为家庭用语。而能够流利使用地域方言的往往集中在中老年,尤其是老年。这是为什么呢?是年轻人对当地的方言不感兴趣吗?或者对地域方言情感冷漠吗?这应该不是全部的答案,还有更深层次的原因。年青一代对地域方言的"无能力"(无能力听懂、无能力说、无能力书写、无能力阅读)才是深层次的原因。再进一步追问,这种"无能力"是自然形成的吗?或者是通用语言和地域方言自然竞争的自然结果?显然不是,语言间的竞争从来就不是单纯的语言之间关于语音、语义、语法、词汇等基于语言本身的竞争,而是各种政治、经济、社会因素相互角逐的结果,如权力、经济、人口、地理、宗教等都卷入了语言的竞争。因此,虽然说年青一代的"无能力"未必代表着一种不自由,但如果这种对方言的"无能力"不是自己刻意追求的结果,而是他人的安排或者制度的安排,那么"无能力"就意味着不自由。伯林曾用贫困的缘由来说明"无能力"与"不自由"之间的关系,他写道:"如果我相信我没有能力获得某个东西是因为他人做了某个安排,而根据此安排,我(而不是别人)才没有足够的钱去支付这种东西;只有在这个时候我才说我自己是一种强制或奴役的牺牲品。"① 因此,在地域方言权中,年青一代的"无能力"应该与通用语言的强势推广息息相关。

选择用地域方言作为教育语言,这首先源于母语学习的要求。对于生活在特定地域的文化群体和个人而言,他们自幼习得的并在当地作为实际交流工具的地域方言就是他们的母语。有人认为方言只不过是语言在某种特定环境下在语音、语法、词汇方面的变化或变体,是语言的亚种,不能成为独立的语言。这种说法不能佐证方言不能作为母语的论点。母语就是习得的语言,不管是变体还是标准语,这不是考察母语的标准。更重要的是,方言不是指标准语的变体,方言本身就是一种独立的语言,所谓标准语是权力介入后的称谓。在抛开权力因素的前提下,单纯就语言与语言的比较,不存在标准语和标准语变体的称谓,所有的语言都是独特的,都是

---

① [英]以赛亚·伯林:《自由论》,胡传胜译,译林出版社2003年版,第109页。

平等的作为交流工具的语言。联合国教科文组织将母语定义为"一个人自幼习得的语言，通常是其思维和交流的自然工具"，特定的地域方言就具备被特定个人"自幼习得"的特质，毫无疑问就属于特定个人的母语。不同的地域方言往往与不同的习俗、信仰、不同的价值观相联系。特定的地域方言表达了特定的文化群体对于他们自己、他们所处的环境以及世界的不同的认知和探索，地域方言就是他们认知和探索的工具，最为熟悉与得心应手的工具，是他们的母语。如前所述，为了避免语言权利的限制，《世界语言权宣言》避免使用"母语""通用语言""国语"等词语，只是特别地强调，"地域方言"或"地域专有语言"也是一种独立的语言形态，可以产生特定的语言权利，即用母语进行教育的权利。

选择作为母语的地域方言进行教育的权利主要体现在：

第一，有选择使用地域方言作为教育的第一语言或首要语言的权利，包括要求将地域方言作为教学语言，获得以地域方言编写的教材、阅读资料及其他辅助资料、配备能够用地域方言进行教学的合格教师等。例如，联合国教科文组织所提出的那样："每个学生应当首先用其母语接受正规教育"；"成人文盲首先应当用其母语学习读写"；"如果某一地区的居民使用几种语言，应当采取措施按照不同母语分组教学"。[①]

第二，有选择用地域方言教育自己子女的权利。这是指家庭教育中语言的选择问题，也是为了保证语言的代际传承，维持语言的丰富性与多样性，让后人的语言选择更加多样。如果一种语言大多在父辈或者更上一代使用，那么这意味着该种语言的代际传承有问题，该语言面临灭失的危险。而每一种语言的灭失，都是人类宝贵经验的灭失，是与语言为载体的历史、文化、生态体验的灭失。这些损失，对人类而言是不可估量的。

（三）地域方言权的消极权利性质

宪法学和法理学界将权利分为消极权利和积极权利，得益于英国哲学家、政治思想家伯林。伯林在其著名论文《两种自由概念》中没有如传统学者一样尝试对自由做一个放之四海皆准的定义，虽然自由有两百多种

---

① 引自《本国语在教育中的使用》（1953年）。转引自联合国教科文组织《多语并存世界里的教育》，第31页。

定义，但"自由是个意义漏洞百出以至于没有任何解释能够站得住脚的词"。① 因此他另辟蹊径，对自由进行分类，以寻找实现自由的最佳方式。依照伯林的观点，消极自由是指"免予他人干涉和强制的自由"，即自由"意味着不被别人干涉，不受干涉的领域越大，我的自由也就越广"。② 消极自由所对应的就是消极权利，其决定了相对义务人行为的方式。如果只需要相对义务人以不干预、不干涉的方式进行消极不作为，权利人就能保证自己权利实现的话，这样的权利就称为消极权利。在人权的相对义务人中，最为举足轻重的义务人是国家，能作为消极权利的人权就意味着只需要国家的消极不作为，不需要国家再提供资源，或者哪怕需要提供资源，其中的成本由于太小也可以忽略不计（如利用现行制度也是一种提供资源，但这种方式与国家在现行制度下再实行积极政策进行干预是两码事）。

地域方言权属于人权性质的语言权利，属于消极权利。理由很明了，说什么话，选择什么语言，这是自然而然的事，是一种文化环境中的自如或自动选择，理论上不需要国家再提供资源来帮助个体或特定的语言群体实现这个权利。当然，这种国家的消极不作为义务并不是说地域方言权利的实现不需要制度或不需要任何成本（制度都有成本），而是指在现有制度范围内不需要国家再另行规定制度或另行提供额外的资源来保证权利的实现。地域方言是特定地域历史性沉淀下来已经作为实际交流工具的语言，在特定地域出生和成长的人们，自然而然或不知不觉中地成为其语言群体中的一员，特定的地域方言是他们表达自己、认识他人，感知、体会和反省自己与社会、自己与世界关系的工具。从这个意义上讲，不论国家如何推行观念，推行什么样的观念，人都有权以自己最为熟悉、最为得心应手的语言来交流，来接受教育。一句话，在特定地域内，运用该地域长期由于各种各样因素左右、博弈所形成的与地域直接相关的地域方言来表达自己，认知他人和社会，这是一个不被别人阻碍的行动领域。从这个意义上讲，地域方言权是一种消极权利。

---

① ［英］以赛亚·伯林：《自由论》，胡传胜译，译林出版社2003年版，第168页。
② 同上书，第170页。

(四) 地域方言权的积极权利性质

伯林在谈及消极自由和积极自由时,曾用比喻来形容二者的关系。他认为二者是独立的问题,一个是:"多少个门向我敞开?"另一个是:"这里是谁负责?谁管理?"① 地域方言的形成和运用,本身应该就是自然的,没有国家权力的刻意介入。因此,地域方言权作为消极权利,只是涉及"门是否敞开"的问题,没有涉及"门"的管理者和负责人的问题,即只要不加干预,无须国家的积极措施就可自然实现。体现在:地域方言早已形成了自己的独特的语言系统,语言群体也是历史性地自然形成,语言群体在特定地域以自然沉淀下来的地域方言作为实际交流工具也是自然的事,是特定地域人们长久以来一直在做,并且将继续做下去的事,除非有更合理的理由。但是,如前所述,由于统一国家认定,有种观念认为语言也应该统一,倘若这种观念得到认可,那么国家出于统一国家认同的目的,有意地用权力确定某种语言或某几种语言为通用语言或官方语言,地域方言权不依赖国家的积极措施就能实现的状态被打破。国家在通用语言上所采取的积极措施不仅没有帮助地域方言权自然实现,而且推行通用语言的法律和政策实施还给地域方言造成竞争压力,如竞争语言群体、竞争语言领域。此时,人们会提出疑问:在语言问题上,谁管我?别人管还是自己管?如果是别人,他凭借什么权力?什么权威?国家在语言问题上的积极介入,实际角色已经演变为"门"的管理者和责任者,若再主张地域方言权的消极权利性质,不仅回答不了在通用语言法律政策下语言选择该谁来管的问题,更回答不了地域方言的法律地位乃至宪法地位问题,再进一步则恐怕会极大地削弱地域方言权本身。因此,作为积极权利的地域方言权应运而生。

地域方言权作为积极权利意味着在相当程度上,人们选择特定地域方言作为公共领域交流和教育的语言的权利须依靠国家的积极作为、采取积极措施才能实现。这其中的原因很简单,国家不可能在文化上保持所谓的中立或者客观立场,国家也不是文化的裁判者,在更多情形下,国家倒是某种或某些文化的参与者,或至少是促进者。无论是明示的方式还是默示

---

① [伊朗] 拉明·贾汉贝格鲁:《伯林谈话录》,杨祯钦译,凤凰传媒集团、译林出版社2011年版,第37页。

的路径，国家在公共领域中对某种语言的认可、采用、推广，都表明了国家对该特定语言所代表的价值观、生活方式的推崇，也证明了国家对该特定语言所展现的文化的赞成或鼓励。以特定地域方言为母语的人们，倘若国家确定的通用语言或官方语言与其母语不一致，二者之间甚至作为相互独立的语言系统，在语音、语义以及许多词语上存在很大的差异，相互间不可能做到自如地沟通和交流，那么特定地域方言语言群体及其成员在公共领域选择特定地域方言作为交流语言、教育语言的权利也许就不能自动实现，因为通用语言本身的确立就是权力运用的结果。此时，只能依靠国家的积极作为，在现有的、包括实行通用语言的法律和政策在内的制度框架中再提供资源来实现。

相对于消极自由而言，伯林认为积极自由更为复杂，更容易造成种种迷惑。甚至法国大革命在伯林看来，都是一种集体自我导向"积极自由"要求的大爆发。① 虽然说积极自由是"去做……的自由"，但"'积极'与'消极'自由的观念并不总是按照逻辑可以论证的步骤发展，而是朝不同的方向发展，直至最终造成相互间的直接冲突"。② 一句话，积极自由非常重要，但比消极自由更容易被歪曲和滥用。

在地域方言权问题上，积极自由被滥用的最为常见的情形就是用理性等各种理由来否认人们自己的选择，除了人们自己，所有的人，包括国家都成为实际的管理者和责任人。如果人们选择不同于通用语言的特定地域方言作为交流语言和教育语言，也许有人会觉得这种选择是不理性、不科学的，认为个人并不一定比更加理性、更加出色的人了解自己。正如伯林借乔治·奥威尔的话所说的那样："我可以代为表达你的真正愿望，也许你以为你知道自己需要什么。而我、元首、我们比你自己更了解你，向你提供你所需要的东西，只要你认清了你的'真正'的需要。"③ 通用语言是国家认为人们需要的，给人们提供的。但是这个提供如果仅仅是增加选择性而不是强制的话，这不妨碍自由。因此，在地域方言问题上，地域方

---

① 原文是："像所有大革命一样，法国革命，至少是其雅各宾党的形式，正是那种集体自我导向的'积极自由'要求的大爆发。"参见［英］以赛亚·伯林《自由论》，胡传胜译，译林出版社2003年版，第208页。

② ［英］以赛亚·伯林：《自由论》，胡传胜译，译林出版社2003年版，第200页。

③ ［伊朗］拉明·贾汉贝格鲁：《伯林谈话录》，杨祯钦译，凤凰传媒集团、译林出版社2011年版，第38页。

言权作为积极权利仅仅是要求国家作为义务人提供可供人们选择语言,包括选择特定地域方言的环境和机会,而不是让国家来替代人们选择,更不是国家通过积极的作为来让人们实际上只能在一种语言中选择,而只有一种选择、一种答案的选择根本就不是选择。总之,作为积极权利的地域方言权要想不被歪曲和滥用,必须将国家的积极作为义务仅限于提供人们可以选择特定地域方言作为交流语言和教育语言的环境和机会,或创造条件和方便来便于人们实现自己在语言上的自愿选择。

二 地域方言权的内容

地域方言法律地位的内容并不仅仅着眼于人有讲地域方言的权利或使用地域方言的权利,而是关注:什么样的文化群体和个体在什么场合下有使用自己所选择的地域方言、学习和传承自己选择的地域方言的权利,以及特定文化群体和个体在行使这种权利时需要国家、地方政府、自治组织和其他文化群体承担的义务。具体包括:地域方言的平等含义;地域方言的语言自由与限制;地域方言与通用语言的冲突与协调。

(一) 不同地域方言的平等地位

依据人权理论,人与人之间应该是平等的,没有谁天生比别人优越。人们之间的这种平等也意味着人性尽管多样,但彼此之间也是不分高低贵贱的。如果说不存在所谓纯粹的、自然的、没有打上任何生活烙印的人性,那么人生长所处的文化环境,人在成长过程中所接受的信仰、遵从的习惯以及由此折射的价值观念乃至人的生活方式等都是人性不可替代、也决不能被忽略的组成部分,作为人在成长过程中自然习得的、以地域方言为表现形式的母语也就成为人性的组成部分,也是具体的人之所以为人的部分原因所在,与具体的人不可分离。由于人与人之间应该是平等的,那么受不同的习俗、世界观、语言、信仰等塑造的人由此表现出的不同的人性也应该是平等的,这种应然的平等性就成为语言平等的基础缘由。

首先,不同地域方言的平等地位是一种语言平等,这意味着所有的地域方言都作为独立的语言存在,在法律上都是平等的;不同地域方言的平等地位意味着所有的地域方言都被国家视为财富,均受法律保护,政府通过明确的政策、法规来鼓励保护所有的语言。任何地域方言的文化、宗教、哲学乃至美学背景都不能成为解释语言优劣的论据。其实，任何语言都是对世界微妙的诠释，即便是所谓的原始语言，也是非常丰富不能被取代的。其中的情形正如同爱德华·萨丕尔在《语言论——言语研究导论》中所指出的那样："许多原始的语言，形式丰富，有充沛的表达潜力，足以使现代文明人的语言黯然失色。没有一个民族没有充分发展的语言。最落后的南非布须曼人（Bushman）用丰富的符号系统的形式来说话，实质上完全可以和有教养的法国人的语言相比。"① 此外，不同地域方言的平等地位还意味着：语言本身的因素如语音、词汇、词义、语法等或者语言本身的内容或者表达形式等也不能成为区分不同地域方言分享不同法律地位的客观标准。实际上，由于地域方言是原生态的，是自然发展起来的语言，与特定地域相联系，与历史不可分割。因此，与通用语言相比，地域方言在语音、词汇、词义、语法本身等方面还具有相当的优势，如我国典型的地域方言粤语，其与古汉语的联系相当密切，甚至可以视为保存下来的古汉语。原因在于：历史上中国北方总是受到外族入侵，中原人民就不断南迁，把自己语言带到了南方，与当地语言结合，形成了南方地域方言。粤语是其中的一种，由此也保留了很多古汉语的成分，成为保留古汉语最好的现代汉语，且拥有完整的文字系统。所有粤语发音均有对应的文字，能够用文字完整地记录发音，在近义语读音完全一致的情况下，也不像普通话一样易混乱。

其次，不同地域方言地位平等还表明了所有的语言群体应该具有平等的地位。这意味着，在分享国家公共资源上，所有的语言群体都应该被一视同仁，特定语言的使用群体在政治上、经济中以及社会和文化中的地位都不能构成区分不同语言具有不同地位的正当理由。

再次，不同地域方言的平等地位同时也意味着不同的地域方言社区与包含通用语言社区在内的所有的语言社区的平等。按照《世界语言权宣言》所定义的概念，语言社区（language community）是指任何人类社会，于特定地域空间内历史地奠基，不论这个空间获得承认与否，将自己视为一个族群，并且已经发展出一种共同的语言作为成员间沟通和文化凝聚的

---

① ［美］爱德华·萨丕尔：《语言论——言语研究导论》，陆卓元译，商务印书馆1985年版，第19—20页。

自然工具者。语言社区是在特定的地域空间存在的，这个空间不仅理解为社区生存的地理空间，而且还被理解为对语言的全面发展至关重要的社会性和功能性空间。

确定不同地域方言的平等地位，目的是让不同的语言、不同的语言群体、不同的语言社区都获得平等交流的权力，从而使不同语言所代表的不同文明之间能对等地相互影响、相互吸收，促进人类文明的发展。但实际上，这种平等不仅常常因种种原因被打破，而且还形成与语言平等对立的语言偏见或语言歧视。其中，挤进"中心"或者获得中央地位的地域方言和对应的语言群体、社区往往占据了更多的资源或者获得了权力更多的青睐，更有条件对其他语言、语言群体或语言社区形成歧视。

（二）地域方言在特定地域准官方语言的地位

地域方言的准官方语言地位是指在特定地域内，历史性沉淀下来作为事实上交流工具的地域方言应获得与一国境内官方语言或通用语言相同或相对等的待遇。这种做法在实际中存在，如印度宪法承认印地语和英语作为国家官方语言的地位，但在特定的地区又列入另外十多种语言，此外，还承认一大批少数族群语言在次国家层级、地域性或其他从管辖权方面界定的地位。①

地域方言成为准官方语言的原因在于地域方言权的宪法含义，具体体现在以下方面。

1. 宪法平等原则的具体化

平等原则的基本含义是同等待遇。同等待遇的平等观基于两个基本假设，即情感平等（equal passions）和理性平等（equal rationality）。② 人的情感是平等的，理性是平等的，并不是说人们在各自的经历中发展出了同样的情感，具备同样的思考，追求同样的目标，而是指抛开具体而多样的经历、多样的思考和目标，在相当程度上，人与人是相似甚至相同的。情感和理性上的平等性是基于人的自然属性。人的自然属性相当，对相同、

---

① 约瑟夫·罗·比安科：《语言政策的重要性和有利于文化多样性的多语制》，《国际社会科学杂志》（中文版）2011 年 1 期。
② 霍布斯、边沁、密尔、洛克等都有此种叙述。关于古典自由主义对平等假设的论证，可参见 Amy Grtmann edited, *Liberal Eeality*, New York: Cambridge University Press 1980, p.18。

相当或类似状态会产生相似的情感，做出相同或相近的判断。如我们都追求安全，对不确定的生活状态都感到不安甚至厌恶，只是程度可能有区别；我们也追求公平，对于强加于自身的不公正的待遇都会排斥、抗争。宪法中的平等原则也继承了这种理论上的假设，如罗尔斯认为，人们拥有善的、公平的观念和能力，在最初的状态下，人们都是平等的道德人，这其中也包含了对人的情感和理性平等的认可。

　　基于平等的假设前提，通常认为，平等就意味着所有的个体应该被同样地对待。因此，宪法平等原则的首要含义是"同样的情形应被同样对待"。运用在语言地位的问题上，这意味着如果两种语言的情形相同或相当，那么其应该获得同样的或相当的对待。语言相同或相当的情形，显然不是指语言本身，语言之间是无法比较的，因为每一种语言都是独特的，都是人类对世界的认知。通常情形下，语言也是个人、群体乃至民族等无法选择的。有人曾经总结道："一个民族所有的生活环境、气候条件、它的宗教、社会建制、风俗习惯等，一定程度上都可以跟这个民族脱离开来。然而有一样东西性质全然不同，是一个民族无论如何不能舍弃的，那就是它的语言，因为语言是一个民族生存所必需的'呼吸'（Odem），是它的灵魂所在。"[①] 语言的运用也是蕴含着世界观的，人们利用语言独特的结构、词汇、语音来表达和对现实的观察也蕴含了其对人、对己、对世界的看法，都是群体共同经历的记录、总结和沉淀，其中蕴含了明显的、晦涩的、交织的、错综复杂的种种看法、观念，这实际上表明了以地域方言为标志的原生态语言同人们的世界观的关系，每一种地域方言就是特定地域人们世界观的展现。可以说，没有任何语言可以自诩为最合理、最优秀的语言。语言相同的情形是指语言间的自然比较，是自然形成的，与权力的强行介入无关。如地域方言与通用语言的区分因权力的缘由则不能视为语言间的自然比较，否则，所有的地域方言都不能与通用语言（哪怕通用语言的本质也是一种或几种地域方言）获得相同的情形，语言平等就成为空谈。

　　鉴于语言产生的独特性和语言运用的不可取代性，宪法平等原则在语言权利上首先意味着语言的平等，在多种语言并存的情况下，这种平等就

[①] ［德］威廉·冯·洪堡特：《论人类语言结构的差异及其对人类精神发展的影响》，姚小平译，商务印书馆2008年版，第39页。

建立在假定语言的情形相同或相当的基础上,如印度根据联邦制和邦级行政区划中的"语言建邦"原则,在宪法中规定,各邦享有充分的语言自主权,包括自主确定一种或多种本邦官方语言,并在一定程度上能够决定同联邦以及其他邦进行联系时所使用的语言。其中的"语言建邦"原则就建立在假定不同语言的情形相当或相同的前提下。①

其次,语言相同的情形可由语言群体的规模而定。不容置疑,每个人希望生活在自己的文化中,能够在任何场合包括公共场合自动、自如地运用自己自幼习得的语言来交流,或作为行使其他权利的方式和路径。为达到这一目的或理想状态,从理论上讲,每个人都有权要求国家对特定语言和语言群体进行支持,因此,才有"同样情形同样对待"的平等原则。该原则中,被要求提供同样对待的是政府和国家,他们承担了提供同样对待的义务。再往下分析,不难发现,提供义务是需要成本的,倘若提供义务的成本高于因提供义务而享有的利益,那么提供义务的合理性就存在问题。国家和政府在地域方言问题上,为特定地域方言提供同样对待这不是一句话或一个口号的事,这意味着国家在公共场合或公共权力行使时在语言的选择上要有很大的投入,如招录、培训大量使用地域方言的公务人员,将其投入交通、医疗、金融、教育、福利等行业和部门;用地域方言印刷官方文件、在诉讼或准诉讼程序中为当事人或参与人提供特定地域方言的翻译如少数族群的语言等。这些都意味着为某种特定地域方言提供同等对待,如与通用语言同等对待的义务则会有不可忽视的成本,成本还很可能很高昂。因此,必须核算从同等或对等义务中获益的个体,如果存在最低限度的能够从中获益的个体数量,这种成本才值得。无论是少数民族语言还是其他类型的地域方言,能从中收益的就是以该语言为母语或交流语言的个体,他们组成了固定的语言群体,因此语言群体成为判断"相

---

① 印度独立之前,国大党就认为英国殖民者的区划违背了人民的意愿,并提出"语言建邦"原则。建国不久,按照语言族群重新划分邦级区划的呼声在全国蔓延开来。1953年10月1日,联邦议会通过了建立讲泰卢固语的安德拉邦的法案。安德拉邦的建立拉开了创建语言邦的序幕。1956年8月31日,联邦议会又通过了《邦改组法案》。根据该法案,印度全国按主要语言划分为14个邦和6个联邦直辖区。1971年联邦议会通过了《东北部地区(重组)法案》,对东北部邦级区划进行了重大调整,计划成立梅加拉亚邦、米佐拉姆联邦直辖区,并将曼尼普尔和特里普拉两个联邦直辖区改为邦。最终在1987年从阿萨姆邦分离出三个新邦,即那加兰邦、梅加拉亚邦和米佐拉姆邦。参见马得汶《印度建国后邦级区划变动中的两次重组浪潮探析》,载《南亚研究季刊》2010年第1期。

同情形"是否存在的依据之一。另外,从实践语言权利的"内在制约"也说明了语言群体规模构成了"同样情形同样对待"中的"同样情形"。同其他文化实践一样,语言权利的"内在制约"是指自愿利用或实际利用某种特定语言进行交流,或将其作为交流工具存在最低人数的要求。有人对此总结道:"特定的仪式或实践需要最低限度的参与者,这就创造了一种内在的制约。但是当一种文化实践由于缺乏参与者而无法进行的时候,不能认为与实践这个文化有紧密利益关联的个体的权利受到了伤害,除非可以证明有人为这一文化实践故意设置了障碍,或者为争取个体参加这个实践故意设置了障碍,或者个体受到威胁或者阻止参与这个实践。"①因此,特定地域方言群体的成员如少数族群的成员必须证明实际上存在足够数量的用于开展语言权利实践的个体才能说自己的语言达到了"同样情形",从而要求国家和政府给予其语言与其他被支持的语言同样的待遇。如前文提到的印度宪法承认印地语和英语作为国家官方语言的地位,但在特定的地区又列入另外十多种语言,此外还承认一大批少数族群语言在次国家层级、地域性或其他从管辖权方面界定的地位。这实际上就是将宪法中表列的除印地语和英语外的其他语言(主要是地域方言)作为特定地域的准官方语言。印度宪法第351条还规定,印度联邦政府有义务"促进印度语的普及,使其发展成为表现印度文化各种要素之工具"。并在"不损害印地语的优点、形式、样态及表现"的条件下,吸收"表列语言"以及其他印度本土语言而实现自身的丰富和发展。

此外,特定语言群体规模意味着语言权利的实现需要最低限度的参与者,这个最低限度从理论上讲两个人即可,因为两个人就可以实现交流。但是,显然两个人不可能是特定语言群体规模最低限度的要求。在现实中,由于涉及语言权利行使的成本,问题不可能如此简单。如在加拿大,据1991年的统计数据,土著语言的人口只占加拿大总人口的0.42%,且土著语言仅仅是统称,其间又可分为众多的地域方言,相应地,不同地域方言的语言群体规模也随之缩小。其中,最大的语言群体规模也只有5万余人。5万余人的语言群体规模如果是在特定的地域,还有可能成为准官方语言。若小于此规模,作为准官方语言的成本就高昂了。我国宪法第

---

① [以] 耶尔·塔米尔:《自由主义的民族主义》,陶东风译,上海世纪出版集团2005年版,第47页。

121条规定:"民族自治地方的自治机关在执行职务的时候,依照本民族自治地方自治条例的规定,使用当地通用的一种或者几种语言文字。"民族自治地方实际上就考虑了语言群体规模的因素。因此,特定地域方言是否能因"同样情形"获得要求国家给予同等的待遇,在特定地域内将地域方言作为准官方语言对待,必须具体考察具体的语言群体规模,考察特定地域内由此从中受益的最低限度的人数。

2. 出于语言社区的要求

语言社区的概念是近年来社会语言学出现的一个重要理论,即从社区社会的因素来考察语言的形成、变化和发展。语言社区又称言语社区、言语社团、言语共同体、语言社会、语言集团等。通常认为,一个合格的语言社区必须具备五个要素:共同的地域、生活在一起的人群、包括语言在内的共同设施、频繁的言语互动、心理认同。① 而以这五个要素来考察地域方言,不难发现特定地域内的人群以历史性沉淀下来的地域方言为实际交流工具,地域方言就成为他们共同的设施,并且,借助特定的地域方言,他们分享了共同的历史、认同共同的文化,彼此之间的言语互动和心理认同就自然形成了。因此,特定地域的地域方言区是社会语言学上典型的语言社区。一句话,地域方言是一种独立的语言,在特定的地域自然构成了一个独立的语言区,即具有专有的共同的语言,人们以之作为交流和交往自然工具的地域,《世界语言权宣言》称为"语言社区"。

语言社区或言语共同体(language community)是在社区或共同体(community)基础上发展而来的。而社区或共同体本身的含义就是"具有关系和情感组成的共同体",② 而之所以形成关系,不在于血缘,而在于共同的历史、文化、共同的需求联系这个共同体的不是别的,恰恰是语言。历史、文化和共同的需求都是通过语言塑造的生活方式来表达,是特定语言社区或言语共同体之所以能成为共同体的关键所在。

承认地域方言能够构筑甚至已经构筑的语言社区存在,那么就应承认地域方言的母语地位,特定地域的人群不仅可以在私人场合可以用母语交

---

① 史红改:《试论言语片区和地域方言、方言岛和社会方言的关系》,《鲁东大学学报》(哲学社会科学版)2015年第4期。
② [英]雷蒙·威廉斯:《关键词——文化与社会的词汇》,刘建基译,生活·读书·新知三联书店2016年版,第125页。

流,在特定地域的公共场合用母语作为交流工具的要求也是合理的,是一种自然的语言权利。

地域方言的另一个特质是其作为一种独立的语言,其是特定地域人们的母语。也就是说,对于生活在特定地域的文化群体和个人而言,他们所使用的地域方言对他们而言就是一种母语。有人认为方言不属于母语,理由在于"不同的民族间才存在母语之说",意思是母语只适用于不同的民族之间,因此,"在我国同为汉族语言的不同方言不算母语"。[①] 其实这是一种误解。不同民族之间固然存在不同语言的区别,但是民族身份实际上也是一种文化身份,民族认同本质上就是一种文化认同,[②] 因此,只要能根据语言、习俗、信仰等生活方式来区分不同的文化或不同的文化群体,自然就能区分出母语与非母语的界限,而这其中就不仅仅包括以血缘和出生所获得的民族身份。实际上,一个人的母语不能完全依靠其出生或血缘等认定民族身份的标准而确立,或者说,血统和出生对母语的形成有影响但不能完全决定。真正决定某种或某几种特定语言是否成为特定个人的母语,是依靠个人所处的文化环境而定的,这也是联合国教科文组织将母语定义为"一个人自幼习得的语言,通常是其思维和交流的自然工具"的缘由所在。"自幼习得"就表明了一种自然的语言环境,个人在此间自幼接触,并在成长过程中持续运用,成为其思维的自然工具。倘若特定的个人自幼在一个以特定地域方言为交流工具的环境中成长,如家庭以及周围的人都用地域方言来交流,地域方言成为其认识自己、认识周围的人、认识世界的基本工具,那么特定的地域方言就具备被特定个人"自幼习得"的特质,毫无疑问就属于特定个人的母语。例如,在对台湾地区包括台北市在内的22个县的调查中发现,每百位常住人口在家使用语言的相对人

[①] 张震:《"方言学校"事件评析——以我国宪法文本的普通话条款的规范分析路径》,《山东社会科学》2007年第5期。

[②] 民族身份的实质就是文化身份的理由不仅在于文化是人类自我表达的一种自然形式,更在于:"一个人的民族身份通常意味着对一种特定文化的遵从和依赖,特定的文化以各种形式影响着其成员,并在很大程度上决定着他们想要成为的那种人。一个人在特定文化下所获得的系统性的价值观通常会对人产生终生性的影响,即便选择有意地保持一定的距离,也不能完全地抛弃成长过程中所获得的价值观。"具体论证可参见耿焰《少数人差别权利研究——以加拿大为视角》,人民出版社2011年版,第31—33页。

次中有 13 个县市的使用闽南话的人次超过使用"国语"，① 此时，闽南话毫无疑问就是一种母语。另外一个有趣现象也可以为地域方言应该作为特定个人或特定文化群体的母语提供佐证，那就是：不同的地域方言往往与不同的习俗、信仰、不同的价值观相联系。进一步探究不难发现，不同地域方言与通用语言或其他地域方言相比较，之所以在语音、语义和文法的表达上不同，这是因为不同的思维方式所致，即特定的地域方言表达了特定的文化群体对于他们自己、他们所处的环境以及世界的不同的认知和探索，地域方言就是他们认知和探索的工具，最为熟悉与得心应手的工具，是他们的母语。《世界语言权宣言》出于普及语言权利的角度考虑，没有使用"母语"等专门的称呼，但是已经关注到了地域方言的存在，并且认同其具有母语的地位。宣言所称的"地区专用语言"（language proper to a territory）是指特定地域、特定地区内用于公共交流的、区别于其他地域、其他地区公共交流的语言。对于生于斯、长于斯，自然成为"地区专用语言"这一语言区成员的特定个人而言（其中后者比前者更为重要），这种"地区专用语言"就是他们的母语。正因为如此，《世界语言权宣言》第 12 条才规定："人人有权以自己的语言在公共领域进行活动，只要这种语言是其所居住的地域的专有语言。人人有权在个人和家庭领域使用自己的语言。"这些规定都明确地表达了"地域方言"或"地域的专有语言"的母语特质，只是为了避免语言权利的限制，《世界语言权宣言》才同时避免使用"母语""通用语言""国语"等词语，只是特别地强调，"地域方言"或"地域专有语言"也是一种独立的语言形态。

如果认同地域方言在特定地域准官方语言地位是出于语言社区的要求，那么在很大程度上能够改变地域方言作为"低层语体"和通用语言作为"高层语体"的现象，更有利于地域方言权的实现和地域方言的生存。

（三）地域方言的准官方语言地位不是排他性的垄断地位

特定地域内地域方言的准官方语言地位是不是意味着地域方言是该地

---

① 具体的统计数据可参照戴红亮《台湾语言文字政策》，九州出版社 2012 年版，第 17—19 页。

域唯一被认可的交流语言？答案显然是否定的。特定地域内地域方言的准官方语言地位不是排他性的垄断地位，尤其不是排斥通用语言的使用，而是指在该地域内，地域方言可以与通用语言一道成为公共场合的交流语言。这方面可以用加拿大魁北克法语区的语言政策说明。魁北克当初在加入加拿大联邦时，出于对英语语言群体规模宏大的担忧，提出将语言和教育作为联邦各省的自治权利，同时，承认法裔文化群体作为加拿大建国民族的地位。于是在 1867 年的加拿大宪法中法语获得了官方语言地位。1867 年加拿大宪法规定，任何人在加拿大国会和魁北克立法机构辩论汇总，可以采用英语或法语作为辩论语言，代表报告和杂志也同时采用两种语言印制；在诉讼中，可以采取英语和法语中的任何一种语言。① 但是，在英语语言群体占据绝对优势的一些省份，法语的官方语言地位受到挑战，如 Manitoba 省曾在该省规定英语是诉讼中的唯一可采用的语言。可以说，在加拿大的双语运动推广前，加拿大的法语实际上处于一个地域方言的地位，而不是真正的官方语言。英语语言群体的绝对优势地位使得魁北克的法语群体感到害怕，于是在魁北克省采取了排他性语言政策。依照魁北克多次修改的法语宪章（the Charter of French Language），② 法语在魁北克成为公共生活中唯一的法定语言，获得了排他性的语言垄断地位。1982 年，加拿大宪法颁布后，其中第二十三条规定了"少数人语言教育权"，这使得人们开始质疑法语在魁北克地区的排他性垄断地位。其间，为应对这种质疑，魁北克省立法机构也多次修改法语宪章，增加了一些缓和法语与包括英语在内的其他语言对立的"尽管条款"，③ 但法语在魁北克省的排他性垄断地位还是受到了非法语群体个人以诉讼方式的挑战，官司一直打到加拿大最高法院。1988 年，加拿大最高法院在 Ford v. Quebec 一案中裁决，《法语宪章》排他性地将法语作为户外广告的唯一合法语言违宪，但同时说，魁北克可以通过立法使法语和其他语言在视觉效果上不同，法语可以有比其他语言更高的可见度、明显度或者在标志上占据突出地位。加拿大最高法院的这个判决可作为在特定地域内地域方言作为准官

---

① CF. *Constitution Act*, 1867 (U.K.), 30.31Vict.
② 即魁北克的 101 法案、104 法案、178 法案。
③ 如关于户外广告语言使用的条款，魁北克省 1983 年法语宪章的修改中规定，法语为户外广告唯一的合法语言，但增加了"尽管有上述规定，依据法语语言办公室颁布的法规所规定的条件和情形，户外广告可以同时用法语和另一种语言或单独使用另一种语言"。

方语言地位的内容论证，即在公共场合或涉及公务或公权力使用、运用的场合，个人或机构有权选择使用通用语言或地域方言。这些场合包括：

第一，立法机构。地域方言可作为立法讨论、辩论语言，在特定地域内与通用语言平行；应讨论者或辩论者要求，立法机构可以用地域方言进行报告和议事记录；立法机构的法案可用通用语言和地域方言公布。

第二，行政执法机构。特定地域内行政执法机构为个人和其他组织提供公共行政服务时，应允许个人和其他机构选择接受以地域方言为表达的服务，无论是口头服务还是书面式的服务。这种公共行政服务包括针对具体个人或机构的，也包括针对广大的不特定多数人的服务，只要在特定地域内，提供公共服务的语言就应该是通用语言和地域方言。

第三，司法机构或准司法机构。个人在特定地域参与的司法程序或者准司法程序，可以选择用该地域的地域方言进行，这是因保障公正性的需要。一个人如果不能用他自幼习得的语言来进行诉讼或准诉讼程序，哪里谈得上公正？何况个人的这种母语还是当地历史性积累下来的语言，个人有权要求司法机构或准司法机构用地域方言来裁定。这样，地域方言在特定地域获得了与通用语言同等的地位，被作为准官方语言对待。

除公共场合或涉及公权力使用、运用的场合外，在私人场合或私权利运用或使用的场合，个人自然有使用特定地域方言的权利。包括：在家庭和家庭延伸场合使用地域方言；在个人与他人交流中使用地域方言，如电话、信件、社交媒体等；在私人的经济活动中使用地域方言，包括在商业、企业场合的交流，在商业企业的广告、命令、通知、信笺、报表等语言文字等；在私人的社交场合，包括各种俱乐部如文化的、体育的、社会的俱乐部等以及宗教的场合。

在私人场合可使用地域方言的宪法学原理，不仅从私人场合或私人权利的自主性来解释，也可从作为独立语言的地域方言与人的关系来解释，地域方言是特定地域人们人格的标志。此处的人格概念不是指生理学上那种将个体视为人类有机体的人格概念，而是指哲学和社会学意义上的人格概念。意思是个人有不同于他人的自我主观意识，据此可以将特定个人与他人区分开来。从这个意义上，可以说人格是特定个人区分于他人或者不混同于他人作为独立个人存在的基础。鉴于此，现代法律基本都规定了人格保护，如人格尊严不受侵犯。在日常生活中，人格的表达主要是通过语言来进行。说不同的语言、运用不同的语言来表达、来交流，这本身就展示了不同于他人的人格，这足以将具体的个人与他人区分开来。即便是说同一种语言，也能展示不同的人格。"一个人声音的基本特征、讲话的语音模式、表达的速度和相对流利的程度、句子长度和结构、词汇特点和范围、词汇中一贯的学术性、对社会环境所做回应的敏捷程度，特别是所用语言相对于听话者习惯的适宜性——所有这些都是人格的复杂标志。"① 因此，对个体来讲，如果其自幼习得的地域方言与通用语言不同或有区别，那么在私人场合使用地域方言的权利不仅是对私人自治的一种承认，更是对个人人格的一种肯定。换言之，允许个人在私人场合或私人权利运用和使用的场合选择使用地域方言，这是一种象征，一种赋予社会中特定个体意义并使之区别于其他社会成员的宪法肯定象征。

三 地域方言权的主体

（一）地域方言权的个人主体

有人认为，承认个人语言自由的语言权利，其发源于语言立法中有关公民有权使用民族国家的官方语言的规定，② 这实际上仅仅说明了个人作为语言权利主体的形式来源。实际上，个人作为语言权利的主体，这是一种自然人权。人说什么话、讲什么语言通常不是由人自己决定的，而是由人所处的环境决定。倘若个人自幼习得的语言就是一种地域方言，特定的地域方言是其母语，那么选择使用或有权要求使用地域方言的权利就是一种自然人权，个人是其中当然的权利主体。地域方言权中个体作为首要主体是为了满足个体的不能取代的需要和选择，目标是个体的幸福生活，或者最大可能地按照自己的意愿生活。可以设想一下，如果一个人不能自如地运用自己最为熟悉的语言（这种语言通常是自己的母语）来表达自己，与他人交流，那么很难说有幸福的生活，因为如果说的不是自愿选择的语言，个人会觉得有一种被剥夺、被压制的感觉。现实中，有许多人移民，

---

① ［美］爱德华·萨丕尔：《萨丕尔论语言、文化和人格》，高一虹等译，商务印书馆2011年版，第12页。

② 肖建飞：《语言权利产生的背景及其法定化》，《法制与社会发展》2010年第1期。

到别的地域、别的国家，讲别人的母语，这是一种自愿的选择，是个人权衡各种因素后的选择。作为第一代移民，很可能存在交流的不便，但是由于是自愿的选择，不会产生被剥夺、被压制的感觉，这与自幼生长、生活在特定地域，却不能用当地地域方言在公共场合来表达，或者不能选择用当地地域方言来接受教育是完全不同的性质。如果当地地域方言与通用语言是两个独立的语言系统，那么这种被剥夺、被压制的感觉就尤为强烈。如印第安人就抱怨其无法用英语来表达他们的诉求。

个人作为地域方言权的主体，主要体现为公民、居民。现实中，一些人由于各种原因，仅凭自身无法正常或充分行使人权，需要来自他人和社会的特殊照顾，成为人权的特殊主体即弱势主体，这类主体也能成为地域方言权的个人主体，可以要求使用或选择使用特定地域方言作为表达的语言。包括：因自然条件和社会变动所形成的弱势主体，如妇女、儿童、老人、身体残障人士（国内法），国际法难民、无国籍人、外侨、战俘、战时伤病员、外籍劳工；因职务条件而成为的特殊主体，公务员、军人、警察；因处于危险处境的特殊主体，如犯罪嫌疑人、被告人、囚犯等。

（二）地域方言权的集体主体

地域方言权属于基本人权，是语言权利的一种子权利。人权所倡导的是个人的终极价值，认为个体优于集体，集体依附于个体。而集体之所以重要，"不过是因为它有利于其属员的幸福。一旦属员发现维持现有的文化习俗已经没有什么意义，集体就没有任何单独的利益要求去保持这些习俗，因此无权阻止个人改革或抛弃这些习俗"。[①] 对个体而言，包括地域方言在内的语言也是如此。因此，传统人权都是通过对个人权利的重申来达到个人的终极目标，这个路径虽然也涉及集体，但集体只是作为达到个人终极目标的"中转站"，集体只是一种手段，本身并不是目的。这方面的典型就是美国宪法。其第十四条修正案规定了个人的平等权，"凡是在美国出生或归化美国的人，均为合众国或他们居住州的公民。任何一州都不得制定或实施限制合众国公民的特权或豁免权的任何法律；不经正当程序，不得剥夺任何人的生命、自由和财产"。第十四条修正案通过对个体

[①] [加] 威尔·金里卡：《少数人的权利：民族主义、多元文化主义和公民》，邓红风译，上海世纪出版集团2005年版，第5页。

平等权的强调和维护,来达到了保护当时的少数群体非洲裔美国人群体的目的。后来经过美国最高法院的司法判决,该修正案的保护范围扩展到亚裔美国人、西裔美国人以及其他非白人的美国人及群体,而这种保护仍然强调的是对个体无差别的保护。从中不难看出,立法机构之所以在个人所在的或所归属的群体面前充当"色盲",① 无非就是担心将集体作为人权的主体会侵犯到个人的权利。

个人作为人权的终极目标无可非议,但是,实现这一终极目标是否只有赋予个人无差别的平等权利这一唯一的路径? 要知道,地域方言权作为语言权利,要想实现,必须有一定的语言群体,或者言语社区,否则,个人选择使用地域方言作为交流语言或教育语言的实现会遭遇障碍,这个障碍很可能首先来自语言群体本身。不能否认,许多个人权利的难以实现是因为个人没有被赋予法律上平等的地位所致,但这并不等于说,赋予个人法律上的平等地位就能保证个人权利的实现,语言权利尤为如此。其中的理由很明了,学习、实践一种语言需要一个有活力的公共领域、公共空间作为场所,而这种领域或场所必须依赖于集体,表现为一定规模的个体组成的集体才有可能形成有活力的公共领域、公共场所,借助于这个公共领域或公共场所,个体才能够自如地学习和运用某种语言,包括地域方言。正如有人对语言权利的特性总结的那样:"语言权的赋予、享有和行使,只有在民族和族群的地域空间中,才能得到最大限度的实现。脱离民族传统地域和族群社会空间谈语言权,往往得不到保障和落实"。② 有人可能说,离开公共领域或公共场所,个人也可以自己讲地域方言,或者在私人领域讲地域方言。不错,个人可以在亲朋好友间,在自己的私人领域学习或使用特定的地域方言,但是享有同一种语言的公共领域或公共场所的缺乏却必然导致个体与使用他种语言的公共系统之间的疏离感,而这种疏离感恰恰是没有充分享受到如地域方言权这样的语言权利所致。最后的结果不外乎两个,要么迁徙到特定地域,寻找能自如学习和运用特定地域方言的公共空间;要么改变自己的语言,哪怕是从小习得的作为母语的地域方

---

① "色盲"一词出自 Nathan Glazer,原文是"如同宪法一样,立法机构有意识地在一个由肤色和族性决定个人在群体中的命运的社会中'色盲'(colorblind)"。参见 Nathan Glazer, *Individual Rights against Group Rights*, in Nathan Glazer, *Ethnic Dilemma: 1964-1982*, Harward University Press, Cambridge, MA1983。

② 范俊军:《少数民族语言危机和语言人权问题》,《贵州民族研究》2006 年第 2 期。

言，而这往往预示着一种语言甚至一种文化的衰落，意味着人类精神财富在传承方面的失败。如在加拿大，虽然《加拿大权利与自由宪章》明确规定，语言上的少数人有使用自己语言的权利，但对在魁北克省之外法语语言群体而言，其使用法语的权利却因为法语公共空间的缺失而无法实现。有数据显示，魁北克之外的法语群体规模在锐减，如阿尔伯塔省的法语群体就下降了50%，[①] 而法语还是加拿大的官方语言或通用语言。由于缺少公共领域或公共空间，作为通用语言群体成员学习和使用特定通用语言的环境尚且如此严苛，更何况其他非通用语言群体的地域方言群体的成员？

可见，个体实践自己作为语言权利的地域方言权，这在相当程度上依赖于个人所处的特定语言群体的权益。实践中，个体语言权利对于群体权利的依赖也在被一些反例来证实。如前所述，美国力图通过宪法中确立的个人的平等权利来达到保护个体的目标，这其中就特别强调了可以保护文化上的少数人，如语言少数人，为此，美国在个人平等的立法原则和导向下还采取了相关的管理措施，如国会主导的防止歧视的雇员报告系统。即本着个人平等的原则，国会企望通过雇用来实现个人平等，防止对文化上的少数人的歧视。为了具体衡量雇主是否在雇用中消除了歧视，达到个人平等目标，国会在雇员报告系统中制定了哪些特殊群体的成员作为报告系统中的证据。由此造成一些特定的群体成员获得了比别的群体成员更多的关注，这意味着同样条件下，这些成员获得了更多的被雇用的机会或机遇。换言之，一些特定群体的成员比别的处于同等法律地位群体的成员获得更多的关注和照顾，前者在法律的实施中由于所在群体的缘由实际上比后者获得了更多的雇用机会。如非洲裔、墨西哥裔就比日裔、西裔获得了更多的关注，因为他们分别被国会指定作为雇员报告系统中必须报告的少数群体，而其他没有被指定的少数群体则统统作为其他群体被归入一类来进行统计。结果是"这种本着人人平等原则建立的雇员报告制度，却将有可能受到歧视（如有过被歧视历史）但实际没有受到歧视的群体列入其中，更有可能将无论是过去还是现在都在受到歧视的群体排除在外（如意大利人、波兰人），使得通过人人平等的保护措施来达到群体平等

[①] Cf. Joseph Eliot Magnet, *Official Language in Canada*, Cowansville, QC: Les Editions Yvon Blais, 1995, p. 222.

的愿望落空"。①

由此可见，真实的情况是：不管承认与否，个人权利的实现总是自觉或不自觉地与个人所在的群体相联系，群体的利益在相当程度上影响着个人权利的实现。这就是地域方言权这类作为语言权利的人权所面临的现实。

正因为如此，地域方言权的集体主体在国内层面上都得到了认可。如我国宪法第 4 条第 3 款规定：各民族都有使用和发展自己的语言文字的自由，都有保持或者改革自己的风俗习惯的自由。这显然将语言权利作为集体权利，特定群体是语言权利的主体。加拿大旨在反映和促进多元化政策的《加拿大权利和自由宪章》（Canada Charter of Rights and Freedom）第二十七条就区分了两种权利类型，即个体权利和群体权利，分别称为 individual rights 和 group rights。其中"群体权利"是由特定群体作为集体所持有的权利，包括传承、发展自己语言的权利，是一种集体作为主体的语言权利。个体权利和群体权利的终极目标都是为了个人的自由，满足个人的选择，包括在一定场合下选择自己最熟悉、最愿意使用的语言（哪怕不是通用语言或官方语言）作为交流和教育工具的权利。在国家人权法的层面上，语言权利的集体主体也实际得到了认可，这为地域方言权的集体主体提供了强有力的支撑。以地域方言中最具典型的少数民族语言为例，保护少数人语言集中体现在《公民权利和政治权利国际公约》第二十七条。但由于该条对权利的主体规定个人权利，造成了实践中的一些困扰。为此，联合国人权事务委员会在关于《公民权利和政治权利国际公约》第二十七条的一般性意见中提到："虽然依照第二十七条受到保护的权利是个人权利，它们又取决于少数人群体维护其文化、语言和宗教的能力。因此可能也有必要由国家采取积极的措施以保护少数人群体以及其成员享受和发展自己的文化和语言并同群体内的其他成员一起信奉宗教的权利。"② 这个一般性意见显然表达了一种观点，那就是在一定情形下将《公民权利和政治权利国际公约》第二十七条所确定的个人权利解释为一种"群体的权利"，由国家采取积极措施保障的群体权利，以此来加强群

---

① 耿焰：《少数人差别权利研究——以加拿大为视角》，人民出版社 2011 年版，第 89 页。
② 联合国少数人事务委员会 1994 年第五十届会议第 23 号一般性意见。

体"维护其文化、语言和宗教的能力",个人才能真正通过群体实现自己享有和发展自己文化和语言的个人权利。联合国人权事务委员会的一般性意见表明在国际人权法层面上,集体可否作为语言权利的权利主体的争议已经有了基本的定论。

需要注意的是,虽然集体可作为地域方言权的权利主体,但是其与个人主体不能相提并论。集体的权利主体终究是为了个人能够最大限度地按照自己的意愿,用自己选择的语言交流和接受教育,以便实现在自己的文化中生活的自由。因此,集体权利在某种程度上可以看作一种手段,个人权利才是终极目标。倘若集体权利与个人权利发生冲突,须特别慎重地考虑二者之间的关系,不能让集体权利凌驾于个人权利之上,更不能由此否定个体权利的价值。具体到地域方言权上,赋予特定语言群体发展自己特定地域方言的权利,只不过是为了个体的自由选择。倘若个体发现维持或保留或者选择特定的地域方言已经没有什么意义,那么特定的地域方言群体就没有任何理由去要求其成员作出特定地域方言的选择,更无权阻止个人抛弃或者改革这些特定的地域方言。换言之,在地域方言权个人权利主体和集体权利主体的关系上,个体是目标,集体是手段。其中的关系正如有人所总结的那样:"抛弃了个体谈论集体权利就失去了其本真含义,只能成为语言和逻辑上的游戏,甚至成为侵犯权利的借口。再者,任何的集体概念,如国家、人民、组织、群体等等,都是对个体某种社会性的经验概括和总结。奴隶社会没有公民概念,但依旧有个体生存;氏族社会没有国家,但个体犹在。从这个意义出发,个体和群体这两个概念在一定程度上并非同一位阶的概念,而是上下位概念,个体才是群体的基础,是上位概念。"[①]

四 地域方言权的实现路径

(一) 作为习惯权利的地域方言权

地域方言既然是在特定地域历史性沉淀下来作为该地域实际交流工具

[①] 翁金箱:《当前中国语言权立法状况之分析——以近年来的语言事件为契机》,《政法论坛》2011年第2期。

的语言，地域方言权就是一种承认和尊重事实的结果。因此，地域方言权是一种习惯权利，体现在：以地域方言为内容的语言权利在现实生活中一直作为一种事实性权利而存在，这种事实由来已久，在可见的未来，也将一直持续下去。这种状况即便是在国家推行通用语言政策甚至颁布了通用语言法后也未能改变。以下，以我国的《通用语言文字法》确立的通用语言普通话和地域方言的关系来说明地域方言权的习惯权利性质。

《通用语言文字法》确立了普通话的通用语言地位，并具体采用"隔离空间"或"定位主体"的确立方式。如该法第十条规定：学校以及其他教育机构以普通话和规范汉字为基本教学用语用字。这意味着《通用语言文字法》将学校或其他教育机构所构成的特定空间从特定地域的空间里"隔离"出来，在这个被隔离的空间内，普通话取代了地域方言作为教学语言，为通用语言赢得了垄断地位，似乎完全挤压了地域方言的空间。但事实上呢？接受教育的受众和施加教育的人都是具体的现实的人，都在特定的地域构筑的具体文化环境中成长，特定的地域方言早已成为他们"自幼习得"的语言，早已自动自如地融入了他们的思维。因此，在学校或其他教育机构的空间内，无论是接受教育者还是施加教育的人，即便身处被隔离的空间，只要是非教学的场合通常都会自然而然地使用他们的母语——地域方言来交流，在学校或其他教育机构以外的空间更是如此。这是一个无奈的但又不得不承认和接受的事实。至于"定位主体"的做法，则体现在《通用语言法》第十二条。该条规定：广播电台、电视台以普通话为基本的播音语言。即要求特定的主体以普通话为工作语言向大众传播信息。这个"定位主体"的方式是一个单方面的要求，对受众而言并没有要求用普通话来进行交流，实际上也不可能要求。因此，长期接受普通话传播信息的受众会对普通话了解，也可以用普通话作为交流语言，但这个交流语言并不能形成垄断性的地位，完全排斥地域方言在其生活中的运用。可见，无论是"隔离空间"还是"定位主体"的方法，都无法实际撼动地域方言在特定地域作为交流语言或至少作为交流语言之一的事实：人们不仅在私人场合实际享有以地域方言为内容的语言权利，在特定地域内的公共场合，地域方言也作为实际被选择使用的语言之一。

产生这种奇特现象的原因就在于，生活在特定地域的人用什么样的语言来交流通常不是法律规定的，法律也无法规定；交流语言的实际使用也不是法律确定权利后特定地域的人们才实际得以运用的。这说明地域方言权作为一种权利在法律文件尚未草拟、制定之前，就已经作为一种事实存在，是一种事实性的权利，是习惯权利。地域方言权作为一种事实性的习惯权利，其内容关乎人们对交流语言的选择，这种选择实际上表明了一种特定生活方式的选择和认可，是一种"行动中的权利"，① 此时，再罔顾事实在法律中规定人们不可以或仅仅在特定情形下可以有这种权利就显得有些矫情。如《通用语言文字法》第十六条规定：公务员在执行公务时可用方言。而事实是，很多情况下公务员执法不用方言根本就无法与行政相对人做畅通的交流。换言之，许多情形下，即便没有法律的授权，公务员也不得不用方言来执行公务。

如果说现行的《通用语言文字法》在现在未能改变地域方言作为特定地域交流语言的地位，那么从长远的情况看，又会怎样呢？以地域方言为内容的语言权利还能否作为习惯权利长久存在下去？从长久看，普通话的通用语言地位会不断得到加强，接受、使用普通话的民众会越来越多，但也并不能改变地域方言也是特定地域公共场合交流语言的事实，原因就在于：

第一，地域方言是特定地域文化最为集中的体现。在关于文化方面，有一种观点似乎比较流行，认为人类的文化都具有共性，特殊只是偶然，实质都是普遍的。格尔茨曾引用一位人类学家的话来概括这种文化共性或文化普遍性的观点，那就是："文化的某些方面采取了特殊形式，仅仅是作为历史偶然事件的结果；其余方面被也许可以称之为普遍性的力量所制裁而成的"。② 但实际上，文化更多地不是普遍性的，而是独特性。文化首先是独特的。文化的独特不仅体现在习俗、惯例、传统、习惯及其复合体的独特，而且体现在其各自都是完整和自洽的，如果拼在一起，重合之处也是偶然的。如孟德斯鸠曾说过，为一国制定的法律，恰恰适合另一国，这是偶然的。其中的原因之一就在于文化的独特性。文化的独特性最重要的体现就是语言，以词汇为代表。特定的语言在可以成就千万种语言

---

① 有学者为充分阐释权利的事实与权利的法定之间的关系，将权利分为"纸上的权利"和"行动中的权利"。参见谢晖《民间规范与习惯权利》，载《现代法学》2005年第2期。
② A. L. 克罗伯编：《今日人类学》（芝加哥，1953），第516页。转引自［美］克利福德·格尔茨《文化的解释》，韩莉译，凤凰出版传媒集团、译林出版社2008年版，第43页。

的环境中形成,最终成为这一种语言而不是其他语言,这其中的缘由只能由文化的独特性来解释。一种语言本身展现的就是一种独特的文化,说不同语言的人基于其语言独有的结构,利用其语言特有的表达方式和对现实的独到观察形成了不同的文化特点。地域方言也是如此,是地域文化最集中的体现。

第二,地域方言决定特定地域的人们。虽说个人对文化有影响,但微乎其微。具体个人更多的是对文化的依赖,作为文化动物的依赖。个人与文化的这种关系直接决定了个人与语言的关系,即个人对语言的依赖。这种依赖体现在个人依靠文化提供的、主要由语言构成的"符号源"来定位自己、表达自己。"符号源"在具体个人出生前就存在、在其死后仍然存续,在其一生中作为生活不可剥离的方式来运用。格尔茨建议:"最好不要把文化堪称是一个具体的模式——习俗、惯例、传统、习惯——的复合体,直到现在大体上都是这样看待文化的,而要堪称更是一个总管行为的控制机制——计划、厨房、规则、指令(计算机工程师将其称为'程序')"。① 而这个"程序""不是人存在的装饰品,而是——就其特性的主要基础而言——人存在的基本条件"。② 无论对语言如何定义和分类,毋庸置疑的是,所有人类语言的形成都是历史性的,借用赫尔德的话说,那就是"语言是群体共同经历的表达"。共同经历中文化自然产生,语言也形成。因此,如果说文化的成长是一个自然的过程,那么语言无疑就是这个自然过程中最为核心的部分。可以说,无论是个人还是群体,其文化背景或烙印首先从语言得到解释。一种语言本身就是一种独特的世界观,说不同语言的人基于其语言独有的结构,利用其语言特有的表达方式和对现实的独到观察形成了不同的文化特点。反过来,个体和群体对语言的运用不仅促进了语言的发展,也通过语言影响文化。套用费希曼(Fishman)的描述,语言和文化之间存在"索引"关系。③ 虽然这种联系并不意味着一种文化只能用一种语言来表达,但是特定地域

---

① [美]克利福德·格尔茨:《文化的解释》,韩莉译,凤凰出版传媒集团、译林出版社2008年版,第49页。
② 同上书,第50页。
③ 关于语言和文化"索引"式关系的详细论证可参见 Cf. Fishman, *Reviewing Language Shift: Theoretical and Empirical Foundations of Assistance to Threatened Languages*, Clevedon, England: Multilingual Matters, p. 20。

文化形成发展中与之伴随产生的"原生语言"——地域方言，无疑是对特定地域文化最系统、最恰当、最成功的诠释。

再次，进一步追溯，语言就是文化的化身，特定地域方言就是特定地域文化的化身。对群体而言，成员与成员之间的交流联系须依赖大家所公认和遵守的符号，即语言，在这个意义上，语言不仅是一种媒介，也是一种观念。通常情形下，人不是先想出观念，再设法寻求一种语言来包装（除非使用的语言不是自己的母语或原生语言）。思想的过程就是使用符号的过程，也是语言产生的过程。这其中的情形正如赫尔德所坚信的那样：语言是一种一时的自然成长过程中的核心部分。[①] 特定的词汇、特定的文法将特定的事物与感情联系起来，将过去与现在联系起来，并且依照语言所形成的记忆、评价和想象等，文学、艺术、历史等得以产生和延续。因此，特定地域的语言是特定地域文化的典型化身。文化的产生不易，其消灭也同样不是一天两天、一年或几十年的事，从这个意义上考察，地域方言完全被通用语言取代也是极其不易的事。

此外，从语言群体的规模上考察，地域方言完全被挤出特定地域公共空间也是不可能的。虽然《通用语言文字法》确认了普通话的通用语言地位，但是，并不妨碍地域方言语言群体规模的稳定性。如前所述，地域方言作为文化的化身。是特定地域的原生语言，也是特定地域个人和群体自幼习得的语言，是一种母语。因此，普通话的推广可逐步扩大其语言群体，但并不妨碍地域方言的母语地位。更多的情形是，许多人将地域方言和普通话并列（不是一种完全量化的等分状态）作为地域公共场合的交流语言，而在私人场合，地域方言仍然占据了不小的空间。这种并存的局面保证了地域方言语言群体规模的稳定性，以地域方言为内容的语言权利也得以以习惯权利的状态长久存在下去。

(二) 作为自治内容的地域方言权

1. 自治中的语言选择

首先，作为自治内容的地域方言权涉及地域方言的一种类型——少数人语言。此处的少数人是依据《公民权利和政治权利国际公约》第二十

[①] Isaiah Berlin, *Vico and Herder: Two Studies in the History of Ideas*, London: The Hogarth Press, 1976, p. 168.

七条的概念，指的是文化上的少数人，是在国家共同体内因文化识别而产生的概念，即依据文化识别，享有不同文化的群体及个体，且他们从属的文化在国家公共领域不占据优势。①

自治的内涵通常无大的分歧，就是自己的事务自己管理，即自己管理自己。少数人自治就是适用根植于他们特定文化的各种规则，包括自己决定自己群体内部的事务，衡量群体成员的行为，以便最大限度地按照自治人所选择的生活方式生活。考虑到国家统一认同的以及维护国家安全的需要，通常认为，自治在本质上是一种政治许可，允许自治主体按照自己的意愿自己选择社会的治理模式和架构，即按照自己的生活方式生活。但自治也是一种文化诉求，其内容应该包含对语言的选择。

以加拿大土著人的自治为例。加拿大联邦政府以政府文件《加拿大事实固有权利和土著人自治权利的谈判路径》的形式，确立了土著人自治权利的总体范围。但在加拿大司法界，对于土著人自治权利的范围还是存在争议。一种观点认为，假设加拿大宪法第三十五条第一款包含了土著人自治权利的诉求，那么这种诉求必须结合宪法条文隐藏的目的来考虑，诉求不应该违反建立在目的考量上的检验标准，而这个检验标准已经在R. b. Vanderpeet一案中提出，该案将土著人自治权利界定为习俗的组成部分或实践土著人独特文化传统的组成部分，若与土著人习俗或传统文化无关，就不应该被包含在自治权利的范围内。另一种观点则以1997年Delgamuukw v. British Columbia案件的裁决为代表，认为土著人的资格本身就意味着在土著人领地上，土著人已经被授予一种排他性的自治权。因此，自治是土著人在其领地上从事的行为，这种行为可以不必与其习俗有关，不必与其独特文化传统及领地的传统使用方式有关。而从这两种观点的冲突可以看出，无论如何，在加拿大，自治权利的范围自然包括以维护文化生存和发展为目的的各种活动，自治权利作为文化诉求是没有争议的，对此，人们已经达成共识。

自治既然也是一种文化诉求，那么语言作为文化的载体，自然就在自治的范围内。这与《公民权利和政治权利国际公约》第二十七条的宗旨一致。由此，对特定地域方言的选择也就被纳入了自治内容。

---

① 关于少数人的概念，可参见耿焰《论文化识别——一种界定少数人的进路》，载《文史哲》2011年第6期。

其次，即便不是少数人，也可能存在自治。这类主要存在于实行联邦主义的国家。戴雪曾经说过，能够实行联邦主义的，主要有两个前提，一是作为政治组织的列国团体；二是民众所有心理。"所谓民众所有心理，应是一种感念的特殊情形常存在于列国内之人心；此项心理对于联邦制度的建立实为绝对的需要，民众在当时所有之感念，一方面渴望合一（union）；一方面复厌闻统一（unity）"。① 其中，列国团体的关键在"列"，表明了他们之间的非从属关系，而能形成实际的非从属关系，用戴雪的话说，就是"或以地理、或以历史、或以血统以至其他"。② 既相互联系又相互独立的联系就是基于历史、血缘等形成。这其中，语言，或者特定的地域方言是某种有联系但又相互独立的标志。由于联邦的建国宗旨是"将欲使全国的主权所有名分与各邦的主权所有名分能并行而不相悖"，③ 联邦的权力囿于宪法之列举或者规制，语言通常是作为联邦各邦或联邦成员国的权限范围。因此，作为联邦的成员有权在其管辖的领域内选择某种语言为通用语言（该通用语言与国家层面的通用语言不同，仅在联邦成员国内通用）。而为了联邦成员国语言群体的利益和维持与联邦和联邦其他成员"合一"而不"统一"④ 的关系，联邦成员国往往选择当地历史性沉淀下来的交流语言为工具语言，与国家层面不同的特定的地域方言就成为当然的选择。这方面的自治，比利时、瑞士和加拿大的魁北克省就是典型。比利时两个最大的省 Wallonia 与 Flaneters 分属法语区和德语区，其首都布鲁塞尔则成为同时使用法语和德语的双语区。在瑞士，有关语言权利的政策都是在联邦成员州一级的层面上制定，绝大多数州都选择当地的多数人语言作为单一的语言运作。如罗曼奇语也是瑞士联邦官方语言，但集中在格劳宝登邦郡适用，并且只有在罗曼奇族群的公民与联邦发生联系时，才凸显其官方语言的地位和作用。

2. 两种语言自治原则

无论是作为少数人自治还是作为联邦成员的自治，自治内容中所涉及

---

① 戴雪：《英宪精义》，雷宾南译，中国法制出版社2001年版，第195页。
② 同上书，第195页。
③ 同上书，第196页。
④ 这是戴雪对联邦主义的评价，"合一"戴雪用 union 表示，意思是指联邦在国家层面上是统一的，联邦成员国服从同一个国家。但在联邦权力以外的诸多领域，联邦成员国有自己的独立选择和判断，成员国之间并不完全一致，不能够形成 unity，即不"统一"。该评价委实传神。参见戴雪《英宪精义》，雷宾南译，中国法制出版社2001年版。

的地域方言问题其实还有一个更深层次的问题，那就是作为自治内容选择的语言与个人语言选择权的冲突问题。在这个问题上，存在两种不同的语言自治原则，即排他性语言自治原则与开放性语言自治原则。前者过于看重、倚重包括语言在内的文化少数群体的脆弱性，对少数群体的语言采取"唯我独尊"的做法，多少有些"矫枉过正"的态势；而后者基于其在处理群体利益与个人利益、群体自治和个人自治方面的灵活性和妥当性，更值得信赖。这两种语言自治的不同原则，详见本书第三章内容。

（三）作为语言权利的地域方言权

如前所述，地域方言权首先是一种习惯权利，这个习惯权利不仅是精神层面或蕴含明显价值追求的传统习惯，更多的是一种长期博弈、在特定历史条件下，一定地域范围内形成的事实习惯。虽说习惯权利也是权利的一种状态，但是在权利的内容、权利的维护上，习惯权利与法定权利还有很大的差别，且这种差别不利于习惯权利本身。虽然不少学者探索了习惯权利在司法中的运用规则，[①] 但在成文法为主的国家，为保护权利事实，习惯权利向法定权利演进成为一种趋势。有学者认为："对于人们在社会生活中自发地、历史地形成的习惯权利等'法外权利'，只要它不与现行宪法和法律规定相抵触，也应当为宪法和法律所支持和保障。这也是衡量宪法的民主性的一个标尺"。[②] 因此，作为习惯权利的地域方言权向法律权利的转换应该是理所当然的，用学者的话说就是"权利起源于习惯"。[③]

地域方言权若向法定权利推定、演进或转换，那么其应该是一种什么性质的权利呢？不少学者都认识到地域方言权的宪法性质，但在权利的具体类型上存在分歧。一种观点认为，运用地域方言的权利属于文化权利，理由在于："文化活动是宪法权利和受国家人权法承认的基本权利"，[④] 由

[①] 该方向的著述可参见彭忠礼《当前民间法司法适用的整体形态及发展趋势评估》，载《山东大学学报》2010年第7期；张晓萍《论民间法的司法适用》，博士学位论文，山东大学，2014年。

[②] 郭道晖：《习惯权利与宪政立法》，《哈尔滨工业大学学报》（社会科学版）2012年第1期。

[③] 关于权利起源于习惯的论证为"法律往往起源于风俗，由风俗进而为法俗，由法俗又进而为所谓之法律……"。可参见杜文忠《法律与法俗》，人民出版社2013年版，第3页。

[④] 秦前红：《法律能为文化发展做什么?》，中国政法大学出版社2015年版，第24页。

此产生的权利便是文化权。这种观点其实值得商榷。地域方言权是语言权利的一种，理由在于其基本内容是选择地域方言作为交流语言的权利，是一种个体针对国家安排的一种主张。地域方言与文化有关，选择地域方言可以视为文化上的诉求，但这个诉求的载体最终还是落在语言上，因此，还是一种语言权利。

虽然从历史上看，何谓基本权利基本上是社会的共识，而非遵循统一的标准（如最早被确立的基本权利是宗教自由，这是在欧洲宗教对立、宗教迫害甚至宗教背景下达成的社会共识），但是，基本权利有共同的特征，如不可取代性、满足个体根本需要等。即基本权利是普遍存在的，是一种人权。是人人都应该享有的，是不考虑文化差异的最低限度的要求，如有人所言：

> 经得起辩驳的人权概念不是一种理想的概念，而是一种最低限度标准概念。更确切地讲，它是这样一种概念：有些权利，尊重它们，是普遍的道德标准的要求。……最低限度标准根植于某种社会生活本身的道德要求，那么，无论它采取何种特定形式，我都将认定低限标准在事实上能够适用于一切文化和文明，而不管它们之间有何种差异。①

语言权利就是这样一项普遍人权。克容斯通（Cronston）还针对这种最低限度标准的人权概念提供了检验方法，包括三个基本标准，即至关重要性、实践性和普遍性。如前所述，鉴于语言本身对文化的索引作用、符号意义，以及作为文化识别的关键构成，因此，从一般意义上看，语言对任何个人的至关重要性、实践性和普遍性都不容置疑，语言权利应该作为普遍性人权而存在，普遍的道德权利，而且也是最低限度的标准的权利，意味着语言权利是所有的人在任何时候、任何地点都应该享有的、没有重大的或正义的理由不可以被剥夺的权利。

因此，地域方言权由习惯权利宪法权利转换，具体是向作为语言权利的基本权利转换，表明了其在人们生活中的不可替代性。具体体现为：

---

① ［英］A. J. M. 米尔恩：《人的权利与人的多样性——人权哲学》，夏勇、张志铭译，中国大百科全书出版社1993年版，第7页。

1. 地域方言权所蕴含的自由是其他自由无法替代的

语言权利表明了国家真实地承认和尊重个人和群体所选择的生活模式，使个人能最大限度地、尽其所愿地过上自己想要过的生活，成为自己想要成为的人。包括法律制度在内的一切制度的终极价值目标都是人的幸福，人的幸福可以由多样的因素促成，其中自由是事关人的幸福不可缺少的要件。如果一个人不能说自己想要说的话，不能表达自己想要表达的观点，即缺乏言论自由基本保障人不可能获得幸福。但是言论自由的核心在于言语的内容和表达的含义，不涉及语言问题，即不涉及用什么样的语言来表达的问题。不管通用语言在国家的推广下如何突飞猛进地发展或迅速地扩张，在社会中，特定的地域内，总是存在地域方言，存在与通用语言相分立的地域方言为母语的个人和群体，他们在与自身利益密切相关的公共生活中选择自己母语的意愿在多大程度上能获得国家和社会的承认和尊重呢？作为语言权利的地域方言权由习惯权利向基本权利的推定能回答这个问题。

2. 地域方言权增加个体和群体的可识别性

首先，语言是文化识别的符号。特定的语言、特定的词语、特定的表达总与特定经历相联系，如汉语中的"黄粱美梦"中"美梦"如何与"黄粱"联系在一起，其中的缘由必须与特定的经历中去寻找。相对于通用语言而言，不少地域方言从语音、语调、文法或词汇上看，其与通用语言的差异不亚于外语。因此，作为文化识别的地域方言，不能简单地用通用语言来替代，否则，受到破坏的不仅仅是地域方言本身，更涉及其所代表的一种生活方式、价值观念的延续性和系统性。这些损害的最终结果是影响甚至否认了个人和群体的文化识别，而这种文化识别是他们之所以成为特定个人和特定群体的基础。

其次，在宪法上确立地域方言权，可使个人、群体保留更多的文化识别性。文化的产生和发展有自身的条件，并不总是与社会在物质方面的进步同步。物质方面的发展可称为文明，狭义的文明，但这种量的变化只是为文化的发展提供了某些外部条件，却不能单独决定文化本身。这也是许多文明发达的国家却陷入文化低谷的原因之一，如美国。个人、群体在社会中如果能更多地保留可识别性，不被沦为社会这个庞大的机器上的不可识别的部分，那么文化就得到了良好的传承、创造和发展。地域方言实际上是区分、识别具体个体、群体的客观标准。倘若基于某种抽象的目的、为交流的效率而人为地限制甚至排除地域方言在特定地域内公共生活中的使用，会使具体的个体、群体的被识别性大大降低。这种安排强行地割裂了个体、群体与特定文化的内在联系，不仅特定文化的传承成为问题，更重要的是，其中的个体和群体可能由此遭受的损失是无法估量的。可以由此断言，将地域方言权由习惯权利向基本权利推定，增加个体和群体的可识别性，这不仅是为了文化本身，更是为了特定的个体、群体能获得充分发展的空间，成为健康的个体和群体。

3. 由习惯权利向宪法权利的推定更能稳定地满足个体的需求

1992 年和 1996 年的统计表明，世界上有 6000 多种语言，其中 20%—50%的语言将在 21 世纪消亡。① 语言的死亡通常发生在多语言的环境，其中与多数人的语言发生联系的语言，如作为通用语言的地域方言，或者虽然没有被纳入通用语言但语言群体规模大、人数占优势的语言等，其发展更有可能获得良性的轨道，更有可能取代那些不占据资源优势的地域方言，如语言规模群体偏小的少数族群的语言。语言消亡通常经历三个阶段：第一阶段因外界的压力迫使母语与主流语言不同的人放弃自己的母语，讲主流语言，典型的就是尤其是在正式场合，如教育领域中引进以通用语言为代表的主流语言；第二阶段是双语阶段，即母语为不被通用语言吸收或采纳的地域方言的个人如少数族群成员开始同时使用主流语言和特定地域语言，这意味着特定地域方言将大量丧失原生语言者，尤其是在青少年中；第三阶段就是特定地域方言最终被以通用语言为代表的主流语言取代，特定地域方言逐渐消亡。

语言的消亡不是所谓的进化结果，"优胜劣汰、适者生存"的生物进化论掩盖了特定地域方言如少数人语言困境的实质。语言所面临的濒临消亡或其他困境等问题在本质上根本就不是一个语言本身的问题，一种语言在多语言的环境能够得到生存和发展，这并不能表明该语言更能适应社会。相反，在多语言的环境中，一种语言对其他语言的取代往往与该语言群体的权力、特权等脱不了干系，是语言群体利用其社会优势地位采取各种措施推动和促进了其语言的生存和发展，如明示或默示地规定在公共正

---

① Stefen Msy, *Language and Minority Rights*：*Ethnicity*，*Nationalism and the Polittics of Language*，Harlow Englaand London，Pearson Education Limited 2001，p. 2.

式场合必须使用其语言等。最为典型的例子就是美国盎格鲁文化群体利用社会优势地位对其语言——英语在美国的推动，结果是英语逐渐取代了其他语言包括法语、德语、西班牙语等，成为没有官方语言地位的实质"官方语言"。① 不同的语言代表了不同的文化，那些与通用语言在语音、词汇、词义、语法结构差异很大的语言倘若不依靠巨大的语言群体或其他的社会资源，其语言也会处于一种"天然的劣势"，甚至其语言会被置于一种"危险"的境地。如果国家不采用特别的措施来支持和保护未被纳入通用语言的地域方言生存和发展所需要的公共领域，那么与通用语言相比，地域方言更容易陷入危机甚至消亡，而这对于以地域方言为母语的群体而言，包括少数人，无疑是不公平的。原因很简单，特定地域方言的危机或消亡限制了特定语言群体在语言上的选择，尤其是在必需场合下对语言的选择。

　　根据常识，个人最愿意选择的语言应该是其最为熟悉、最能清晰、全面、恰当表达其意愿的语言，这种语言应该是非母语莫属，在涉及个人切身利益的危急关头，使用自己母语来表达意愿的愿望尤其强烈。对于许多人而言，在各种场合使用自己想使用的语言是天经地义、自然的事情，但在现实中，这种看似天经地义或非常自然的要求并不是所有人都能得到满足。以地域方言中文化上的少数人的语言——少数民族语言为例可以说明这其中的关系。同文化上的少数人相比，国家共同体中的文化多数群体往往感觉不到还存在一个语言选择的问题，其群体语言作为正式场合下默许的语言或官方语言的事实使得他们"健忘"了这一语言选择问题。换言之，一个国家中，因多数文化群体的文化在国家公共领域内的充分反映，通常情形下，其成员不会再产生一种特定需求，不会要求国家在现有的制度安排和资源投放外再另行设立制度和投入资源来满足其使用自己语言的需求，多数文化群体成员使用自己语言的权利完全可以通过公民的基本权利得到满足。相反，鉴于少数人的"差别性公民身份"，其最为熟悉和通晓的语言不论是其母语还是本土语言，往往很难与在公共场合被政府所认

---

　　① 美国在对盎格鲁文化群体语言——英语的推动方面可谓煞费苦心。其措施包括在长期一贯如一的学校教育、移民政策中使用英语为主导语言等。具体论证可参见［加拿大］Alan Patten and Will Kymlicka, *Language Rights and Political Theory: Context, Issues, and Approaches*, Will Kymlicka and Alan Patten (edited), *Language Rights and Political Theory*, Oxford, Oxford University Press, 2003。

可的语言即通用语言等合为一体，这使得少数群体成员在许多场合下面临着一个语言选择问题。不仅如此，面对多数文化"得天独厚"的发展条件，少数文化群体的成员及其语言往往陷入不利境遇，这种不利境遇有可能发展成为一种半危机乃至危机状态。① 在此情形下，少数人就必然产生一种在一些至关重要的场合下能使用自己所选择的语言（包括自己母语在内）的特定需求，这种特定需求不能通过国家的一般作为或国家的一般性义务来满足，相反，其只能通过一种不同于公民基本权利的差别性权利，要求国家履行特定的、积极的义务来实现。

可见，基于文化的差异，如果仅仅以通用语言作为语言的唯一选择或者首要选择，这显然无法满足以不同地域方言作为母语的个人的需要。仍然以少数人为例来说明，对于文化识别下的多数人而言，由于其文化已经在公共领域得到了充分反映，因此"生活在自己文化"中对多数人来说不仅仅是一个愿望，而是一种现实。换言之，文化识别下的多数人已经实际地生活在自己的文化之中，这意味着他们在任何场合下，包括公共场合都可以使用自己的语言，即他们已经实际地享有并随时随地都可以践行自己的语言权利。反之少数人则不然，因文化的差异，少数人的文化在公共领域没有得到充分的反映和采纳，于是在公共场合，少数人使用自己语言的资格受到了局限，践行自己语言权利的能力受到外界的阻碍。由此，才特别需要确立少数人的语言权利，使得少数人能尽可能地使用自己的语言，以最大限度地满足其生活在自己文化之中的愿望。

由于地域方言权并不是仅仅着眼于个人有讲话的权利或使用语言的权利，而是关注在什么场合下以特定地域方言为母语的个人是否有权使用自己所选择的语言，哪怕这种语言并非通用语言？或者如何才能真实地满足个体的语言选择要求。现实是并非所有的地域方言都在国家共同体的公共领域内得到采纳，许多人想使用自己语言来生活的需求不容易满足和实

---

① 有人对少数文化群体成员在语言方面的不利状态进行了总结，包含以下情形：为掌握多数群体的语言不得不进行投资，包括时间，相反多数群体的成员却不必如此，因而可将"相应的时间"用于其他事项，获得更多的收益；在学习多数群体语言的同时抑制了他们自己语言群体的内部互动；依赖翻译人员，而翻译人员由于"瓶颈"作用可能对少数群体成员实施不公正的权利；放弃他们的传统语言，接受同化；迁移出特定的语言区域。参见 ［加拿大］Jacob T. Levy, *Language Rights, Literacy, and the Modern State*, ［加拿大］Will Kymlicka and Alan Patten edited, *Languages Rights and Political Theory*, Oxford, Oxford University Press, 2003, p. 232.

现。但是，无论如何困难，都不能理所当然地否认个人有使用自己语言的权利，相反，这种困难倒是说明了有必要采取诸多特别的措施来满足个人在某些必需的场合能够实际使用自己语言的需求。

4. 由习惯权利向宪法权利的推定能更持久地促进统一的国家认同

国家统一是否一定要以单一语言为其中必不可缺的路径之一？是否只有统一语言才能保证统一的国家？抑或国家内包括不同地域方言在内的多样语言的存在是否就一定能导致国家凝聚力的衰减？

将推行甚至强制适用通用语言作为实现国家统一目标必不可少的路径，这源于一种"非我族类，其心必异"的顾虑。追本溯源，这种顾虑早在宪政主义产生之初就已经存在。发祥于英国的自由主义被认为是宪政主义的支撑，由于英国长期以来一直生活在一种同质文化中，没有异文化的介入。除却宗教和政治态度的分歧外（英国的宗教上的派别是同属于基督教的派别之争），其国内基本不存在不同质文化间冲突，因此，人们认为自由主义是同质文化的产物，"是长期生活在同一块土地上、彼此之间和平相处的人们的一种信念，一种品性，是英国的发明"。[①] 换言之，同质文化被认为是产生自由信念的一个前提，理由在于"没有一种共同语言和民族认同，为自由主义制度的运作所需要的统一的公共舆论是不可能产生的"。[②] 但是，现实是许多现存的宪政秩序良好的国家，其文化未必就是同质的，语言也是多样的。反倒是这种以同质文化为前提的自由主义理论因将文化定位于欧洲文化，在18—19世纪为欧洲势力在世界范围内的掠夺行为注解，为"帝国理论"的产生助力。[③]

文化认同以语言为标志，说同一语言的往往属于同一文化群体，具有相同的文化归属感。但是，并不是同一文化认同才能产生统一的国家认同，或者说并不是多样的文化认同对于统一国家认同是一种必然的"腐蚀剂"，最终会导致国家的分裂。因为文化认同的本质是基于个体精神需要的文化诉求，不是政治诉求，并不能由此文化诉求来产生否认统一政治

[①] Isaiah Berlin in conversation with Steven Lukes, *Salmagundi*, 120 (1998). p. 121.

[②] John. Stuart. Mill, *Considerations on Representative Government*, The Libery of Liberal Arts Press, 1958, p. 230.

[③] 当时自由主义为殖民行为寻找共同的也更崇高的目的，"帝国"被美化成"人人各得其所的艺术"。参见 Anthony Pagden, *Lords of all the Word: Ideologies of Empire in Spain, Britain and France. C.* 1500-*C.* 1800, New Haven and London, Yale University Press 1995, pp. 3-4。

共同体——国家权威的结果。实质上，统一的国家认同更多地体现为政治认同，可以通过对文化认同的尊重和承认来达到。

以地域方言为载体的语言权利由习惯权利向宪法权利的推定，目的不仅是承认特定地域以地域方言为交流语言的事实，更是以此来承认人们能按照自己习以为常的方式继续生活。对语言选择这种看似自由散漫状态的维护，也许就能成为让人免于恐惧的重要因素之一。

五　地域方言权中的国家义务

（一）地域方言的困境不是自然竞争的结果

既然任何语言都是在特定的条件下、依据特定的历史、伴随特定的文化所形成，在本质上，每一种语言都是旗鼓相当的，不存在语言学上的优等语言与劣等语言之分，特定语言群体所使用的特定的语言都是其经历、观念的一个写照，那么接下来的诘问就是：在世界上诸多的语言中，为什么有的语言兴盛，而有的语言则面临危机呢？更让人忧虑的是，"大量的处于危急状态的语言是那些在社会中属于边缘或从属地位的少数民族群体的语言"。[①] 再进一步观察，不难发现，只要没有被列入或吸收进通用语言的地域方言实际上都很难做到与通用语言的旗鼓相当，少数民族的语言就是其中的典型代表。有人用生物学和进化论的隐喻来比喻语言的这种灭绝或濒临灭绝的情形。如果论及语言灭绝或濒临灭绝的严重性，生物学的观点是可取的，因为至少这种观点揭示了一种语言灭绝对人类文化的丰富性所产生的负面影响。但是生物学和社会进化论的观点更强调了一种"适者生存"的状态，意味着将某些语言如地域方言的衰落甚至濒临消亡视为理所当然的事情，从而认为确定地域方言权、促进语言的多样发展是违背语言进化规律的、是不可能的事情。现代社会就是一个竞争的社会，语言也是如此，只有更适合的才能生存下来；反之，对于得以生存乃至繁荣的语言，其原因只能归咎于"适合"或"适应"。这种观点完全掩盖了语言背后推动语言发展的社会因素，尤其是权力因素。

---

① Stephen May, *Language and Minority Rights: Ethnicity, Nationalism and the Politics and Language*, Pearson Education Limited, 2001, p. 4.

实际上，语言的灭绝、丧失问题不仅仅是语言本身的问题，或不能完全归咎于纯语言学上的问题，甚至本质上就不是个纯粹的语言问题。其与权力、权利等诸多因素密切相关，是语言背后各种势力较量和博弈造成了语言尤其是与通用语言或官方语言不同的地域方言等语言所面临的各种困境、危险乃至消亡。一方面，各种语言在发展上的起起伏伏在许多时候都是这种较量和博弈的表象结果之一。如同 Noam Chomsky 所指出的那样，"语言问题本质上就是一个权力问题"。① 另一方面，语言既然作为特定文化群体识别的符号，那么语言的命运本身就不可避免地与特定文化群体的命运捆绑在一起。如果一种语言仅仅属于一个处于社会边缘化或从属地位的文化群体，其命运的发展很难不令人担忧。现在世界上许多濒临灭绝的语言多属于那些在经济、政治、文化上处于边缘或从属地位的群体的事实就证明了这一点。反之，一种语言如果属于一个在社会乃至世界中居于优势地位支配的文化群体，其语言也随之成为所谓的优势语言，居于支配地位，发展自然也就显得勃勃生机。英语就是一个典型的例子。其兴盛并不在于与其他语言相比，它的结构有多么严谨、科学，词汇有多么丰富，表达有多么完整。美国英语在某种程度上可视为标准英语的一种变种，可作为英语的方言，但这个方言凭借其背后语言群体的强大势力不仅没有衰落，甚至有超过标准英语的趋势。实际上，许多少数群体的语言在丰富性上胜过或至少不亚于所谓的优势语言。如有人考察发现，萨米人的语言（Sami）在描述自然界、气候等方面的准确度和展示的优美感方面表现得特别突出。单是关于"雪"的词语就有 200 多个，每一个词都准确地表明了"雪"的程度，如是否可以滑冰？温度有多少？人能否在上面行走？最近的变化将是如何？等等。② 但是，如同许多其他文化少数群体的语言一样，在语言的命运上，萨米语无论如何也不能与英语相提并论，最根本的原因还是其所属的文化群体英国以及英国的历史，包括英国人在世界上曾经的地位等，他们在输出殖民的同时将英语作为文化同时输出，以至于像印度这样本来与英国、英语毫无关系的民族，由于曾经同英国的附属关

---

① Chomsky Noam, *Language and Responsibility*, London: Harvester, 1979, p. 191.
② Kerttu Vuolab, *Such a Treasure of Knowledge for Human Survival*, in Robert Pillipson edited, *Rights to Language: Equity, Power, and Education*, Mahwah, New Jersey, Lawrence Erlbaum Associates, Inc, 2000, p. 14.

系决定了英语在该国家的官方语言地位。在加拿大魁北克省，土著人母语的命运可以说明同样问题。① 其中的情形恰如有人所评论的那样："如果一种语言连同语言的地位都是历史、社会和政治势力的结果，那么我们有理由对生物学观点所暗示的'自然选择'过程表示怀疑。在关于特定的得势语言的地位和优势方面，不存在所谓的'自然'问题，也不存在另一相反的含义，即认为少数人的语言或方言是所谓不名誉的代名词。"②

地域方言的困境不是自然竞争的结果，不仅体现在少数人语言上，在多数人语言上也有体现。例如，围绕葡萄牙语的文字改革，生动地展现了权力、权利在其中的角逐，有人评价说："（葡萄牙语的文字改革）就是一场政治选择。"③ 鉴于权力在语言博弈中突出的、不可替代的作用，地域方言的宪法地位中不可避免地要涉及政府的义务，即政府的义务构成了地域方言宪法地位内容不可缺少的部分。

（二）确定地域方言权国家义务的原则

1. 个人原则

语言方面的政府义务通常首先遵循个人原则。个人原则是指在语言自由方面，每个人都享有同样的一系列的语言自由，无论其身在何处，权利和自由不依其所选择的居住地而变化，只要在一国之内，个人语言方面的权利和自由都是相同的。

根据生活经验，个人选择交流语言时，通常情形下首先选择的往往是其最熟悉的语言，唯有如此，才能最大限度地降低因语言所带来的交流的

---

① 加拿大魁北克省从 20 世纪 60 年代起开始同 Cree 和 Inuit 签订协议，允许他们开办自己的学校，承诺为土著人的母语教育提供师资类的财力，在 101 法案中承认土著人的成员有权以自己的母语接受教育。魁北克政府的这些积极措施使得魁北克省文化少数群体的语言兴旺起来。有资料显示，在魁北克省，有 83% 的学生受到了母语教育，其或者是将母语作为一门课程，或者以母语为教育的媒介。这种少数群体母语教育的普及性远远高于同期加拿大其他省份。如同期在 Atlantic Canada，70% 的学生没能实际接受母语教育。参见 Nominal Roll data (1983) prepared by the Education Directorate, *Indian and Inuit Affairs Program*, Department of Indian Affairs and Northern Development。

② Stephen May, *Language and Minority Rights: Ethnicity, Nationalism and the Politics and Language*, Pearson Education Limited, 2001, p. 4.

③ S ílviamelo-Pfeifer, Public understanding of language planning and linguistic rights: The debate on the current Portuguese orthographic reform, *Language in Society*, 45, pp. 423-443. doi: 10.1017/S0047404516000087.

误解或误会,真实地传达其意愿,保证交流的顺畅和效率。而最熟悉的语言,非母语莫属。尤其在涉及个人的切身利益或危急关头,自然会产生用自己母语来表达意愿和诉求的强烈愿望。如在加拿大部分省的一项调查显示,尽管在其他许多场合如商业场合是否应该使用母语的问题上存在争议,但绝大多数人认为在那些与个人切身利益相关的场合,如联邦政府提供服务的场合、学校教育场合以及医院等场合,人们应该有权使用自己的母语,有权要求政府机构、学校和医院以其母语提供服务。[①] 许多国家的宪法也有类似的规定,目的是保证个人在涉及自己切身利益或非常紧要的场合有权用自己的母语来表达、诉求和交涉。如1999年版的瑞士联邦宪法也有类似的规定:"任何人在自由被剥夺时,有权依照其所了解的语言,立即被知会其自由被剥夺的理由以及其应有的权益,特别是有权知会其亲人。"[②] 其中,"依其所了解的语言"和"知会其亲人"都暗示了被剥夺自由的人有权采用自己最为熟悉的语言——母语和亲人进行交流。之所以这样规定,理由很明了,那就是无论是地域方言还是通用语言抑或其他个人最为熟悉的语言,只要是个人生在一个特定的社会,在成为一个特定的群体成员的同时,在其成长的过程中从孩提时代就开始学习掌握的语言,就是一种与个人的生存和发展最为密切的语言,运用起来自然也就最放心、最惬意、最自如。鉴于此,在落实地域方言法律地位的政府义务中,通常首先遵循个人原则,将地域方言的选择权交给个人,由个人来自行判断如何选择才会让自己最大可能地运用最为熟悉、最愿意使用的语言来表达自己。

2. 地域原则

地域原则是指在特定的地域内将某种或某几种语言作为公共场合的交流语言,其或者与通用语言重合,或者与通用语言分属不同的语言系统,强调以地域为基础来促进特定语言的发展。依据地域原则,一个多语言的共同体如国家等将被划分为不同的语言区域,在特定的语言区域,通常是当地多数文化群体的语言作为当地的公共语言。但从国家的范围看,即便当地的多数群体也可能属于少数群体。因此,这种地域原

[①] 对这三种场合使用母语的平均支持率分别为74%、74%、71%。Data from *Canadian Facts survey reported in Language and Society* (19 April 1987)。

[②] 《瑞士联邦宪法》(1999年)。

则运用在语言权利上有利于促进文化上或语言上的少数群体的语言发展。

个人原则和地域原则的衡量标准不同，前者将语言权利视为个人的权利，主张个人是语言权利的主体，由个人来享有语言自由；后者则着重考虑了语言区域，特别是考虑了语言权利的实现条件，同时也保护历史上留下的特定地域、特定语言或文化群体的整体利益。如果个人原则体现的是一种个人权利，那么将特定的语言区域与个人语言权利相联系，甚至作为个人享有相应语言权利的条件则更多地体现了一种集体权利的姿态，意味着语言权利的实现依赖于足够数量的利益相关的个人的存在。比利时、瑞士和加拿大的魁北克省是体现地域原则的典型。比利时两个最大的省（Wallonia 和 Flanders）分属于法语区和德语区，其首都布鲁塞尔则成为同时适用法语和德语的双语区。在瑞士，有关语言权利的政策都是在州的层面上制定，绝大多数州都选择自己当地的多数语言进行单一的语言运作，如罗曼奇语都是官方语言，但其集中在格劳宝登邦郡，并且这种官方语言地位限制在罗曼奇族群公民与联邦联系时，才凸显其官方语言地位。

地域原则从语言群体的整体利益出发，以语言和语言群体的生存和发展为最终目的。虽说其客观上对于促进语言少数群体原生语言的发展有利，但当群体的生存和发展与包括群体成员在内的个人的选择发生冲突时，会发生一个问题，即个人（这个个人既可以是文化少数群体的成员，也可以是居住在少数群体所在区域的其他个人）按照自己意愿所选择的语言与特定地域原则下所欲促进的少数群体的原生语言或特定的地域方言不一致时，个人还有无选择的自由？群体利益在多大程度上能对个人的选择形成压制？个人的选择或自治能否成为绝对的优先？群体的生存利益与个人的自治意愿之间应该如何权衡？在这个问题上，笔者总结了实践中各国不同的语言地域原则，认为存在两种基本分类——排他性的语言地域原则和开放性的语言地域原则。前者过于关注包括少数人语言在内的特定地域方言的脆弱性，对特定地域方言采取"唯我独尊"的做法（虽然是在聚居区内），这多少有些"矫枉过正"的态势；而后者却在肯定特定地域方言的同时，并不绝对排斥其他地域方言或通用语言，显示了相当程度的包容性，有利于不同语言的共存共荣，以此来确定地域方言的法律地位，更值得信赖。

(1) 排他性的语言地域原则

由于地域方言法律地位事关特定文化群体的生存,因此,在存在诸多语言的国家如加拿大,有人主张在语言的选择上,语言少数群体的生存利益不仅须纳入被考虑的范围,而且在一定条件下可优于个人选择的利益,群体的自治成为可尊重的目标。如查理斯·泰勒以魁北克为例,认为魁北克的法语政策"不仅是让那些可能会选择法语的人有机会接触法语的问题,而是涉及确保将来的一个群体有使用法语的机会。以生存为目的的政策积极地寻求以创造群体的成员,比如保证未来的一代人继续把自己认同为说法语的人"。[①] 这种观点在实践中就体现了一种垄断性的语言地域原则,即在语言少数群体聚居的特定的地域范围内,为促进特定语言的发展,将特定语言作为唯一的垄断性的合法语言,其他语言包括个人选择的语言均不在被考虑的范围之内。从一个大共同体的角度观察,聚居于特定地域的文化群体虽然作为少数群体存在,但在其地域范围内,却往往是多数群体。垄断性的语言地域原则在特定地域的使用,即便该特定地域是少数文化群体的聚居地,也可能成为一种变相的"多数压制",尤其对非少数文化群体的成员而言,这种感觉就更加明显。发生在加拿大魁北克省的McIntyre等三位原告诉加拿大的案件就说明垄断性的语言地域原则的"矫枉过正"性。

加拿大魁北克省的法语地位一度采用了垄断性的语言地域原则。与讲英语的盎格鲁文化群体相比较,法语文化群体在加拿大属于少数文化群体,但在加拿大的魁北克省,法语文化群体却属于当地的多数文化群体。为维护法语文化群体的整体利益,依据魁北克省的《法语宪章》(the Charter of French Language),[②] 法语不仅成为当地的官方语言,还获得了排他性的垄断地位,即法语成为公共生活中的唯一法定语言。例如,魁北克省在1977年颁布的《法语宪章》58条规定了法语在招牌、标语牌和商业广告方面的垄断地位,即将法语作为上述场合的唯一语言,其他语言包

[①] Charles Taylor, *Multiculturalism*: *Examining the Politics of Recognition*, Princeton, New Jersey, Princeton University Press 1994, pp. 58–59.

[②] 魁北克省的《法语宪章》由魁北克立法机构颁布,历经多次修改,俗称101法案、104法案、178法案。

括英语的使用都成为非法。用法语的这种排他性垄断地位来促进法语发展的这种做法遭到了不少人的质疑和挑战。1982 年，加拿大《宪法法案》(Constitution Act, 1982) 颁布，其 23 条规定了"少数人的语言教育权"，这使得对魁北克《法语宪章》的这种质疑更是上升到了宪法层面，即个人的宪法权利能否被以促进少数文化群体的语言发展为目标的排他性地域原则所取代。1983 年魁北克的《法语宪章》做了修改，虽然在修改中增加了"尽管"条款，但仍不能撼动法语的排他性的垄断地位。① 于是，1989 年，居住在魁北克省的三个非法语群体的 McIntyre 等三人针对魁北克省《法语宪章》关于户外广告语言使用问题的规定，提起诉求，结果促使了该地的语言地域原则由垄断性向开放性转化。

(2) 开放的语言地域原则

与排他性语言地域原则相比，开放性语言地域原则更具有包容性。虽然依据该原则，在特定地域内也确认特定文化少数群体语言在公共场合的合法地位，但并不以此作为排斥个人选择其他群体语言的理由，即其他文化群体的语言也同样具有合法地位。同时，为了不让文化少数群体的语言受到一种来自外部的不恰当压力，受地域原则保护的少数群体的语言与其他个人选择的语言在使用方式上可进行适当的区分，如前者可以更加突出。1988 年，加拿大最高法院在 Ford v. Quebec 一案中认为，虽然《法语宪章》规定，在户外的商业广告上排他性地将法语作为唯一合法语言违宪，但是为了在促进特定地域文化少数群体语言的发展，最高法院同时评论说，魁北克政府可以通过立法使法语的使用与其他语言的使用在"视觉上"不一样，法语可以有更高的"可见度""明显度"或在标识上占据"突出地位"。② 加拿大最高法院的这个判决，就是对魁北克的《法语宪章》排他性地域原则的一种修正，使其转向开放性语言地域原则。这样，既能在客观上促进文化少数群体的语言发展，又同时尊重个人在语言上的自治。

实际上，没有谁能够比个人自己更明白自己的利益所在、优势所在，

---

① 如涉及户外商业广告的语言使用条款，1983 年的修改法案在规定法语仍然为户外广告唯一合法语言的基础上增加了尽管条款，称"尽管有上述规定，依据法语语言办公室颁布的法规所规定的条件和情形，户外广告可同时用法语和另一种语言，或单独使用另一种语言"。

② 加拿大最高法院判决的原词为"greater visibility"和"marked predominance"。

没有谁能比个人自己更明白自己的追求。虽说个人对自己的出身、对自己成长的环境无从选择，但当个人已经具有选择能力时，对文化的选择也就成为可能。在此情形下，个体不能够仅仅被动地接受因历史命运强加于他们的责任，而应该被看作因自由地遵循他们所选择的文化而自愿地承担某些责任。如果把语言视为文化的标志、不可缺少的部分，那么个人的这种选择就包含了对于语言的选择。在他们选择后，他们的成员身份可能会把某些责任强加给他们，但这些责任是他们自愿承担的，内在于他们对特定文化的理解之中。作为定居在文化少数群体聚居区域的非少数群体成员，其对语言的选择虽异于少数群体的语言，但只要出于自愿自然无可厚非。更何况，语言少数群体使用自己语言的权利并不因个人的这种选择处于一种危险之中。即便对于语言少数群体的成员而言，他们有权利维护自己的语言，维护自己作为一个独特群体而存在，但权利不等于义务，他们绝没有义务一定要这样做。尤其对于那些选择离开群体分散在各地的外围成员来讲，融入其他群体的选择可能比维护自己群体的选择更重要。因此，即便为了保护和促进文化少数群体的语言，也没有必要采取排他性的语言地域原则来禁止其他语言的使用，比较之下，具有包容性、能容忍差异的开放性语言地域原则更值得推崇。

（三）地域方言权国家义务的内容

在语言平等的原则下，不同的语言群体之间所享有的语言权利也应是平等的不论其在政治上的主宰程度如何，或其在社会经济和文化领域中的状态如何，这种平等也与其语言的文字化程度、更新程度或标准化程度无关。通常情形下，语言群体或语言社群之间的平等状态通常是依靠同样的、不加区别地对待以及不歧视地对待来达到的，即采取了平等原理中同样情形同样对待的办法，国家采取中立的态度来让不同的语言群体各自自由地发展自己的语言。用《世界语言权宣言》的话来说就是"所有语言群体均有资格支配所有人类及物质资源，以确保他们的语言在其领域内或各个阶段的教育上能扩展至所希望的程度"。[①] 但是，在一个国家共同体或更大的共同体内，如果确立了通用语言或官方语言

---

① 《世界语言权宣言》第 25 条。

的话，语言群体间的平等单纯依靠这种同样情形同等对待的方式很难实际达到平等，更有甚者，还很有可能加重原本已有的不平等局面。其中的原因如下：

首先，在确立通用语言或官方语言，或实际上有某种或某几种特定语言已经在现实中取得官方语言或通用语言地位的情形下，国家那种对语言的中立立场已经荡然无存，国家或更大的实体实际不可避免地偏向了那些被确立为或实际确立为官方语言或通用语言的特定地域方言，也偏向了那些与官方语言或通用语言有联系的特定地域方言，这种偏向意味着资源、价值观的偏向。因此，如果采用同样的方式来对待实际上因官方语言或通用语言的确立已经处于不平等地位的不同语言群体，这根本就是南辕北辙，达不到平等的目标。此时，须采取差别权利的方式来纠正，通过不同情形差别对待来实际达到或至少更接近平等的目标。

其次，对于语言群体中的成员个人而言，虽然依照平等的原则，每个人都有充分利用社会所提供的各种机会来进行选择的权利，以最大程度地过自己想过的生活，成为自己想成为的那种人。但是，个人的这种选择在通用语言或官方语言与其他地域方言处于对立、排斥的情形却受到了极大的局限，很多时候，选择仅仅表现为一种无奈。试想想，倘若依据国家的法律规定，在包括教育、行政、司法在内的公共领域内只有通用语言或官方语言可以作为交流和工作的语言，那么那些以非官方语言或通用语言的地域方言为母语的人如何选择？他们有权选择以自己的特定的地域方言为教育语言吗？如果没有相应的师资或教材等教育的必备条件或辅助条件，他们的选择有意义吗？他们可以选择要求以他们特定的地域方言来接受公共服务吗？如果没有配备受过专门地域方言训练或通晓地域方言的公务人员，他们的选择能被满足吗？

可见，同样对待不同语言群体及其成员的方式在通用语言或官方语言存在的情形下，依靠个人的普遍性权利很可能达不到语言群体平等的目标。此时，差别权利可以有效地弥补这种不足。在存在通用语言的情形下，地域方言权的性质实际上是一种差别权利，是在统一的公民身份以外依照文化身份而衍生的一种权利，目的是弥补公民身份在实现语言权利方面的不足。

差别权利是平等原则的另一面，即不同情形不同对待。典型的差别权利是少数人差别权利（这里的少数人绝不单纯是一种数量上的差异，更多地体现为地位上的差异），①是一种在公民基本权利之外通过宪法或特别法律规定的包括语言在内的文化差别形式的特别权利，其实质是一种文化诉求，《公民权利和政治权利国际公约》称为"享有文化的权利"以及"信奉和践行自己的宗教和使用自己语言的权利"。这种文化诉求意味着"人们所过的生活，经过思考和评估后他们觉得有价值的，而不是由历史和命运强加给他们的。对这样一种生活，权利就是一种保障。强迫人接受他所鄙视的文化，或者成为他不喜欢的群体中的一员，也就无权利而言"。②因此，以文化诉求为实质的差别权利应定位为一种文化权利，这种权利让个人生活在他们所选择的文化之中，让他们在统一的公民身份之外自己决定自己的社会皈依即文化身份；这种权利满足个体遵循某种文化以及与某种文化的承载物如语言、信仰、习俗等建立特殊关系的愿望和需求，其旨意不仅在于保护个体遵从他们既定的文化，保护处于不利地位如少数地位等文化群体成员的选择背景，同时也保护他们能不断地创造自己的文化以及不断确定自己的文化边界。差别权利中最为典型的就是少数人差别性权利，其功能首先在于给少数群体的文化一个包容、宽松的发展环境，使其不至于受到来自多数群体的不适当的压力，尽可能保障文化的自然发展。其次，少数群体的差别权利保障语言上处于劣势的语言群体的个体不被强制地脱离与其文化的联系，若这些群体的成员用行动来表明其自愿地想与其文化群体形成一种不那么紧密的联系，甚至自动放弃其文化，离开所属的文化群体（如自愿移民），差别性权利也能为其融入另一文化群体或更大的文化群体提供一种缓冲，最大限度地降低其在不同文化背景下选择的无所适从。

由此，就满足地域方言权的实现而言，国家义务主要集中体现在：

其一，在特定地域以地域方言提供公共信息。

其二，在公共机构的竞选和运作中地域方言作为可以选择的语言，在

---

① 关于少数人差别权利中"少数人"的定义，可参见耿焰《差别性公民身份与差别权利》，载《政法论坛》2010年第4期。

② [以] 耶尔·塔米尔：《自由主义的民族主义》，陶东风译，上海世纪出版集团2005年版，第2页。

特定地域，以该地域的语言为工作语言。

其三，在司法程序中运用地域方言。

其四，以地域方言作为公共教育语言。

其五，鼓励私人商业机构以地域方言为地域方言群体成员提供服务。

第四章

地域方言权与其他权利的交织

在传统的理念中，确定包括地域方言在内的特定语言或宽泛式的语言的宪法地位通常被认为没有必要，因此，地域方言权无单独存在的必要，理由在于不少人虽然将语言权利作为人权系统的有机组成部分，但认为其赋予、行使和保障都须与其他人权相伴而行。如有人认为"语言学习权是受教育权的组成部分，而语言使用权、传播权、接受权则涉及政治权、话语权、言论自由权、文化权、生存权和发展权等等"。[1] 诚然，不能否认语言权利的确定、行使和保障离不开政治、行政、司法、社会乃至经济等领域内的各种权利与保障，但这并不等于是说语言权利没有自己独立的地位，没有确定的内容与独立的保障手段，必须依附于其他权利才能得以确立、行使和保障。其次，依附于这些权利的语言权利的内容本身无论在确定方面还是保障方面，情况都很不理想，远远没有达到其应有的状态，不少人在公共领域就语言的选择和使用方面还受到不恰当的压力和限制。更何况，换一个角度来看，倘若个人或群体连选择自己的语言、使用自己的语言都不能单独构成权利的话，又怎敢奢望别的权利如平等权、言论自由权和受教育权等来保障个人和群体在特定的公共领域内有权选择、使用包括特定地域方言在内的自己的母语的权利呢？倒是平等权、言论自由权和受教育权本身需要依赖语言的选择和使用方面的保障才能真正实现其本质的内容。很难想象，一个连自己的母语都不能做选择或在特定公共领域使用的人会拥有本质意义上的平等权，或享有根本意义上的言论自由或受教育权。鉴于此，从国际实践来看，近三十年以来，人们已经开始不满足于通过这些权利来间接地确定特定语言的宪法地位，希望探索一个以语言

---

[1] 郭友旭：《语言权利的法理》，云南大学出版社2010年版，第116页。

本身为目的、为核心而不是仅仅作为手段和路径权利体系。

现实中的经验和教训已经让人们意识到平等权、表达自由权和教育权利虽然能够为语言提供一定的间接保护，有助于确定其宪法地位，但是在回答人们或具体的群体究竟享有什么样的语言权利、这些权利的内容如何以及权利的内容在特定领域的强制程度究竟如何等具体问题上，这些权利显得无能为力。这归根到底在于平等权、言论自由或表达自由权和教育权虽然与语言权利的确立、行使和保障有关，但它们之间仍然是独立的权利。

地域方言权事关地域方言在特定地域公共领域内的使用和选择使用问题，对普通的公民而言，这个公共领域主要涉及司法领域、教育领域和行政领域。具体来看，地域方言的宪法地位在这些领域就体现为司法领域中地域方言的选择、公立教育中地域方言的选择和行政领域中地域方言的选择。在这些公共领域，地域方言权与其他权利的交织，包括言论载体的选择、公立教育中的语言选择、诉讼语言选择、诉讼文本的语言问题等。具体包括：地域方言权与平等权；地域方言权与言论自由的语言选择；地域方言的公共空间与言论自由的冲突；地域方言权与教育权的关系，如公立学校的地域语言选择、地域方言学校的合宪性分析；地域方言权与诉讼权，包括诉讼中的语言问题、诉讼中地域方言权的细化规则；等等。

一 地域方言权与平等权

平等权在语言领域的体现为每种语言应当具有平等的地位，都受到平等的保护。语言形式上的平等地位是基于现实中语言的多样性和自然发展。本来依照语言自身的发展，没有人为的刻意安排或外界强制给予的不恰当的压力，语言的这种平等相处是一个可期待的或能够达到的局面，但是，在规定了通用语言或官方语言的情形下，这种自然平等相处的局面就被打破了，而深陷其中的、以未被通用语言采纳的某种特定地域方言为母语的人或群体就不得不负担一些成本。

通常来讲，由于母语是自幼习得的语言，因此每个人对母语是无法自由选择的，其中的缘由就在于一个人不能选择自己的父母、不能选择自己成长的环境，对环境中的语言也是无从选择。实际上，不仅年幼的个体无法选择环境中的语言,就是成年个体对此也应是无能为力的。没有非常特殊的情形,个人在生于斯、长于斯中所接触、所使用的语言就成为一个人的母语或本土语言,与该种语言是否因国家权力介入被推崇、采纳或吸收没有任何关系。每个人都有自幼习得的语言,都有自己从孩提时代就开始在日常生活中模仿、运用的母语,这是个人最熟悉、最得心应手地表达自己意愿的语言。不论个人以后身在何处,其后又学习和掌握了多少种语言,熟练程度如何,母语通常都不能被替代,其中的韵味、深意、分寸是母语所独有的。如果一个人的母语恰好属于没有被国家确定的通用语言所吸收或采纳,没有成为国家权力支持的"中央方言",与那些被通用语言吸收、采用的地域方言作为母语的特定个人和群体相比较,其很可能在社会中处于更不利的地位,或在社会中更容易丧失机会。也就是说,对不同的个体和群体而言,同样都是母语,但因为权力介入的关系,对个体和群体的实际发展是不同的,甚至迥异。比方说许多工作明示或暗含的前提条件是熟练掌握通用语言或其他地域方言等,这就等于向社会宣称:通用语言被国家认可、推崇,意味着更多的机会。于是,为自身的生存或者争取一个更为宽广的、更为多样的机遇,以非通用语言为母语的个体很可能不仅自己花费时间、精力去学习通用语言,而且有意屏蔽自己本来的母语,让自己的孩子从小就开始学习通用语言,甚至刻意营造一个通用语言环境。即便孩子没有或不可能在一个将通用语言作为日常语言、家庭语言中的环境中成长,与总是想方设法地让孩子去学习吸纳了其他地域方言的通用语言。这是通用语言借助权力打破语言自然平等地位后,特定的个人和群体首先不得不负担的直接的学习成本。其次,特定的个人和群体还不得不承担因对通用语言的学习或因通用语言而付出的金钱、时间、精力而放弃的机会成本,这是一种间接成本。更为重要的是,因通用语言对语言间自然平衡的打破,以未被通用语言纳入其中的地域方言为母语的个人和群体还不得不承受由此可能产生的心理压力,丧失本来在母语环境中的一种自得自在的状态,有人称为语言的心理成本。[①] 通用语言对地域方言的使用个人和群体所造成的心理成本其实还涵盖了对平等权的否认。

反过来看,由于通用语言对多元化语言之间自然平等状态的打破,地

---

① 周端明:《普通话推广的经济学分析》,《安徽师范大学学报》(人文社会科学版) 2003年第4期。

域方言的使用个人和群体不得不"偏好"通用语言这种支配语言,这种情形客观上使得通用语言作为"公共产品"不断得以发展、强大,同时这种发展或强大客观上又使得有幸被纳入"中央方言"即通用语言的特定地域方言群体的成员不断受益,形成强者越强的局面。对比之下,其他未被通用语言纳入其中的地域方言的使用个人和群体就处在了一种不利地位,且这种不利地位远非他们付出时间、金钱、精力乃至承受其中的心理压力去学习通用语言就能弥补的。其中的情形正如有人所观察到的那样,假如国家建构者强调拥有一种全国性交流的公共语言即通用语言,那么以他种语言为母语的人学习通用语言就"相当于在创造一种公共产品,当这种以共同语为母语的人在与他人交流时,他们就从这种公共产品中获得好处。如果以共同语为母语的人不承担公共产品的成本,这不啻'搭便车'"。[①]

二 地域方言权与表达自由权

表达自由又被称作发表自由,是指人人有权自由发表主张的权利,《公民权利和政治权利国际公约》将其规定在十九条,合称为"主张、发表和信息的自由"(CCPR19条)。地域方言的宪法地位由语言权利所确定,表达自由权与语言权利实际上是两种虽然有联系但仍可以明确被区分的不同的权利。因此地域方言的宪法地位不能单纯依赖于表达自由来实现,更不意味着表达自由权本身就确定了地域方言的宪法地位。具体理由如下。

首先,二者的目的不同。表达自由的目的是维护人们对真理的探索和个性的发展,使个人最大限度按照自己的意愿生活。人们对于真理的探索被视为一种不证自明的权利,是人的好奇与探究的天性所致。而人类的认知又是有限的,真理也不总是自我显现。因此,公开地、不受无正当理由限制地发表自己的主张、见解和意见被视为发现真理、探究真理不可或缺的手段和路径。同时,鉴于真理被看作一种自治的和根本的善,发现这种善依靠的是个人的自我完善和个性的充分发展,因此公开讨论对发现真理

[①] Philippe Van Parijs, Linguistic Justice, in *Politics, Philosophy and Economics*, vol.1, 2002, pp.59-74. 转引自郭友旭《语言权利的法理》,云南大学出版社2010年版,第190页。

所起的作用就不可取代。在表达自由下，各种理性的碰撞可在发表和交换主张、见解和意见的过程中产生，从而有利于个体的自我完善和个性成长。语言权利的目的则是单纯地针对不同语言间的平等、交流而言，用《世界语言权宣言》的话说："是建立在语言权利意识和对语言权利的承认的基础上的公正的、持久的语言和平。"①

其次，二者在内容上不同。表达自由维护人们用各种方式来表达自己主张、见解、观点和意见的资格，实质上维护的是被表达的内容，而表达的形式虽然也涵盖了语言形式，但仅仅将语言作为表达的媒介来对待，且媒介又并非仅仅限于语言，语言的表达与其他媒介形式并列。例如，《公民权利和政治权利国际公约》第 19 条特别强调在表达时"无论口头的、书写的、印刷的、采取艺术形式的，或通过他所选择的任何其他媒介"。可见，表达自由虽然涉及人们对于语言的选择，但是这仅仅是其中的一项选择，表达自由的根本宗旨在于维护表达的内容。语言权利的内容则将人们对于在公共领域中使用或选择使用自己母语的资格作为核心内容，包括人人有权以自己的语言在公共领域进行各种活动，只要该种语言是其所居住地域的专有语言；人人有权学习其所居住的地域的专有语言等。

再次，表达自由权和地域方言权的理论依据不同。通常认为表达自由的理论依据有三：第一是真理本身的需要，典型的是密尔的论证。密尔在《论自由》(*On Liberty*) 中论证了压制表达自由可能造成的后果以及对于真理本身的影响。在他看来，若压制一切意见，那么被压制的意见中有可能有真理；纵使被迫缄默的意见是一个错误，它也有可能，而且通常总是含有部分真理。反之，得势的意见和观点未必就是真理或全部真理，所以只有"借敌对意见的冲突才能使所遗真理有机会得到补足"；即使公认的意见不仅是真理而且是全部真理，若不容它去遭受而且实际遭受到猛烈而认真的争议，那么接收者多数之抱持这个意见就像抱持一个偏见一样，对于它的理性根据就很少领会或感认，这极易造成对真理教条式的理解和运用。② 表达自由的第二个理论依据是人们个性自我完善的需要。表达自由被视为每一个个人自我发展和完善的权利中不可分割的一个方面。允许个

---

① 《世界语言权宣言》序言。
② 具体论证参见 [英] 约翰·密尔《论自由》，许宝骙译，商务印书馆 1959 年版，第 61—62 页。

人说什么和写什么或听什么或读什么的限制会抑制个人个性的发展，除非人们被允许通过公开的辩论以及对他人提出的批评予以回应的形式来自由地发表他们的信仰和主张，否则，他们就不能在智力和精神上得到本来可以得到的发展。公民有权民主参与社会管理是表达自由的第三个理论依据。民主理论认为国家的终极目标是使人们自由地发挥他们的才能，并且政府中协商的力量应该胜过独裁。而对于自由最大的威胁就是一群没有活力的人，因此表达自由的目的是保护所有公民理解政治问题以及能够有效地参与民主工作，表达自由成为公民对代议制政府所承担的义务。

语言权利的理论依据则有二：第一个是语言与个人和文化认同的关系，同个人的自尊、地位有关。文化认同又称文化识别，是指个体对影响自身的文化和文化群体所形成的一种身份归属，这种归属之所以必不可少，在于人是一种文化动物，只有在生于斯、长于斯的文化中才能认清自己是谁，才能对自己作为人的需求、自身利益、自身目标、自己与他人的关系产生基础性的认识。因此，文化认同体现了个体与他人、与社会、与世界的基本关系，与个人的自尊相关，可以说个体认识"完整自我"所必需的自尊来源于个体的文化认同。[1] 而文化最根本、最基础、最系统的载体就是语言，语言也是文化最系统、最恰当、最成功的解释，[2] 个体的文化首先体现为母语文化。因此，切断个体与其母语的关系在相当程度上等于切断个体同他人、同社会、同世界的基本关系，伤害其自尊。由此可得出母语对于个体不可替代的价值和意义。从这个角度上看，维护以母语认同、选择和使用为核心内容的语言权利，确定包括地域方言在内的个体的母语的宪法地位不是单纯地依靠表达自由的权利可完成的。语言权利的第二个理论依据是语言与世界认知之间的关系。语言不仅是文化的诠释，而且为不同的群体和个体支撑起一个应该如何生活和如何彼此相处的价值系统和生活方式，表达了他们对于自身目标、自己同他人的关系、同社会的关系的种种看法和观点，也凝结了他们过去的经历，他们现在的处境以及对未来的展望，体现了他们对世界的认知。正是由于这个原因，人们与

---

[1] 关于文化认同与个体自尊的关系，可参见耿焰《少数人差别权利研究——以加拿大为视角》，人民出版社2011年版，第23—24页。

[2] 关于语言同文化的关系论证，可参见耿焰《少数人差别权利研究——以加拿大为视角》，人民出版社2011年版，第243—244页。

自己母语的关系才不能被强行割断,那些历史性地沉淀于特定地域或社区但未被通用语言所采纳、吸收和认可的地域方言或地域专业语言,其也是特定地域或社区的人们认知世界的路径,表达了他们所承认和认可的种种价值取向。可见,强行地在特定地域的公共领域用产生于另一地域、凝结着其他价值观的语言来替代地域方言不仅是极不妥当的,甚至有侵犯个人基本人权的嫌疑。这是确立地域方言宪法地位的根据之一,而这显然也不同于表达自由的理论依据,不是表达自由的理论所能全部涵盖的。

三 地域方言权与受教育权

(一) 地域方言权与受教育权的差异

受教育权是一项基本的人权,但是,从确定地域方言的宪法地位来看,单凭受教育权也不可能完成,这其中的缘由也在于受教育权和确定地域方言宪法地位的语言权利是两种独立的权利,体现在二者的目的、内容和实现路径是不同的。

首先,受教育权的目的是个人个性的发展以及促进人与人之间的相互尊重和宽容,正如《公民权利和政治权利国际公约》第26条第2款所说的那样:"教育的目的在于充分发展人的个性并加强人权和基本自由的尊重。教育应促进各国、各民族、各种族或各宗教集团间的了解、容忍和友谊,并应促进联合国维护和平的各项活动。"可见,受教育权的目的在于发展人的个性,在受教育者中普及一种对意识形态的多样性、正义与和平尊重的理念。而如前所述,语言权利的目的则是在实践中通过各种路径来保障不同语言间的和平、容忍和尊重,使不同的语言都能获得传承和发展,以保持人类文化的多样性。这两个目标有联系之处,如不同的意识形态和不同的文化有交织的地方,但是其核心目标仍然是两种。

其次,受教育权的内容与语言权利不同,其不能涵盖地域方言的宪法地位。受教育权的内容主要是根据教育的目标,国家在基础教育阶段、初级教育阶段、中等教育阶段和高等教育阶段所应承担的不同的义务。同时,受教育权的内容还包括父母或法定监护人在他们孩子教育问题上的权利等,如父母或法定监护人有权为他们的孩子选择非公立但系符合国家所可能规定或批准的最低教育标准的学校,并保证他们的孩子能按照他们自己的信仰接受宗教和道德教育。国家在不同教育阶段的义务也好,父母或法定监护人的义务也罢,虽然都涉及教育的内容,但没有明确包含对受教育者选择受教育的语言的权利,更没有禁止国家以排斥地域方言为手段来强行推进以通用语言为手段的各阶段的教育。因此,依据受教育权的内容无法确定地域方言的宪法地位,无法保障个人对于自己的母语的认同,无法保障个人在特定的地域受教育时有权选择该地域历史性沉淀的专有语言——地域方言来作为受教育的语言。因此,将地域方言作为母语的地域方言权与受教育权根本就是两种性质的权利,应在宪法中由不同的规则来表明。如印度宪法第350A条:"各邦及邦内地方机关应采取措施,保障本地区少数语言族群儿童在小学阶段接受教育使用母语;总统有权监督各邦所采取措施的必要性和适当性。"为保证用特定地域方言的母语教育,印度还规定了自主办学权。印度宪法第30条规定:"因宗教或语言而形成的少数族群,有设立教育机构并加以管理的权利"以及"国家补助教育机构时,不得对因为宗教或语言而形成的少数族群进行差别对待。"为了保障少数族群儿童的母语教育权,印度教育实施"三语方案"。[①]

再次,受教育权的理论依据也不能当然地推导或推理出地域方言的宪法地位。受教育权包括教育自由和学术自由方面,被认为是实现其他人权的前提。公民享有的信息自由、表达自由、集会、结社自由以及投票权等,至少有赖于最低限度的教育,包括一定的识字率。同理,许多经济、社会和文化权利,如选择工作权、组织和参加工会权、享受科技进步带来的权利以及根据能力接受高等教育的权利等,只有在接受了最低水平的教育后才能实现。而确定地域方言的宪法地位是保证个人能以地域方言接受最低限度的教育,其本身是为了不割裂个人与现实通过母语所确立的基本关系,尤其是通过那些未被通用语言吸收和采纳的特定地域方言的母语所确定的人与他人、与社会、与世界的基本关系。因此,选择在公共领域(包括学校)用自己的母语来接受教育是一种不证自明的权利。特定的个人在特定地域内的公共领域中,如果连使用自己的同时也是特定地域的专有语言的权利都没有,很难想象其还能过上自由的、有尊严的生活,成为

[①] 司玉英:《印度语言政策与语言教育》,《扬州大学学报》(人文社会科学版)2007年第6期。

自己想成为的那种人。

(二) 公立教育中的地域方言选择

如前所述,单纯的受教育权无论是从目标、内容还是理论依据上都无法解决教育中的语言问题,说得更确切一些,应该是公立教育中的语言选择问题。与公立教育相比较,私立教育在用于教学的语言方面更有自主性,也为父母和法定监护人在考虑他们孩子教育所选择使用的语言方面提供了更多的选择机会。当然,如果私立教育机构的设置或运行受到国家不恰当的限制和压力,如必须选择通用语言等,而不是自愿选择该机构所在地域的专有语言或被受教育者认为是对个人发展和社会流动中最有用、最有效的语言,那么这类私立教育机构在某种程度上就等同于公立教育机构了,这另当别论。公立教育中的语言选择权利应符合教育的目的。

教育的目的是什么?掌握某种或某些知识?掌握在社会中的生存技能?抑或是成为国家合格的公民或某种实体合格的成员?也许,这些都还不够。《世界人权宣言》第二十六条规定:"教育的目的在于充分发展人的个性并加强对人权和基本自由的尊重。"这种将受教育者本身作为终极目标来概括教育的目的是值得信赖的,因此,可以说教育的目的是为受教育者本身服务的,目的就在于充分发展其个性,培养其对人权和基本自由的尊重。

公立教育中的语言选择权与教育的目的有什么关系呢?受教育者有权选择包括地域方言在内的语言来接受教育与其个性的充分发展又有什么联系?要厘清其中的关系,不能不涉及文化识别和与其产生的文化身份认同问题。

公立教育中的语言权利是指受教育者有权根据自己选择的语言来接受教育。但是这种权利在公立教育中很难得到实施,即便是那些新近获得独立、在语言问题上曾经遭受挫折的国家也是如此,比如南非。南非在独立之前,南非人当地的多种语言,曾因当局对英语通用语言地位的确立而受到英语不恰当的外部竞争压力,遭遇困境甚至面临濒危的局面。南非独立后,在作为种族平等里程碑的1996年的《南非宪法》宣称包括9种土著语言在内的11种语言作为通用语言或官方语言,这对于改善部分土著语言的困境极为有利。同时,《南非宪法》第26条宣布:"属于文化、宗教群体、语言群体的人不得被否认有权和自己群体中的其他成员一起享有他们的文化,实践他们的宗教,使用他们的语言,形成、参加和维持文化、宗教和语言社团和公民社会的其他组织",从宪法上肯定了个人以及群体的语言权利。但是,尽管如此,《南非宪法》在公立教育的语言选择方面并没有表现出宽容,不承认个人有根据自己选择的语言接受教育的权利,不论有关语言群体的规模及地位,教育只限于11种通用语言。

《南非宪法》中关于教育语言选择的规定说明即便是宪法对于个人及群体的语言权利做了原则性规定,真正要在公立教育中实现个人的语言权利还是有相当障碍的。这其中的主要缘由在于践行语言权利的内在制约。

语言权利同其他文化权利一样,其实践需要最低限度的参与者,这就是语言权利的"内在制约"。语言的核心功能是交流,使用自己的语言绝不限于那种自言自语式的方式,让他人理解和回应自己的观点、看法才是语言交流功能的体现,而交流功能的实现客观上需要除自己之外的其他人。可以说,理论上属于同一语言群体的两个人可以自然地运用共同的语言工具进行交流,但是现实中,两个人的交流显然不是语言交流功能的全部体现,一定规模的语言群体方能使语言的交流功能全面实现。但现在的问题是,到底需要多大的语言群体才能实现这个目标呢?

这个问题显然不是数据能解决的。实践中,由于规模的关系,规模较小的语言群体不得不消耗更多的成本来达到同规模较大的语言群体一样的目的。与此相对应,各个国家在确立自己的通用语言或官方语言时,往往将使用人口最多、语言群体规模最大的语言作为基础来确立通用语言,或直接将其作为通用语言。考虑到语言权利的内在制约和由此产生的效率问题,这是无可厚非的。但同时要看到另一点,确立最大语言群体的语言为通用语言或以其为基础来定义通用语言,并不意味着其他语言就没有任何法律地位了。依据平等原则,其他没有被通用语言吸收、采纳的语言在地位上与通用语言是平等的,对于那些通过特定的语言形成自己生活方式的人而言,如果能克服语言权利固有的内在制约和由此引起的效率问题,他们有使用、学习自己语言的权利,否则就意味着有违背平等的、不恰当语言的人为压制。这其中的原理正如有人所言:"当一种文化实践由于缺乏参与者而无法进行的时候,不能认为与实践这个文化有紧密利益关联的特定个体的权利受到了侵害,除非可以证明有人为这一文化实践故意设置了障碍，或者为争取个体参加这个实践故意设置了障碍，或者个体受到威胁或被阻止参与这个实践。"① 具体到教育领域中，为了获得实际上的公平对待，小的语言群体必须证明事实上存在足够数量的个体或语言群体成员，才能够使特定语言在教育领域的运用成为可能。那么，在教育领域，地域方言是否有这个"实力"来摆脱语言权利的内在制约和由此带来的效率顾虑，获得与通用语言一样的待遇呢？

如前所述，地域方言的特质之一就是"地域性"，是作为特定地域的专有语言而存在的。这意味着，在特定的地域内，地域方言是人们用来交流、交往的共同语言，地域方言构筑了特定地域的社会交往的公共空间。既然如此，那么不论语言群体的规模实际有多大，语言群体的具体数量不是问题的重点，重点在于特定的地域是否确定，特定地域内的地域方言是否构成了该地域范围内的社会交往的空间。如果答案是肯定的，那么就可以断定，在特定的地域内，存在足够数量的、依赖于地域方言形成自己生活方式的个体，语言权利的内在制约自然被突破，因语言权利内在制约所带来的效率问题自然也迎刃而解。换言之，在使用地域方言的特定地域内，有足够数量的个体依赖于地域方言，地域方言成为其生活模式不可缺少的部分。此时，他们不仅可以在宪法层面上主张自己的语言权利，还能因克服语言权利的内在制约和由此带来的效率问题在教育领域中真实地去实践自己的语言权利，表现为有权按照自己选择的语言接受教育，并且将这种选择变为可能。

在特定地域内，掌握地域方言的人的流动能力也能在实证上证明地域方言能克服语言权利的内在制约和由此带来的效率问题。流动能力是指掌握某种语言的人在劳动力市场上获取工作、职业机遇的能力。因交流的原因，通常来讲，熟练掌握当地劳动力市场语言的人比不掌握的人更容易获得就业机会，即其流动能力更强。地域方言因为是特定地域的专有语言，如果这种专有语言与通用语言在语音、语义、语法和词汇上相差较大，不可以简单地互通，那么在相当程度上，能熟练运用地域方言的人比单纯掌握通用语言的人的流动能力更强，前者比后者更容易受雇用者青睐。近年

---

① ［以色列］耶尔·塔米尔：《自由主义的民族主义》，陶东风译，上海世纪出版集团 2005 年版，第 47 页。

来发生在我国苏州、无锡等地的"方言学校事件"就充分说明了这一点。①

地域方言能够依靠历史沉淀的人口和文化自然地克服语言权利的内在制约以及由此产生的效率问题的现象被《世界语言权宣言》所关注和认可。《世界语言权宣言》不仅规定个人有以地域专有的语言在公共领域进行各种活动的权利,而且还规定"人人有权学习其所居住的地域的专有语言",② 这种语言不仅指通用语言,也包含地域方言。因此,以地域方言的内在制约来限制地域方言在特定地域内教育领域的运用是站不住脚的,个人有权选择特定地域内的地域方言作为接受教育的语言。

特定语言地域的成员选择将地域方言作为接受教育的语言与国家的通用语言政策也并不发生矛盾。国家对通用语言的确定或默认通常是为了国家的统一认同,同时也是为了实现公共交流。因此,可以说通用语言是在国家层面的社会生活中履行公共职能,这与地域方言在特定地域层面的社会生活中履行公共职能并不一定必然相悖,实际上,两者完全可以同时进行。现实中,许多地域方言与通用语言并存,作为特定地域性的、区域性的社会生活中公共交流的自然工具也是基于这种缘由。因此,倘若将特定地域内的专用语言某种或某几种地域方言作为教育的语言,并不就意味着与国家的通用语言发生冲突,二者履行公共职能的层次不同而已。地域方言作为特定地域公共交流的工具往往是历史沉淀的结果,是自然形成的。如果不承认这种现实,在其中过多地加入人为因素,如强行以通用语言替代完全不同的地域方言作为教育的语言,并不一定就能产生通用语言完全取代地域方言的效果,更可能的结果是在个体之间形成多种语言系统。因为作为特定地域内自然交流工具的地域方言只要在实际履行公共职能,哪怕仅仅限于地域层面的社会生活,其生命也就得到了延续,就是一种"活着"的语言,强行推行通用语言也不能阻止其生命的延续,反而会让以地域方言作为母语的个体产生一种文化上的疏离感。这也是为什么许多

---

① 有资料显示,自 2003 年起,苏州就开始在全市兴起了学苏州话的热潮,媒体称为"吴语人后普及时代",各种苏州话培训班开班,学员多为外地到苏州工作的白领,他们渴望尽快融入苏州这个城市。此外,无锡、宜兴等地还有学校专门开设方言课,编写了方言教材。具体描述可参见 http://www.chinanews.com/200-11-07http://www.jschina.com.cn/jschina/gov/2006-6-8。

② 《世界语言权宣言》第 12、第 13 条。

国家在确定通用语言的同时不阻碍地方以合法方式来确定地域方言为特定地域通用语言或官方语言的原因所在。①

四　地域方言权与公正审判权

　　时至今日，恐怕已经没有人再否认一个事实，那就是：诉讼，无论是民事诉讼、刑事诉讼、行政诉讼抑或有些国家的宪法诉讼，其在定纷止争的或给争议画上句号的同时也会给深陷其中的当事人带来了种种风险，如果诉讼的程序规则设计或运行有误，那么这种种风险就很可能转变为现实，实际侵犯了当事人的权益，包括但不限于当事人的财产受到不公平地对待、当事人人身受到不公正的待遇，甚至当事人的生命都有可能因诉讼而陷入一种特别危险的境地。英语中有一个词"jeopardy"，这是特指刑事诉讼中的被告人所不得不面临的一种特别危险的局面，被告的财产、人身乃至生命都有可能由诉讼而被剥夺或消失，哪怕其事实上就是一个无辜的人。正是由于诉讼可能产生的种种非常大的风险（对特定当事人来讲这种种风险甚至可能转化为不可弥补的损害），人们才不停地探究合理的诉讼规则，并将其集中在称为公正审判权或诸如此类的权利之下，目的是将当事人可能因诉讼所遭遇的各种风险的实际危害性降到最低，同时也最大限度地发挥诉讼的积极作用，典型的如保障无辜的人不被定罪等。

　　公正审判权不能不涉及语言问题，尤其是当事人是否有权选择地域方言的问题。《公民权利和政治权利国际公约》第十四条规定："所有的人在法庭和裁判所面前一律平等。……如他（她）不懂或不会说法庭上所用的语言，能免费获得译员的帮助。"《欧洲人权公约》第5条第2款规定："被逮捕的任何人应以他（她）所能了解的语言立即告知以被捕理由及被控罪名。"通常来讲，由于法庭处在特定的地域中，法官、律师等也是在特定的地域中成长或作为特定的地域自然的群体成员存在，因此，法官、律师等法律职业人士在审判中所用的语言更多地是特定地域的专有语

---

　　① 部分国家在确定通用语言或官方语言的同时，允许地方以立法等形式来确立其他语言为官方语言或通用语言，如印度承认印地语和英语为官方语言，但允许各邦立法机关采纳其他语言为官方语言。西班牙将西班牙语宣告为官方语言，但允许其他语言在特定的自治区宣告为官方语言。参见郭友旭《语言权利的法理》，云南大学出版社2010年版，第72页。

言，即地域方言，哪怕此种地域方言未被国家的通用语言所吸收或采纳。此种情形下，当事人如果是当地的人士，其自然不存在口头的交流障碍。但是，谁又能保证所有的当事人或法官、律师等法律职业人士都是特定地域的人士或以特定的地域方言为母语呢？更重要的是，在确定了通用语言的国家，依据通用语言的政策，特定地域使用的审判语言是否应该是通用语言呢？那些不幸没有被通用语言吸收或采纳（哪怕是部分采纳如语音、语调或词义、语法等）的地域方言的地位又在何处？何况诉讼所用的语言并非仅仅限于口头语言，大量的诉讼文件又该采取何种语言呢？如果当事人愿意的话地域方言能否作为其中的选择？这就是诉讼中地域方言的问题。

人们在诉讼中的公正审判权方面最初仅仅意识到当事人，尤其是被告有权了解指控的性质和理由、有权同原告对质等，并没有意识到其中的语言选择问题。在这一阶段，地域方言的选择和使用没有在法律中明确规定。如美国宪法修正案第六条规定，在一切刑事诉讼中，被告享有以下权利：由犯罪行为地发生的州或地区的公正陪审团予以迅速而公开的审判，该地区事先应已由法律确定；得知被控告的性质和理由；同原告证人对质；以强制程序取得对其有利的证人；取得律师帮助为其辩护。这其中，得知被控告的性质和理由、同原告证人对质以及辩护权方面不能不涉及语言的选择。但是，当时的修正案并没有意识到这些问题。相对于美国宪法修正案保证被告权利的规定而言，《公民权利和政治权利国际公约》似乎在语言问题上要明确得多。《公民权利和政治权利国际公约》也规定了公正审判权，包括刑事诉讼中对被告最低限度的保证，其中一项为：被告有被告知指控的权利。但是如何告知？诉讼实践中所面临的语言问题使得《公民权利和政治权利国际公约》不得不对语言问题作出规定。公约的原文是："迅速地以一种他懂得的语言详细地告知对他提出的指控的性质和原因。"但是这种明确还远远不够，被告所懂得的语言本身就是一个太宽泛的概念，并没有指明是包括地域方言在内的母语。有人曾经作为调查，在特别紧急或事关个人自身切身利益或重要事项的场合，人们所选择的语言首推母语。这不是一个母语情结或母语情感的问题，而是关系到其基本的权利，只有母语才能让其最为确切、最为全面、最为深入地了解到自己所面临的问题，选择一种被告懂得的，但并非其母语的语言来告知其被指控的性质和原因很有可能会使被告误入歧途,承担本可以不承担的风险或损失。相比之下,2003年颁布的《芬兰语言法》在这个问题上的处理就合理得多。该法第10节规定:在当局主动地处理影响其基本权利或被监禁者的基本权利或当局分派给他的义务的未决事项上,人人有权使用并被听取自己的语言。这里的"自己的语言"就包括了作为母语的地域方言,即便其没有被作为通用语言或通用语言组成部分。

诉讼中还有一种有关公正审判的权利也涉及语言的选择和使用问题,那就是关于免费获得译员的权利。《公民权利和政治权利国际公约》第十四条第二款第三项规定,如果被告不懂或不会说法庭上所用的语言,能免费获得译员的援助。这种规定从表面上看,为语言上的少数人提供了一个公平、公正的参与诉讼的资格和机会,但仔细分析,则不尽然,理由就在于"不懂或不会说法庭上所用的语言"这本身就包含了若干具有不同性质,也应该对应不同权利的情形,其中有些情形即便是提供译员,哪怕是免费也未必就对诉讼中的被告公平或公正。具体分析如下:

第一,被告是外国人或者其他语言群体的成员,审判使用的无论是通用语言抑或是法庭当地的地域专有语言,被告不懂或不会说都在情理之中,被告的这种处境无论是其本人还是法庭均没有过错,此时,为被告提供免费的译员是公正的,也是解决被告在语言上的不利处境唯一可行的办法。

第二,被告是一国国内的语言上少数群体的成员,诉讼所在地不是该语言少数群体的聚居地或该语言少数群体的规模未达到一定的、可将其语言作为当地公共领域语言的程度,审判使用的是一国的通用语言或法庭当地的其他非该少数人语言的地域方言,此时被告在诉讼中所面临的语言上的不利境地也非他自己或法庭的缘由造成,为被告提供免费的翻译援助也是解决被告困境的唯一、可行的办法,对被告而言也是公平的。

第三,被告是一国国内的其他地域方言群体的成员,诉讼所在地是另一地域方言群体聚居地,审判使用的是一国的通用语言,且被告作为母语的地域方言未被纳入该国的通用语言,此时被告在诉讼中语言选择方面的不利处境的部分原因是由于国家的法律或政策所致,为被告提供免费的翻译是不得已的举动,相对于那些作为母语的地域方言被吸收到了通用语言,作为"中央方言"来推广的语言群体成员而言,被告处在一个不公平的境地。

第四,被告是一国国内特定地域方言群体的成员(包括语言少数群体的成员),诉讼就在该地进行,审判采用的是一国的通用语言,且其作为母语的地域方言未被纳入通用语言,此时被告在诉讼中的语言方面的不利处境就是制度的安排或刻意所为,即便是为被告提供了免费的翻译服务,对被告而言也是不公平的,因为没有任何语言比其母语更能让被告确切而深入地参与诉讼之中,为什么审判就不能使用当地特有的语言即地域方言来进行呢?

可见,单纯以"免费获得译员援助"的权利来弥补当事人,尤其是被告在诉讼中语言方面的不利困境实际上也未必能达到公平的效果。真实地面对诉讼中地域方言问题,切实落实语言间的平等与自愿的原则,针对不同的情形寻找不同的路径来解决当事人在诉讼中因语言所造成的不利环境方是更合理、更公平的。在这方面,有一些国际公约做了有益的探讨。如1998年《关于少数民族语言权利奥斯陆建议书》规定:少数民族成员有权及时获得关于其被逮捕或被拘留的原因以及对他的指控的性质和原因的通知,这种通知适用其能理解的语言。[①]"其所能理解的语言"自然包括未被纳入通用语言的地域方言。不仅如此,《关于少数民族语言权利奥斯陆建议书》还规定:在少数民族占有显著数量且已表达了这样愿望的地区或地方,国家应适当考虑以少数民族的语言执行影响该少数民族成员的司法程序的可行性。[②] 这实际上就是暗示了单纯依靠"免费获得译员"的权利无法充分满足将未被推崇为通用语言或者未被通用语言吸收的地域方言作为母语的个人在诉讼中的实际困境问题。1994年的《世界语言权宣言》更是直截了当地规定:人人有权以自己的语言在公共领域进行各种活动,只要这种语言是其所居住的地域的专有语言。[③] 依据这种规定,诉讼属于公共领域内的活动,当事人的母语倘若是特定地域的地域方言,且诉讼在当地进行,那么该地域方言就可以作为审判中使用的语言,或至少作为其中的一项选择,这比单纯

[①] 《关于少数民族语言权利的奥斯陆建议书》(*Oslo Recommendations Regarding the Linguistic Rights of National Minorities*)(八)司法系统。

[②] 同上。

[③] 《世界语言权宣言》第12条。

依靠提供免费翻译更公平。

五　行政领域中的地域方言问题

相对于诉讼和（受）教育而言，行政是与普通的个人或公民关系最为密切的领域，其中的基本缘由在于行政权行使范围的宽广。行政权所涉及的个人的生活可以说是从摇篮到坟墓，纵贯了个人的一生。但恰恰是这个几乎无所不至或无所不能的行政权，其行使过程中的语言问题常常被人忽略，或者说行政权行使过程中使用何种语言被认为是天经地义的事，即便是其权利由于行政领域中语言的选择问题而受到困扰甚至侵犯的人也往往会做如此之想。那么这其中的原因又是什么呢？细究起来，原因不外乎两个：一是管理，二是效率。

将行政理解为管理这似乎是从行政具有的强制性方面推理出来的当然结论。虽然不少学者早已提出行政是宪法的具体实施，行政法是具体化的宪法或宪法的具体化，一些国家在行政方面的具体做法和发展趋势似乎也在践行这种理念，典型的表现为扩大行政权的司法审查范围、确立信赖利益保护原则以及通过程序来承认和行使行政权等。但不能否认的是，与此同时，管理仍然被当成行政的性质，行政法在某种程度就被理解为管理法。

在行政等同于管理理念的支配下，首先，虽然有依法行政的大原则，但是国家及其行政机构仍然以管理者的身份出现，其发出的每一指令也被理解为法（区别仅仅在于不同级别的行政机构所发出的指令在法的体系中的位阶不同罢了，如有的是法规，有的则是规范性文件），如此情形下，依法行政更确切地说成为依照行政机构的指令进行的管理。其次，在行政等同于管理理念的主导下，但凡行政机构与公民、法人等个人发生关系，行政机构就以管理者的身份出现，很难将其同公民、法人等个体放在具有同等地位的身份上，他们与个体之间的种种行为也被理解为带有管理性质的行为，哪怕是签订合同如土地使用权转让合同、国家公务员聘任合同等行政机构也是作为管理一方，而不是具有平等地位的当事人一方，合同也被视为所谓的一边倒的行政合同而不是民事合同。再次，在行政等同于管理的理念下，自然公正、正当法律程序被视为"装饰物"，如果这些

"装饰物"妨碍了行政权的行使，更确切地说是妨碍了管理，那么自然要被抛弃。这也是许多行政法仅仅提出"依照法律程序"行政，但根本不再具体明确界定什么样的法律程序，违背法律程序的后果等，突出了将行政视为管理的性质，行政程序法的姗姗来迟就是例证。此外，在管理理念的支配下，人们即便认为行政权的行使侵犯了其权利，想通过司法审查来维护权利也比较难实现。因为许多行为被作为内部行为而没有被列入行政诉讼的受案范围。行政诉讼法列举式的受案范围表明，其仅仅对具有管理性质的行政行为进行了有限的司法审查。

效率就是投入与产出的比较，即以最少的投入或消耗来取得同样的产出，获益同样的消耗来取得最大的效果。行政领域中的效率是行政资源的配置和利用上的关系，这意味着在整个行政领域内以效率优先来决定行政权力等资源的配置；行政中相对人的权利和义务的具体设定，也须以效率为优先来引导相对人，必要时相对人须作出让步；行政权力、相对人权利和义务的安排不是恒定的，为效率可让权力、权利和义务进行必要的让渡。

在行政等同于管理、行政的效率具有优先价值的理念主导下，行政领域中的地域方言问题常常被忽略，人们将某种特定语言尤其是那种为了交流、沟通的效率和管理的需要而人为设定的通用语言作为行政的当然语言，丝毫不考虑在特定的语言区域或社区内，人们有在公共领域内使用地域方言的权利。典型的事实如许多国家专门为约束行政权力的行政程序法都没有涉及行政权力行使的语言或在行政领域内相对人有选择语言的自由和权利这一问题，包括行政程序法制定得比较早的美国（1947年）和行政程序法比较晚的德国（1976年）等。

行政并不等同于管理或者直接等同于命令、指挥，或者更确切地说行政并不将命令、指挥等强制作为唯一的本质特征。行政虽然要顾虑资源配置与产出或效果之间的关系，但是效率并不是行政的当然的优先价值，与公平相比较，效率在通常情形下应该让位。这如同罗尔斯所言，一个社会无论效率多高，如果缺乏公平，则不能认为它就比效率低但比较公平的社会更理想。行政作为具体化的宪法，必须将人们的基本权利置于优先的位阶，其中，人们在行政领域内有选择和使用地域方言的权利就是一种必须置于优先位阶的基本权利。

实际上，行政领域中的地域方言问题主要涉及通用语言与地域方言之间的选择和平衡问题，以少数民族这种特定的地域方言为例，《关于少数民族语言权利的奥斯陆建议书》中的规定比较有参考价值，其保证了在人口占据一定的规模（突破了语言权利的内在制约）且表达了意愿的语言群体，其语言可作为行政机构的工作语言，相对人也得以以自己的语言在行政事务上与当局交流。①

意识到因通用语言的确立可能给地域方言语言群体的成员带来的不公平结果，一些多语言群体和社区的国家开始在通用语言与地域方言之间寻找平衡，尽力在实现国家利用确立通用语言来保证有效交流这个合理目标的同时，最大限度地避免损害公民在语言问题上根据他们对各自相关利益等级排序进行选择的能力，尽可能让其能够自由地选择。对那些不是以通用语言为母语或不是以通用语言的任何组成部分为母语的语言群体成员，应保证他们在行政领域和接受公共服务时不仅有不被课以必须使用通用语言的义务，而且还享有使用自己的语言的权利。例如，澳大利亚在1987年的《国家语言政策》中虽然明确规定了澳大利亚英语是澳大利亚的国语，确认其具有正当而重要的功能，是联邦、州及地区议会制定、颁布和解释澳大利亚法律所公开正式使用的语言。但同时承认土著语言是澳大利亚的本土语言，土著人有使用他们语言以及让他们的语言被接受、被尊重的权利，有权获得政府用他们自己的语言提供的服务。不仅如此，《国家语言政策》还承认移民具有使用社区语言及让社区语言被接受、被尊重的权利。

实际上，地域方言是特定地域历史沉淀下来并作为该地域实际交流工具的语言，如果不承认地域方言的现实状况，排他性地将通用语言作为行政的唯一语言，行政也无法进行，如我国《通用语言文字法》规定：公务员在执行公务时可用方言。而现实中，很多情况下公务员执法不用方言根本就无法与行政相对人做畅通的交流，行政根本就无法进行。换言之，即便没有法律的授权，公务员也不得不用方言来执行公务，法律授予公务员使用方言的权力只不过是对现实的如实反映而已。

---

① 《关于少数民族语言权利奥斯陆建议书》在行政和公共事务方面规定：在少数民族占显著数量且已表达了这样的愿望的地区或地方，少数民族成员有权从地区或地方的公共机构获得一官方语言或国语与本民族语言两种文字制作的文件和证书。同样，地区或地方的公共机构也应以少数民族的语言保留适当的记录。少数民族成员，尤其是占有显著数量且已表达这样愿望的地区或地方的少数民族成员，应有充分的可能用其母语与行政当局交流。行政当局应确保在提供公共服务时尽可能使用该少数民族语言。

第五章

地域方言权的中国启示

据语言学家的统计，中国有多种地域方言，通常认为单是汉语就有七大地域方言。我国现行《宪法》规定：国家推广全国通用的普通话。它确立了以北方方言为基础的普通话的通用语言地位。2000年公布的《国家通用语言文字法》更是将普通话与国家强制捆绑，这使部分地域方言在生存和发展上更占有优势。如何确立地域方言权，达到既维护通用语言，又保护未被通用语言吸纳的地域方言是中国目前面临的问题。本章主要讨论地域方言权对汉语地域方言未来的启示（本章没有特别注明的"地域方言"或"方言"，均指汉语地域方言）。内容具体包括：汉语地域方言的形成和划分、地域方言的分化问题、地域方言与普通话的关系、推广普通话的正确"姿势"以及地域方言权与中国道路自我表达的话语困境及其突破。

一 我国汉语地域方言的形成和划分

中华文明源远流长，汉族社会在发展过程中出现过程度不同的分化和统一，语言的发展演变历史悠久。加之我国地域辽阔，民族众多，语言差异自然复杂，人们居住的位置和环境不同，也就形成了各具特色的汉语地域方言。

汉语地域方言的概念与地域方言没有本质区别，是指在特定的地域或区域历史性沉淀下来作为该地域或区域实际交流工具的语言。地域方言形成的因素很多，有属于社会历史地理方面的因素，如高山湖泊的阻隔等；也有属于语言本身的因素，如不同语言之间的相互抵触、相互影响等；此外汉语地域方言跟移民以及种族冲突、迁徙和融合也有很大的关系。汉语地域方言在语音、语法、词汇方面存在区别，有些区别甚至非常大，语音方面尤为突出，其差异化程度随地域变化，如在官话区内，往往相距数百千米的居民还能勉强沟通；而在华南地区，却有着"十里不同音"的说法，不同地域方言之间难以相互交流、沟通。不过，中国各种地域方言皆于西周时深受古夏言（古华夏语）的巨大影响，即使语音迥异甚至互相不能通话，仍被统一称为汉语。①

根据地域方言的特点，联系地域方言形成和发展的历史，以及目前我国地域方言调查的结果，可以对现代地域方言进行划分。但我国人口较多，比较复杂，当前我国语言学界对现代地域方言的划分一直存在很大的争议。有人将其划分为七大方言，有人划分为五大方言，也有人分为六大方言、八大方言，甚至九大方言。而在2007年的国际认证ISO 639-3国际语种代号的编制中，国际标准化组织把汉语分为十三种方言，即闽东方言、晋方言、官方言、莆仙方言、徽方言、闽中方言、赣方言、客家方言、湘方言、闽北方言、闽南方言、吴方言、粤方言。2012年版的《中国语言地图集》则把地域方言分为十个区：官话区、晋语区、吴语区、

---

① 西方语言学定义，当两个话语的使用者互相不能明白对方说什么时，这两种话语就是语言（language）而非方言（dialct），如果能够互相明白对方说什么，只是口音不同，就称为方言。但包括中国官方、一些西方汉学家在内的许多人出于传统、政治、民族和文化上的考虑，认为现代汉语是单一语言，而粤语、吴语、闽南语等是地域方言。由于语言和方言的界定并不明朗，中国方言的语言地位仍然受到争议。虽然中国大部分学者一直将吴语、闽语、粤语等称作汉语的方言，不过也有学者称它们为语言。近代以后，西方语言学传入中国。而在西方语言学里，原则上，互相之间不能通话的应该被定性为语言而非方言。由于不同地域方言使用者（至少在口语上）通常不能互相通话，于是引起关于吴语、闽语、粤语等是方言还是语言的争论。一些学者为了表明汉语的特殊情况，创造了regionalect或topolect等词，来对译不同汉语言（或曰"地域方言"）。西方语言学定义在其源发地亦未被彻底执行。如：瑞典语、挪威语、丹麦语之间及葡萄牙语与西班牙语二语之间可以互相理解，但彼此却并非方言的关系。德语方言之间有时亦不能通话，但仍被视为德语。在东方，日语的津轻方言和秋田方言等，同样与标准语差异巨大，一般人很难听懂，但仍被视为方言。另外，自相矛盾的是，若以"能否听懂"为汉语划定的标准，则"吴语"和"闽语"甚至"晋语"本身也都根本不存在。因为大多数地域方言内部本身自己就都无法完成通话。因此，汉语应该是由各地域方言组合成的汉语。重文字分析的语言学家以各方言书同文为由倾向于认为，汉语语族只有汉语言一种语言，再分成各种方言；重语音分析的语言学家认为，汉语语族包含闽南语、粤语、吴语、赣语、官话、湘语、晋语、客家话八种语言，因为它们之间同源词的发音差异不小于同属于日耳曼语的英语之间同源词的发音差异。中国的语言学家和多数汉学家等都支持前者，而在中国以外的地区，有不少学者支持后者。支持后一个观点的人认为汉语并非一种单一的语言，而是一组相互关联的亲属语言。参见维基百科：方言保护http://zh.wikipedia.org/wiki/。

徽语区、赣语区、湘语区、闽语区、粤语区、平话区、客家话区。由于晋语、平话、徽语等几种方言是否构成独立的大方言区，现在尚有争议，所以，大多数人认为现代地域方言可分为七大方言区，即北方方言（官话方言）、吴方言、湘方言、赣方言、客家方言、闽方言和粤方言。这七种方言语系基本覆盖了我国的大部分地方，目前其使用人口也是我国最多的。在复杂的方言区内，有的还可以再分列为若干个方言片（又称为次方言），甚至再分为"方言小片"。如官话区包括东北官话区、北京官话区、冀鲁官话区、胶辽官话区、中原官话区、兰银官话区、西南官话区、江淮官话区八个区；闽语区包括闽南区、莆仙区、闽东区、闽北区、闽中区、邵将区、琼文区七个区。这些次方言是否属于具有独立语言地位或者构成语言最小单位的地域方言存在争议。

在我国现代几大地域方言中，北方方言可以看成古汉语经过数千年在广大北方地区发展起来的，而其余方言却是北方居民在历史上不断南迁中逐步形成的。北方方言，是现代汉民族共同语的基础方言，以北京话为代表，内部一致性较强。在汉语各方言中它的分布地域最广，使用人口约占汉族总人口的73%。在早期的广大江南地区，主要是古越族的居住地，他们使用古越语，与古汉语相差很远，不能通话。后来，北方的汉人曾有几次大规模的南下，带来不同时期的北方古汉语，分散到江南各地区。由于不同时候南下的汉语本身就不相同，且北方汉语与南方古越语在彼此接触之前，其内部就有各自的地区性方言，南方各地域方言分别在一定独特环境中发展，于是逐步形成现在彼此明显不同的六大方言。①

从语言文化研究的角度来说，我国地域方言历史悠久，丰富多彩，是我国也是全人类语言文化的宝贵财富。从地域方言的使用来看，我国地域方言分布地域广阔，使用人口众多，涉及社会生活的各个方面，直接关系到人民的日常生活、文化教育、经济发展乃至社会稳定问题。

---

① 参见百度百科：方言，http://baike.baidu.com/subview/16035/5375621.htm。

二 地域方言的分化问题

(一) 地域方言内部的分化：强势方言与弱势方言①

长期以来，我国汉民族实际实行的是双语制，即通用语言与地域方言长期并存分用。但由于不同方言语言群体的规模不同，使用的人口多寡不一，语言群体的势力更是强弱不等的原因，不同地域方言生命力大小也不同。久而久之，地域方言逐渐分化为强势方言和弱势方言。有些地域方言，随着社会政治文化经济的发展，借助其政治、经济等领域的强势地位，依托网络、电视等现代信息和传媒技术，不断侵入、挤占其他地域方言的传统核心领域。这些地域方言频繁出现在日常口语、广播、电视、网络平台中，加之其传统的地域认同价值，体现出了惊人的娱乐文化价值、市场价值，迸发出了前所未有的生命活力，逐步介入人们的生活，表现了很强的流行态势，发展成为强势方言。而有些地域方言则在通用语言和强势方言的双重挤压下，逐步演变成为弱势方言，甚至成为濒危方言，以至于有学者呼吁：要像抢救濒危动物那样，抢救濒危的方言。②

1. 强势方言流行特点及原因分析

强势方言包括强势的地区方言和地点方言，前者如粤语、吴语、闽语，后者如广州话、上海话、厦门话。强势方言流行有以下特点：一是方言再也不是像以往一样仅仅在本地或者限于特定地域，而是出现了大量的跨地域使用的现象；二是方言使用对象和使用场合都表现出了超常的扩大

---

① 所谓强势方言和弱势方言本身也是相对的。放在历史的长河中，这些现在的所谓强势方言区当年都是经济文化落后的、属于中原以外的地方。而普通话既然经历了长期的历史的和文化的双重考验，而且在宪法中又有明确规定，就没有必要再提所谓的强势方言甚至大加宣传和推广。有人认为强势方言的提法本身是违反宪法上关于语言平等的规定的。但这里所说的强势和弱势只是对现象的总结。参见张震《"方言学校"评析——以我国宪法文本中普通话条款的规范分析为路径》，载《山东社会科学》2007年第5期。

② 地域方言中究竟有没有濒危方言？大家对这个问题的看法似乎并不明确，或者说并不一致。在一些人看来，语言濒危现象只发生在一些使用人口极少的少数民族语言当中，而地域方言使用人口多达数亿人，不可能出现濒危现象。或者认为某些地域方言的濒危以及地域方言迅速整合趋同的现象只是汉语内部语言调整和标准化过程中的自然现象，不能与少数民族语言的濒危相提并论，也用不着大惊小怪。参见曹志耘《关于濒危汉语方言问题》，载《语言教学与研究》2001年第1期。

性，表现出了方言旺盛的生命力和文化底蕴，在当今社会生活中表现出了强势流行的态势。①

而强势方言之所以流行，有法律、经济、文化、心理甚至语言本身等诸多因素。第一，法律方面对语言权利的理解日渐清晰。人们逐渐认识到语言权利不仅仅是少数人的语言权利，而是包括少数人语言权利在内的地域方言权。这其中的情形正如有人所指出的那样："语言权这一概念的早期含义主要强调少数人群体使用自己母语的权利，发展至今它涵盖了所有的人及群体使用语言的权利。"② 那么使用什么语言呢，作为母语的地域方言自然涵盖其中。因此，从法律上，推广通用语言并不意味着要消灭地域方言，二者不是对立地位，保护地域方言既是争取语言平等的表现，更是语言权利的具体落实。第二，经济方面。近年来发达的市场经济带来了人们思想观念的变化，相当多的人既会说一两种地域方言又会说普通话，呈现出了多元化的语言生活。会普通话可以走南闯北从事各种活动，懂地域方言意味着欣赏或者至少领悟到了地域文化，运用了地域方言所框定的价值观念，这有助于获得地域方言群体的认同，更有利于经济上的合作与往来。第三，文化方面的认同需要。强势地域方言多与特定地域经济的强势或者良好发展势头有关，这使得对特定地域文化认同感和归属感由本地域扩展到本地域以外，典型的如广东和香港地区的粤语。香港官方语言虽然是英语，但粤语作为地域方言的地位实际上没有受到强力的排斥，如在文化创作等各方面。到20世纪90年代巅峰时期，粤语流行音乐、电影、电视，都在整个大中华地区甚至韩国和东南亚以及海外华人社区有着巨大影响，广东和香港地区以外地域的人们也以懂粤语、说粤语为自豪，追求的就是一种文化认同感和归属感。地域方言的使用成为祖国与海外华人、中华各民族之间"语缘"关系得以维系的重要纽带。第四，地域方言群体的心理需要。例如，方言电视节目的兴起在一定程度上契合了本土受众的心理需要。方言节目在形式包装、节目内容、特色定位上紧紧与当地区域文化特性结合，可以使本土观众更好地理解语境、解读更快捷，更容易产生共鸣，得到满足，获得愉悦与休闲。第五，语言资源研究、开发利

---

① 比如方言频繁地出现在传播媒体上：电视台以方言作为工作语言主持娱乐节目，甚至用方言播报新闻、播出用方言译制的外国影片；报纸开出方言专栏，等等。

② 刘红婴：《语言法导论》，中国政法大学出版社2006年版，第22页。

用。丰富多彩的地域方言是我国语言文化的一笔重要财富，也是一种可以开发利用的语言资源。地域方言的维护和使用使我国"语言生态"和"文化生态"得以平衡；另外，地域方言是古代语言的活化石，是研究古代语言及其发展演变的重要依据。在研究当代共同语的时候地域方言也是很重要的参照。

2. 弱势方言现状及原因分析

弱势方言首先存在于在政治、经济及文化等综合资源弱势的地区，这其中既包括整体弱势，也包括那种强势地区中因对比被"孤立"出来的弱势，如广西平话、粤北土话、湘南土话、湘西乡话。其次，弱势方言存在于弱势语言群体之中，如各地的方言岛、澳门土生粤语。

在两种地域方言交界的地带，如果这两种地域方言的势力不均等的话，一般会发生如下的情况：一是强势方言影响、冲击弱势方言，弱势方言向强势方言靠拢；二是弱势方言萎缩自身的用途和地盘，逐渐被强势方言所"蚕食"；三是弱势方言的使用者成为弱势方言和强势方言双语使用者，其中在有些情况下会逐渐向强势方言单语使用者转变。① 在多种方言交错分布的地区，尤其是那些使用人口较少、处于强势方言包围之中的弱势方言岛，由于不同方言之间交往的日趋频繁，弱势方言很容易成为濒危方言。中国虽然不在全球语言濒危的热点地带，但至少也有数十种语言处于濒危状态。联合国教科文组织将东北地区、陕晋黄河中游地区和西南边境地区列为中国濒危语言最集中的地区。②

与处于同一境地的那些弱势的少数人语言比起来，非少数人语言的弱势地域方言的处境更为艰难，这主要是以下几个原因：

第一，语言政策中对地域方言缺乏明确的规定，地域方言的语言地位低。虽然从法律上讲，语言权利是每个人有权选择使用语言的权利，但是长期以来，少数人的语言权利更受重视，即便是在强行推行通用语言普通话的情形下，无论是宪法文本，还是宪法层次的《国家通用语言文字法》

---

① 在官话方言与其他方言交界的地带，经常可以看到这种现象。例如，原吴语北部与官话交界的地带，现在有些（如南京一带）已经转变为江淮官话了；在今湘语与官话交界的地带，有些湘语方言正处于"西南官话化"的过程当中，如湘语西北部的吉溆片的调值很接近西南官话系统，而长沙、衡阳、邵阳、益阳、常德等大城市的湘语（所谓新湘语）跟西南官话沟通更没有什么困难。参见曹志耘《关于濒危汉语方言问题》，载《语言教学与研究》2001年第1期。

② 信明：《濒危语言：消失的文化多样性》，载《光明日报》2012年7月24日。

《民族区域自治法》都将少数人语言单列，特别表达了少数人有权使用自己语言和文字的权利，实际上给少数人语言文字在法律和政策上架设了一个相对不受通用语言冲击的栖息之地。相比之下，非少数人语言的地域方言就没有那么幸运了。宪法文本所强调的语言权利、《国家通用语言文字法》所规定的可以使用方言的范围不外乎公务需要、播音用语（经国务院广播电视部门或省级广播电视部门批准）、戏曲、影视等艺术形式需要以及学术需要（出版、教学、研究）。① 可以说，非少数人语言的地域方言几乎是靠本能或惯性存在的，而这种本能或惯性还不被语言政策看好，甚至受到一定的排挤，如国家广播电影电视总局在2004年曾禁止以方言译制外国影视作品。②

第二，地域方言实际使用范围大幅度缩减。首先，家庭是地域方言的传统领域，但如今，这个传统领域也在不断受到通用语言的侵入。家庭内部地域方言的用途也在减少。这是因为在突出通用语言绝对地位语言政策的导向下，非少数人地域方言的语言群体缺乏自豪感，甚至产生自卑感。倘若没有经济等强势资源支撑，这种自卑感会更严重。由此，不少人开始有意地在家庭减少地域方言的使用，而家庭语言环境的改变直接影响了社区语言。结果是地域方言的领域越来越小，使用范围越来越窄。其次，语言导致的分层现象也减少了地域方言的使用范围，或者使其原有的范围不断缩小。在采取推广通用语言政策的国家，语言的分层现象比较明显。面对具有不同法律地位和政策支持的语言，社会成员首选的往往是通用语言，而通用语言在教育中的绝对优势地位使得人们已经有能力选择。结果是，运用两种或两种以上的语言即通用语言加一种以上地域方言成为一个日趋平常的情景，出现了所谓的双重语言人和双层语言现象。地域方言的社会交流价值随着人际交往范围的扩大而贬值，即便在地域方言区，地域方言逐渐演化为非正式场合的"低层语体"，而普通话这种借助权力的"中央方言"则逐渐演化为正式场合交流首选的"高层语体"。

第三，弱势方言的使用与弱势语言群体相联系。弱势语言生存发展与

---

① 参见《国家通用语言文字法》第16条。
② 参见《国家广播电影电视总局关于加强译制境外广播电视节目播出管理的通知》（2004年）"二、各级广播电视播出机构一律不得播出用地方方言译制的境外广播电视节目。正在播出的用地方方言译制的境外广播电视节目必须立即停播，妥善处理。"

使用弱势语言的人口数量有着密切关系，但不是直接相关的因素。与其直接相关的因素是使用群体的实力，包括政治、经济、文化的综合实力。当年，国民党内以孙中山为首的粤籍派实力强大，粤语一度成为国民党内的官方政治语言。① 弱势方言主要是政治、经济、文化处于弱势地位的弱势群体使用。

第四，弱势地域方言本身的问题。如有言无文，无书面语和书面文献，没有载体，不便传承，等等。

以上诸多原因的共同作用，使弱势地域方言的"用途"越来越少，"作用"越来越小。在强势方言的强大冲击之下，有的弱势方言最终被彻底放弃，改用强势方言。有的弱势方言逐渐磨损、丢失自己原有的一些比较特殊的成分，同时不断吸收强势方言的成分，使自己的语言系统朝着强势方言的方向发展演变。从语言的变化消亡这个角度来看，前一种为突变型，后一种为渐变型。处于突变型过程中的地域方言，也即某些学者所说的濒危方言。② 并且实际上，渐变型的地域方言也完全有可能成为濒危方言，只是这个过程很漫长，一般不易观察得到，如粤语被认为是国内的强势语言，但同时在国内受到的打压亦是最为严重。由于外地人口的涌入，先是出现普通话城市，广西粤语被边缘化，广东粤语城市不断萎缩。越来越多本地儿童不会唱粤语儿歌，导致方言儿歌在创作及传承上难以为继。而潮州话、客家话所面临的境况更加窘迫，受到粤语和普通话的双重挤压。

（二）对地域方言发展的两种观点：肯定派与否定派

关于地域方言发展一直存在两种观点，即肯定派与否定派。两种观点都与对地域方言的价值认识直接相关。

---

① 有人考证到：1926年广州召开的国民党第二次全国代表大会，官方语言还是"粤语"，不仅会议文件用粤语，北方籍代表的发言也被翻译成粤语，"但却没有北方籍的代表要求将粤语翻译成国语的记录。"王瀚《语言与政治：1926年国民党对粤语和国语的处理》，www.yidianzixun.com http：//www.yidianzixun.com/article/0FTKs4QW? share_ count=2。

② 突变型变化消亡往往需要经过几代人才能完成，中间一般还要经过一个弱势方言与强势方言并存并用的双方言的过渡阶段。今天我们可以看到的突变型地域方言的情况通常是这样的：老年人只使用弱势方言；中青年人弱势方言与强势方言并用，其中中年人以弱势方言为主，青年人以强势方言为主；少儿就基本上只用强势方言了。参见曹志耘《关于濒危汉语方言问题》，载《语言教学与研究》2001年第1期。

肯定派对地域方言价值和发展持一种肯定、支持的主张。该观点认为，一是，对语言的尊重是开展真正对话的前提。语言多样性是我们的共同遗产，它也是一种脆弱的遗产。多语言使用有助于促进包容和反对歧视。二是，基于我国多元地域文化的现实性，如果地域方言消失，其所承载的地域文化会遭受重大损失，不利于文化多样性。保护地域语言，就是保护文化的"生物多样性"。此外，从社会语言学的角度，每一种语言都有自己承担的社会功能，地域方言与通用语言在承担的社会功能上不是相互对立，而是相互补充。地域方言有承担通用语言难以替代的社会功能，因此地域方言不可能，也不能轻易地退出社会生活。例如，当今时代，网络作为语言创新的重要平台，通过对方言词语的直接借用、方言语音通假、对方言词语加以改造等方式，网络上不断产生新的网络语言现象令人眼花缭乱，其中，普通话中没有对应概念的，或者用法不完全相同的，或者经过语义改造的就可能被普通话口语吸收，如"吃货""给力"等。此前，普通话也吸收了一些缺少对应说法的方言词语，如"买单（粤语）""按揭（粤语）"等。[①] 又如相关数据却显示，近20年来，上海人的上海话能力并没有明显的下降，上海话词语衰退率也比较低。只是受通用语言的影响，上海方言具有了更多的普通话成分。同时，普通话词汇库中也增加了许多源自上海方言的词语。可见，语言有很强的生命力，特别是在文化多元的现实中，作为通用语言的普通话与地域方言互相影响，互相吸收有益的成分，两者将长期共存，和谐发展，并在不同领域、人群发挥作用。[②]

另一种观点则相反，基于对地域方言的价值否定观，认为地域方言的地域性特征太过明显，其局限性也很明显。主要理由如下：一是，地域方言如果细分，在我国可能有几百上千种，而地域方言过于口头化，不利于正式的交流。二是，过于强调地域方言，会影响跨区域的经济和文化交往，与我国单一制国家结构形式的文化要求也不一致。三是，过于强调和使用地域方言可能会引起地域优越感和地域歧视。会使得使用强势方言的人和地方产生优越感，同时排斥甚至歧视使用其他方言的人和地方。四是，地域方言与普通话、少数民族语言不同，地域方言在我国并没有明确

---

① 侯超：《方言与网络语言》，《语文建设》2013年第2期。
② 游汝杰：《方言和普通话的社会功能与和谐发展》，《修辞学习》2006年第6期。

的宪法地位。如果地方政府推广地域方言，是违反宪法和法律规定的，保护地域方言发展与长期以来推广普通话的政策相违背。以能否会说地域方言作为是否能融入该地的标准本身反映了该地人和政府心态的狭隘和不开放。五是，尽管所有人都有学习自己母语的权利，但在不同的民族间才存在母语之说，在我国同为汉族语言的不同地域方言不属于母语。对地域方言的母语地位持怀疑态度。六是，"语言教师国际协会"草拟的"基本语言权普遍章程"中语言权利的九项内容在中国实现起来有难度，甚至会危及我国的单一制国家结构。因此对语言权能否作为一项新的权利单独提出并写进宪法，应持谨慎态度。① 对地域方言的前途持一种悲观态度，认为推广普通话具有显见的政治、经济、文化功能，国家应当突出的是普通话的地位与作用。②

（三）对地域方言使用的两种态度：限制方言与保护方言

1. 对地域方言的限制使用

自 1990 年以来，国家教委、国家语委陆续发出各级各类学校普及普通话的通知并进行检查评估，国家语委提出了 2010 年普通话在全国范围内初步普及，21 世纪中叶以前普通话在全国范围内普及的目标。全国各地，除个别地区之外，地方政府以地域方言使用率下降作为"推普政绩"。各地政府部门在贯彻过程中实施了很多限制方言流通的行政手段。例如，开展"推普先进城市""全国语言文字工作先进集体""推普优秀单位"等评比。政府、学校、电台、电视、公共场所等纷纷改为使用普通话，对地域方言的使用进行各种限制。有学者认为对地域方言进行限制是有必要的。因为，宪法明确规定，普通话是全国通用的。不管某地有多发达，都是属于中国的领土，因此，普通话的交流和运用是最适当的一种方式。根据宪法规定的原意，地域方言等的使用应该理解为非主动和非主流。所以，相对于地域方言，应该坚持普通话的优势法律地位。我国宪法规定的是政府有职责推广普通话而不是方言，使用地域方言必须要注意方

---

① 张震：《"方言学校"评析——以我国宪法文本中普通话条款的规范分析为路径》，《山东社会科学》2007 年第 5 期。

② 有学者认为这是一种比较功利化与本土化（一种狭隘与不开放）的语言权利观。参见丁延龄《新世纪中国语言权研究——现状分析与前景展望》，载《政法论丛》2010 年第 1 期。

式和尺度。如果说外语学习是对普通话使用的一种补充,民族语言保护是普通话推广中的一种特殊处理,该两者都还是与普通话的功能不相违背的,那么强势方言的过于强调与不当使用则直接与普通话功能相冲突,是有违宪嫌疑的。①

方言限制主要有以下实例:

> 实例一 2004年10月,国家广播电影电视总局下发了《国家广播电影电视总局关于加强译制境外广播电视节目播出管理的通知》。该通知针对一些广播电视播出机构播出了用地方方言译制的境外广播电视节目,认为有违广播电视推广使用普通话的重要任务和使命。根据《广播电视管理条例》"广播电台、电视台应当使用规范的语言文字。广播电台、电视台应当推广全国通用的普通话"的规定精神,为进一步加强译制境外广播电视节目播出管理工作,通知要求,各级广播电视播出机构一律不得播出用地方方言译制的境外广播电视节目。正在播出的用地方方言译制的境外广播电视节目必须立即停播,妥善处理。通知中指出,各级广播电视播出机构应该认真履行好广播电视推广使用普通话的重要任务和使命,为广大未成年人的健康成长营造良好的语言环境。
>
> 实例二 2005年,国家广播电影电视总局下发了《国家广播电影电视总局关于进一步重申电视剧使用规范语言的通知》,该通知规定:"1. 电视剧的语言(地方戏曲片除外)应以普通话为主,一般情况下不得使用方言和不标准的普通话。2. 重大革命和历史题材电视剧、少儿题材电视剧以及宣传教育专题电视片等一律要使用普通话。3. 电视剧中出现的领袖人物的语言要使用普通话。"
>
> 实例三 2007年8月,浙江省广播电影电视局发出《关于进一步加强方言类节目管理的通知》,要求各级广播电视播出机构立即对所属各广播电视频道使用地方方言播出的节目进行一次全面梳理,对现有已开办的(含已经过报批的)方言类节目重新进行统一报批,对不符合规定的方言类节目应予以停播并作妥善处理。该通知强调,

---

① 张震:《"方言学校"评析——以我国宪法文本中普通话条款的规范分析为路径》,《山东社会科学》2007年第5期。

各级广播电视播出机构如确需开办以方言为主要播音用语的新闻、专题、谈话类、咨询服务类和自行创编的栏目剧、情景剧（不含地方戏剧、曲艺），应经市级以上广播电视行政管理部门审核同意后，报省级广播电视行政管理部门审批。申请开办和播出广播电视方言类节目，应以"控制总量、规范管理"为原则，并遵照相关要求。① 各级广播电视播出机构不使用方言进行频率、频道节目的整体包装。各级广播电视播出机构不得随意将影视剧中的普通话配音改编为方言配音，不得播出用地方方言译制的境外广播电视节目。非方言类节目中，不得以交替使用普通话和方言的混合语作为主要播音、主持用语。普通话版的栏目剧或情景剧中，不得以方言主持配开场、结尾和中间点评。广告节目原则上不使用方言播出。

实例四 广州各市政部门及教育机构开始逐步采用汉语普通话取代广州话作为主要行政及教学语言，而广州市区原先的主流语言，即粤语的通行程度逐渐被削弱。例如，2007年12月，广东的传媒报道广州市番禺区的小学对于校园内讲粤语的学生要进行处罚。学校为了推广普通话，要求学生尽可能地多讲普通话，不许在校园内讲方言。为此，该学校甚至还专门让班干部监督大家，发现谁在操场、走廊等地方讲了方言，就向老师汇报，然后扣学生的考核分数，到年底评三

---

① 具体有以下要求：（一）各级广播电视播出机构不得开办以地方方言为主要播音用语的广播电视频率、频道。（二）各级广播电视播出机构的时政、综合与重要专题新闻节目，不得使用方言播出。（三）省、市电视台少儿频道不得开办方言类新闻节目，其他各频道的少儿类节目不得以方言作为主要播音用语。（四）根据我省方言的实际情况，省级广播电视播出机构原则上不开办方言类节目。（五）杭州、宁波、温州市广播电视播出机构开办方言类节目总数应控制在6档以内，其他市级广播电视播出机构开办方言类节目总数应控制在4档以内；市级广播电视播出机构新闻综合频率、频道原则上不开办方言类节目。（六）县级广播电视播出机构方言类节目数量，广播和电视分别不超过1档。（七）方言类节目不安排在黄金时段（电视19:00—21:00、广播6:30—8:00、11:00—13:00）播出。（八）每档方言类节目每天播出的时间总量不超过半小时（不含重播）。（九）同一播出机构所辖各广播电视频率、频道的方言类节目，应合理安排布局与结构，并错时播出。（十）方言类节目应以当地通用性方言为播音、主持用语，不使用外地方言或本地局部非通用方言作为主要播音、主持用语。（十一）电视频道播出的方言类节目，应配上规范的汉字字幕。（十二）方言类节目要严格遵守宣传管理的各项规定，对方言中夹杂着的一些庸俗、消极和低级趣味的词要加以鉴别和处理，防止节目语言及节目整体品格流于庸俗和低俗化。（十三）对方言类节目播音员、主持人的管理，参照执行《广播电视编辑记者、播音员主持人资格管理暂行规定》（广电总局第26号令）。参见浙江省广电局《关于进一步加强方言类节目管理的通知》。

好学生、评先进分子时，这些情况就会派上用场。由于随时随地都有班干部监督，学生们只得乖乖听话，再也不敢在学校内讲方言。①

实例五　2009年7月，国家广播电影电视总局发出《国家广播电影电视总局办公厅关于严格控制电视剧使用方言的通知》，该通知强调广播电视是推广普通话最重要的传媒工具之一，有很强的示范作用。但近来大量使用方言拍摄电视剧的数量有所增加，其中一些剧目存在使用方言失度、过滥的现象，这种制作倾向不符合国家大力推广普通话的一贯精神，违反了广电总局的相关规定，在作品传播上也影响了广大观众的审美收视效果。为规范电视剧语言，广电总局特重申相关规定：一是各省级广播影视行政管理部门和制作机构要严格贯彻执行。二是各省级广播影视行政管理部门要严格电视剧完成片的审查，投入制作的电视剧一般情况应以普通话为主。对电视剧中不该使用、大量使用、失度使用方言的情况要严格把关，及时纠正，不纠正者不得播出。三是对于明显的方言电视剧和大量使用方言的电视剧，各级广播电视审查管理部门应视情况予以引导、纠正或制止，广电总局将视情况做出播出调控。

实例六　2009年8月至2010年3月，广州地铁3号线和5号线粤语站台广播被取消；2010年7月6日的《羊城晚报》上刊登了一则消息：广州市政协召开十一届常委会二十一次会议，并提交了"关于进一步加强亚运会软环境建设的建议"。该建议称，为强化宣传工作，进一步激发起全市迎亚运的高昂激情，必须营造良好的语言环境。建议把广州电视台综合频道或新闻频道改为以普通话为基本播音用语的节目频道，或在其综合频道和新闻频道的主时段中用普通话播出，以适应来穗参赛和旅游的国内外宾客语言环境的需要。②

实例七　2014年1月，国家新闻出版广电总局发出通知，要求广播电视节目规范使用通用语言文字，在推广普及普通话方面起到带头示范作用。该通知要求，主持人除节目特殊需要外，一律使用标准普通话。不得模仿地域特点突出的发音和表达方式，不使用对规范语

---

① 王海波：《校内讲方言 要扣考核分》，《新快报》2007年12月7日。
② 《市政协常务委员会关于进一步加强亚运会软环境建设的建议》，中国人民政治协商会议广州市委员，http://www.gzzx.gov.cn/zjzx/gzszxz/zzgzcs11/zzjyxb/201203/33834.html。

言有损害的俚语俗词等。该通知还强调，各级电视播出机构要把规范使用普通话纳入主持人和编辑记者培训、考核和奖惩体系；认真开展规范用语自查自纠，做好播前审查，含有不规范用语的内容一律不得播出。和以往推出"限娱令"、"限广令"不同，这次国家新闻出版广电总局推出针对广播电视节目不规范使用通用语言文字现象的"方言限令"，受到关注。①

2. 对地域方言的保护

联合国《公民权利和政治权利国际公约》第 27 条表明语言上的"少数人"同样享有"使用自己的语言的权利"。尽管目前我国法律、法规没有任何关于地域方言保护的条款，也没有任何承认地域方言具有保护地位的条款。但随着推广普通话，加之全球化、互联网等的冲击，为应对各地母语环境而急剧衰落甚至濒临灭绝的现状，地域方言地区（主要是指非官话方言）出现以"保护方言"为号召的自发民间行动。近些年，官方也有介入方言保护，不同区域方言保护的程度不一样。例如，目前在经济发达地区如环渤海、长三角、珠三角存在大量国内移民、务工人员，一定程度上提高了方言保护的要求。其中环渤海为北方方言区，与普通话相对较为相近，对方言保护的难度相对低一些；长三角为吴方言区，与普通话有很大差别，当地媒体均不以方言作为载体，方言保存现状堪忧。尤其在苏州、上海等地，如不加以挽救，方言消失的速度将是令人震惊的；珠三角为粤方言区，与普通话也差别很大，但是当地公众场合也允许使用方言，加之港澳的影响下，方言保存形式也相对乐观。而其他地区因移民数量或省内移民的原因，对方言空间压缩相对有限。

方言保护主要有以下实例：

> 实例一　上海民间人士积极参与方言保护，制作出上海话拉丁化方案。② 上海市官方也高度重视上海话的科学保护工作，积极采取了一系列措施。如：开展上海话有声数据库建设；鼓励、支持社会各界

---

① 孙仲：《主持人规范用语：必须的》，《人民日报（海外版）》2014 年 1 月 15 日。
② 上海话拉丁化方案指上海话的拉丁字母转写方案。

组织举办传播、学习上海话的比赛和相关文化活动;① 结合市民终身教育体系建设在有关社区试点开展针对社区居民（包括青少年）的上海话教学和训练活动；在中小学、幼儿园教师培训市级共享课程中增设上海方言课程；在部分幼儿园试点开展上海话教育体验活动等。② 指导、督促本市各级各类学校在教育教学和集体活动中坚持使用普通话。在课堂教学和集体活动以外的其他场合中的日常生活交际用语不作任何硬性规定，允许讲包括普通话、上海话以及其他方言等。在中小学阶段，各学校根据实际在本校课程中自主开展沪语教学，③ 主要通过研究课、拓展课以及各类社团等载体，开展以实际生活为背景的各类主题活动，采取学唱上海话童谣、上海话情景剧表演、探究上海民俗文化等方式，不仅学习语言，而且加深学生对上海乡土文化的感知和了解。④

实例二　2007 年 6 月，中华人民共和国国务院批准成立闽南文化生态保护区,⑤ 成为中国大陆首个国家级文化生态保护区。闽南方言作为闽南文化的内容之一当然也属于闽南文化生态保护的内容。厦门在 2010 年 3 月在其 18 所小学和 10 所幼儿园成立闽南语教学试点，发放闽南语教材，对学生进行有关闽南语的教育，包括读音、俗语、历史等。2011 年 3 月 5 日在厦门实验小学开设闽南语日活动，鼓励

---

① 2014 年 2 月 27 日，中国福利会少年宫和上海市科技艺术教育中心启动了"上海小囡话上海"——2014 年"美丽中华魅力上海"上海青少年沪语传承系列活动，通过讲座、青少年知识竞赛、"沪语小达人"海选等活动让新上海人们认识上海话。http://www.chinanews.com/edu/2014/02-27/5892708.shtml。

② 上海市教委拟在幼儿园试点推广沪语争议也成为 2014 年社会语言舆情十大热点事件之一。

③ 2012 年 9 月初的新学期，首部小学沪语教材《小学生学说上海话》进入校园。

④ 上海市教育委员会 2014 年 11 月 18 日给吴先生的关于取消中小学沪语交流限制及开设沪语课程的建议的信访答复 http://www.shmec.gov.cn/html/article/201411/77245.php。

⑤ 这是中国第一个国家级文化生态保护区，实验区包括福建的泉州、漳州、厦门三地，这里是台胞的主要祖籍地，也是闽南文化的发祥地和保存地。作为我国首个文化生态保护区，它的成立标志着我国文化遗产的保护进入一个整体、活态保护的新阶段，为探索文化遗产的保护和发展、继承与创新开辟了新道路。闽南文化以其独特的地理位置，上接中原、吴楚，下续中国台湾、东南亚，其涵盖面和影响的范围相当广泛。闽南人艰苦的生存环境，铸造了闽南文化的精髓："敢拼爱赢"的精神。这种文化精髓的形成、升华和进一步发展，有其客观必然性，这也是闽南文化有别于中原文化和其他闽文化的一大特色。闽南文化，其内涵除广义中也含农耕文化、海商文化外，更值得一提的是狭义中所含的建筑文化、民俗文化（饮食生活习俗、服饰习俗、建筑习俗、民间习俗、结婚习俗、寿诞礼俗、民间禁忌）、宗教文化、民间艺术、宗族文化及闽南方言等。

学生学习闽南文化。2005年2月1日启播的厦门卫视,前身是海峡卫视,是经批准设置的城市级方言卫星电视台,以厦门腔闽南语节目为主。经广电总局批准,从2013年5月开始,厦门卫视可在中国大陆的北京、天津、山东、上海、江苏、浙江、江西、福建和广东九省市落地。

实例三 在珠三角地区,1988年因考虑到邻近港澳,批准广州电视台和广州珠江电视台使用粤语广州话,在网络上亦有大量网民呼吁广东省能做到族群方言平等,开设潮州话、客家话的省级频道。同时有不少学者及电视主持人公开支持保护粤语、潮州话、客家话。① 2010年7月25日,广州地铁发生捍卫粤语行动;同年8月1日再次在北京路和烈士陵园爆发游行,引起广泛关注。② 2014年2月,珠海博爱幼儿园(是公立幼儿园)首开粤语教学,多数家长表示支持。

实例四 方言学校的出现。2003年,苏州在全市范围内掀起了一股学说苏州话的热潮,各类讲授苏州话的培训班如雨后春笋般应运而生,参加培训的人员少则十多人,多则五六十人,相当红火。位于苏州市桃花坞大街的苏州桃坞职工业余学校,是较早开设"学说苏州话"培训班的学校之一。苏州市委市政府从2003年起,在新市民中大力倡导和推广说苏州话,掀起了说苏州话的热潮。一些学者将此种现象归结为进入了说苏州话的"后普及时代"。

实例五 为保护方言,避免一些老派发音过快消亡,2008年,国家语言文字工作委员会启动了"中国语言资源有声数据库"建设,并由江苏承担该数据库建设试点工作。直至2013年,江苏在辖区内三大方言区设立了70个调查点,并广泛遴选方言发音人,最终通过

---

① 广州市越秀区先烈中路小学在2008年首创每周一天"广州话日",以扫除"粤语盲",措施是周末除上课和早读外,下课时间一律讲广州话,普通话这一天也不能超过20句,但这在广州是只此一家,绝无仅有。何雪华《广州市先烈中路小学率先开设广州话日》,载《广州日报》2008年12月24日。

② 主要是针对前文所提的广州市政协提交的"关于进一步加强亚运会软环境建设的建议","建议把广州电视台综合频道或新闻频道改为普通话为基本播音用语的节目频道"。一石激起千层浪,消息传出后,众多"老广"联名抵制,捍卫粤语播音,引发了大规模群众性游行。

各地区方言发音人朗读单词、词组、讲故事、日常对话等形式建立起"江苏语言与文化资源库"。2013年9月12日,全国第一个方言资源库——"江苏语言与文化资源库"正式上线,资源库收录了425名发音人、时长超过320小时,共70种方言,涵盖江苏各地方吟诵、地方戏曲、民间口头文化等,是一个名副其实的语言博物馆。①

可见,以上主要也是对强势方言进行保护,而弱势方言基本上无人问津,处于自生自灭的状态。基本上是强者更强,弱者更弱。

(四) 使用地域方言的两种情况:规范使用和随意使用

《国家通用语言文字法》第16条规定,国家机关、新闻媒体、文学艺术、教学研究在以普通话为基本用语的情况下,有一些特殊情况需要使用方言的可以使用方言。但是具体怎么使用,法律没有作具体规定。实践中,不同领域、不同部门、不同地方出现了两种不同的使用情况:规范使用与随意使用。新闻媒体领域,经国务院广播电视部门或省级广播电视部门批准,可以使用方言,行政权力有着明显的介入,对方言的使用有较多规范,且主要是从限制使用的角度进行规范。在文学艺术、教学研究领域,主要通过各种方式推广普通话,对方言的使用也没有具体规范,一般通过政策进行引导。而国家机关使用方言的情况比较复杂,尤其是行政执法和司法领域,其整个工作过程要直接与公民个人接触,其做出的行政处理或司法裁判直接关系到公民个人利益。以下主要分析司法领域中方言使用的情况。

以司法实践为例,《国家通用语言文字法》规定了国家机关的工作人员执行公务时确需使用地域方言的可以使用地域方言,但没有相关法律规定保障地域方言使用者使用方言进行诉讼的权利。而使用诉讼参与人熟悉的语言文字是司法公平公正的体现,这一点对于不通晓普通话的诉讼参与

---

① "江苏语言与文化资源库"分为字词句篇、声韵调、方言文化、语言学习等六大块,在"方言文化"板块中,记者看到该板块由方言说江苏、方言诵经典、地方戏曲等五部分组成,五部分针对13个城市的特色展现出不同的文化内涵,比如"方言说江苏"环节,则是用各地方言展示了在景点、产品、食品等方面13个城市的不同特色。方言是地方文化的载体。专家指出,"江苏语言与文化资源库"的建立正是用保护方言的形式为传承地方文化出力。郑晋鸣《江苏语言与文化资源库上线》,载《光明日报》2013年9月14日。

人很重要。尤其是基层法院中，使用地域方言依然具有现实需求的生存空间。所以，我国法院在法官中大力推广普通话的同时，对地域方言的使用也有规定。例如，最高人民法院2005年发布施行的《法官行为规范》第32条规定，① 诉讼一方只能讲方言的，应当准许；他方表示不通晓的，可以由懂方言的人用普通话进行复述，复述应当准确无误。② 有的法院还对法官进行专门的方言培训，以便进行方言审理。③ 但是这些规定均比较粗糙，没有具体程序规范方言的使用，司法实践中大部分基层法院方言使用较为随意。首先，案件中何种情况下使用方言、方言使用范围等问题因没有相关的规定，庭审中主要由法官根据案件需要来决定，这就导致庭审时出现用语较为随意，甚至是普通话、方言交叉使用的情况。其次，方言与普通话之间、方言与专业语言存在转换上的不严谨。法律用语比较严谨专业，而方言则比较生动形象，两者的差异造成了许多法官，尤其是年轻法官不习惯或无法将方言和部分法言法语进行准确转换，导致庭审中出现沟通不畅，效果不好的现象，庭审笔录采取将方言进行模糊化和概括化处理。再次，与法律规定的翻译人员相比，方言辅助人员定性上不明确，法院选择方言辅助人员也较为随意。例如，有时选择法院内部工作人员、公诉人临时担任方言辅助人员，有时选择当事人亲友、旁听群众临时担任方言辅助人员。④ 不容忽略的是在司法中如果地域方言使用太过随意，容易

---

① 《法官行为规范》由最高人民法院2005年11月4日发布试行，2010年12月6日修订。

② 又如，青岛市中级人民法院于2009年8月发布了《关于在开庭等审判执行工作中使用普通话的通知》，要求全市法院干警在开庭等审判执行工作中使用普通话，并要求在庭审中充分考虑诉讼双方的方言问题。具体内容有：法官在庭前准备时，要充分考虑诉讼双方的语音、方言问题，尤其是外地当事人和其他诉讼参与人的语音、方言问题，预先做好法庭陈述、质证、辩论、询问、记录等准备工作。开庭时，审判长要询问外地当事人和其他诉讼参与人能否听懂本地话，能否听懂本地当事人及其诉讼参与人的口音和方言，根据情况，适当放慢庭审节奏。对外地当事人听不懂的地方语言，适当进行解释或请当事人进行复述。

③ 例如，为让年轻干警更快融入法庭的乡土氛围，法院专门邀请行家讲授方言规律。方言掌握情况纳入年轻干警年度考核。参见王燕仓《基层法院青年法官培养模式探析》，载《江苏法制报》2012年11月27日。

④ 在司法实践中，基层法院在当事人未委托诉讼代理人进行方言转译的情况下，通常基于诉讼效率和高效便民的初衷，倾向于选择法院内部工作人员，甚至是公诉人临时担任方言辅助人员。还有一些基层法院虽然认识到这种做法可能带来的审判人员有违中立原则的问题，有意让当事人亲友、旁听群众等担任临时方言辅助人员，但是这些修正措施仍存在缺乏对临时方言辅助人员基本情况了解的弊端，影响庭审的质量与效果。参见段思明、石志藩、江振民、林坤《充分发挥两便原则 切实推进司法为民——福建高院关于规范基层法院使用方言情况的调研报告》，载《人民法院报》2015年5月7日。

导致当事人对司法的不信任,导致程序不公。

当然也有基层法院发现了使用地域方言时出现的问题,建立了一些相应的制度来规范方言的使用,如有的法院推出了方言庭审申请制度,允许当事人申请法院安排或变更由熟悉相应方言的法官庭审。主要内容如下:一是在立案阶段,主动询问当事人是否有方言特殊需求,在分案特殊要求中备注,以便尽量安排熟悉方言的法官主审;二是在送达阶段,发现当事人不懂普通话的,主动释明方言庭审申请制度,并指导当事人填写《庭审语言申请表》,经审核且对方当事人无异议的,可变更承办法官或书记员;三是尽量安排本地籍与外地籍法官共同组成合议庭,在保证沟通顺畅的同时,强化外地籍法官的方言学习。① 也有部分基层法院在司法实践中较多聘请和适用方言辅助人员,有的法院筹建方言辅助人员库,将一些人民陪审员或政府工作人员纳入该数据库,以备审判之需。②

(五)地域方言发展变化的两种方向选择:一体化抑或多样性

进入 21 世纪以来,随着普通话的推广,全球化和网络化的迅速发展,在不同观点、不同态度、不同行为规范的相互冲击角逐之下,地域方言的发展变化更加迅速和深刻。"为了同一,为了我们的'幸福'——倒不如说为了我们相互间清晰地交流、交往——我们必须要舍弃方言;而为了幸福,我们又必须要保持方言,最起码要保持方言中鲜活的成分——因为这样做能给我们带来鲜活的个人话语空间,因而势必要抛弃同一性。这个矛盾该如何解决呢?"③ 从理论上来说,地域方言可能朝着两种方向发展变化:一体化抑或多样性。一般来说,对方言价值和发展持否定、悲观主张,限制方言使用的,支持地域方言的发展向普通话靠拢,主张语言一体化;而对方言价值和发展持肯定、乐观主张,赞成方言保护的,则支持保持地域方言的独立性,主张语言多样性。

但我们回归到现实,分析我国地域方言的发展变化历程,发现我国地

---

① 温州网:文成法院推出"方言庭审"申请制度受好评。http://news.66wz.com/system/2013/12/12/103921061.shtml。
② 参见段思明、石志藩、江振民、林坤《充分发挥两便原则 切实推进司法为民——福建高院关于规范基层法院使用方言情况的调研报告》,载《人民法院报》2015 年 5 月 7 日。
③ 敬文东:《被委以重任的方言》,中国人民大学出版社 2003 年版,第 41 页。

域方言的发展变化有其固有特点。从历史的角度来看，地域方言的发展变化，具有剧烈性、加速度、由渐变到突变的特点。从地域的角度来看，具有多层向心、城市方言岛、城市渐变农村突变的特点。概括地看，目前及未来一段时期地域方言的发展变化具有以下特点：

第一，地域方言整体势力进一步萎缩，逐渐让位于普通话。

第二，普通话与地域方言在相互依存的进程中出现了地域方言向普通话集中和靠拢的趋势，同时也出现了强势方言与普通话之间的抗衡，这种抗衡体现了语言势力的消长。强势方言在与普通话"并存分用"的模式下生存，二者将长期处于一种角力和竞争的关系之中，但从长远来看，强势方言的势力呈不断萎缩的趋势。

第三，弱势方言迅速萎缩和衰亡，被当地强势方言覆盖，"没用"的弱势方言越来越多。方言版图将被大面积整合成为若干种强势方言。

第四，地域方言的自我演变逐渐停止下来，而改为以普通话或强势方言为方向的演变。在此过程中，各地方言将发展为"带普通话特色的方言"或"带强势方言特色的方言"。这跟"带方言特色的普通话"（俗称"地方普通话"）不同，后者是在推广普通话过程中产生的语言现象。①"带普通话特色的方言"或"带强势方言特色的方言"最终会导致地方文化消亡的变异。

任何时代的语言都不会静止不变。方言作为语言，也是一种社会现象，它必然随着社会的发展而变化。进入20世纪以后，中国乃至整个世界的政治、经济、科技、教育等方面都发生了翻天覆地的变化。语言作为人类须臾不可或缺的交际工具，作为人类文化的重要组成部分，不可避免地、深切地经受了社会政治背景变化对它所造成的各种各样的冲击。最近几十年来，随着经济全球化、中国社会的改革开放和现代化，地域方言萎缩、衰亡的步伐大大地加快了。有人感慨："方言不是时代的对手。"② 尽管我国并没有禁止使用地域方言，但随着普通话的推广，经济全球化和网络化的迅速发展，地域方言的局限性也越来越明显，我国语言正势如破竹朝共同语一体化这个方向发展。"一体化，意味着本有特征的消失，方言

---

① 曹志耘：《汉语方言：一体化还是多样性?》，载《语言教学与研究》2006年第1期。
② 敬文东：《被委以重任的方言》，中国人民大学出版社2003年版，第37页。

的死亡,差异的寿终正寝。"① 这也正是主张中国语言应该多样化发展的人们所担心的。

一体化还是多样性?这是一个令人困扰的问题。有学者认为,一体化与多样性固然有其天然对立的一面,但从整个人类社会的历史进程来看,一体化和多样性之间仍然存在相互补充、和谐共处的可能性,更存在必要性。一体化应该是包含多样性的一体化,多样性应该是一体化进程中的多样性。就语言来说,语言的一体化是包含语言多样性的一体化,语言的多样性是语言一体化进程中的多样性。一体化和多样性之间的这种关系,可以概括为中国哲学中的"和而不同"。所以,在一体化已经成为历史潮流,在多样性思想已经成为人类共识的情况下,地域方言应该在接受语言一体化的前提下,在语言多样性的框架中找到自己的位置,并发挥积极的作用。②

三 地域方言与普通话的关系

(一)地域方言与普通话的历史渊源

通用语言在我国称为普通话。"普通话"一词在我国宪法文本中首次出现于现行宪法。但是在写进宪法之前,该词已在我国出现并多处使用。我国现行宪法第19条第5款明确规定:"国家推广全国通用的普通话。"同属于宪法序列的《国家通用语言文字法》以明确的规定将普通话和规范文字确定为我国的通用语言文字,这实际上表示了权力在语言选择上的明确态度。从这个意义上讲,普通话属于有权力而且是国家最高权力"加持"的语言,属于权力最顶端的语言,是中央级别。而鉴于普通话的语音、语义、词汇和语法都来源于特定的地域方言,因此,从这个角度看,普通话属于典型的"中央方言",与在我国宪法上根本没有被正面提及的地域方言有了非常明显的权力上的层次之分。因此,厘清宪法上的"普通话"与地域方言的关系必须从地方方言和"中央方言"的历史渊源入手,如此才有可能全面理解二者的关系。

语言是民族形成的标志。一个民族必定有自己的语言,民族共同语就

---

① 敬文东:《被委以重任的方言》,中国人民大学出版社2003年版,第34页。
② 曹志耘:《汉语方言:一体化还是多样性?》,《语言教学与研究》2006年第1期。

是民族的语言，无论哪个年代，民族共同语的规范和推广有着重要意义。历史上，中国的每个朝代统一后都注重推广汉民族共同语，比如春秋的"雅言"、① 西汉的"通语"、② 隋唐的"正音"、元代的天下"通语"、明清的"官话"、民国的"国语"等。③ 从语言学的角度看，民族共同语不是一开始就形成的，最先形成的语言应该是地域方言，其后才是民族共同语。民族共同语是在某一种方言的基础上形成的，这其中既有历史的原因，也有政治因素的作用，其中，最为重要的是权力的作用。因此，从语言产生的角度来看，民族共同语是特定几种方言的总结和汇集；从权力的因素来看，民族共同语现实的法律地位往往高于其他地域方言，其法律地位通常获得了民族的认可，在民族的疆域内被作为实际交流语言，甚至获得宪法的直接认可。以北京语音和在北方方言为基础，提炼多种方言后形成的现代汉语的普通话就是这样一种民族共同语，经历了雅言、通语到官话、国语的漫长演变历程后不仅是汉民族的共同语，甚至已经上升为中华民族的共同语。

"普通话"这个名称是清朝末年"切音字运动"的积极分子朱文熊提

---

① 早在春秋战国时期，我国的语言差异问题就已经存在很大的分歧。语言不通，沟通不便，导致各诸侯国之间的政治文化交流受阻，不利于协调各方关系。我国古人十分重视各地域方言的统一，汉民族共同语的产生年代还不是很确切，但最晚在上古的夏商周和春秋时期就产生了。当时的民族共同语叫"雅言"，主要流行于黄河流域，《诗经》的语言就是雅言，《左传》《孟子》中都有一些用雅言解释方言的例子。《辞海·雅言》条说："雅言，古时称'共同语'，同'方言'对称。""雅言"就是我国最早的古代通用语，相当于现今的普通话。其音系为上古音系，至今已无方言可完整对应。据史料记载，我国最早的"雅言"是以周朝地方语言为基础，周朝的国都西岐（今宝鸡市东岐山县）地区的语言为当时的全国雅言。可见，"雅言"的形成也与权力有关，是政治地位决定了特定地域方言的地位。参见吴进《论雅言的形成》，载《东南大学学报》2005年第6期。

② 汉代的民族共同语叫"通语"，也叫"凡语""凡通语"或"通名"，西汉扬雄编著的《方言》就是用当时的民族共同语"通语"来解释各地的方言的，这是我国第一部方言著作。隋、唐时代，人们作诗词、写文章非常注意"正音"，因此很多韵书应运而生。韵书的出现，"正音"风气的盛行，都在客观上起到了推行民族共同语的作用。元代的民族共同语叫天下"通语"，周德清的《中原音韵》记录的就是当时的民族共同语。对于"通语"的性质，有人认为性质同"雅言"，是古代的普通话。有人则持相反观点，认为二者尚不能称为古代的普通话。参见孟邵连《古代的"雅言"和"通语"是普通话吗?》，载《中国社会科学报》2017年4月11日。

③ 明清时代的汉民族共同语叫"官话"。开始，这种话只在官场使用，是官僚通用语，所以称"官话"。元、明、清以来，北京一直是全国的政治、经济、文化中心。各地赴京应考、做官、经商的人很多，天长地久，他们也学会了北京话，开始流行于民间，但他们的北京话又多少带有地方口音，人们称这种话为"蓝青官话"（"蓝青"比喻不纯粹）。民国初年，说官话的人越来越多，这种官话被称为"国语"。

出来的。① 1906年,他在《江苏新字母》一书中把汉语分为"国文"(文言文)、"普通话"和"俗语"(方言),他不仅提出了"普通话"的名称,而且明确地给"普通话"下了定义:"各省通行之话。"新中国成立后,在1955年10月召开的"全国文字改革会议"和"现代汉语规范问题学术会议"期间,将汉民族共同语的名称正式定为"普通话",并同时确定了它的定义,即"以北京语音为标准音,以北方话为基础方言"。1955年10月26日,《人民日报》发表题为《为促进汉字改革、推广普通话、实现汉语规范化而努力》的社论,文中提到:"汉民族共同语,就是以北方话为基础方言、以北京语音为标准音的普通话。"1956年2月6日,国务院发出关于推广普通话的指示,并补充了对普通话的定义:"以北京语音为标准音,以北方话为基础方言、以典范的现代白话文著作为语法规范。"这个定义从语音、词汇、语法三个方面明确规定了普通话的标准,"普通话"一词开始以明确的内涵被广泛应用。河北省承德市滦平县为普通话标准音主要采集地。

普通话中的"普通"二字有"普遍"和"共通"的含义,未用"国语"一词,是为了显示对少数民族语言的尊重。1982年《宪法》第19条规定:"国家推广全国通用的普通话。"2000年《国家通用语言文字法》确立了普通话的"国家通用语言"的法定地位。普通话作为中国法定的全国通用语言,它在全国范围内使用,包括民族自治地区和少数民族聚居的地区。

可见,普通话是在北方方言的基础上逐渐发展演变而来的,本身也是一种地域方言,并不是什么崭新的特殊的语言形式。从语言学的角度看,普通话不仅没有排斥其他地域方言的语言优势,在其发展过程中还要不停地从地域方言中吸收有用的成分来充实、丰富自己,使之变得更加完善,更加适应实际需要。如前所述,普通话作为通用语言,是权力介入后的地域方言,其地位等同于"中央方言"。其作为特殊方言,属于语言变体,与其他方言之间是兄弟关系,是一种并列的关系,而不是父子关系,也不

---

① 在清末民初(20世纪初)有三大语文运动,即提倡文字改革、创制拼音字母的汉语拼音运动(当时叫"切音字运动""简字运动");推广汉民族共同语的国语运动;提倡用能够表达公共口语的白话文取代文言文作为正式书面语言的白话文运动。这"三大运动"的发展,为20世纪50年代的汉语规范化运动、汉语拼音方案的研制和确立等创造了条件。

是一般和个别的关系。

但是普通话作为现代汉民族共同语,作为全国推广使用的通用语言,与地域方言相比,自有它的特殊性:一是普通话是在方言的基础上建立起来的,但又不同于方言,它要对基础方言的成分进行选择吸收,是经过规范的标准语,其作为共同语,是民族文化的重要载体,是官方、教学、媒体等的标准语;二是随着我国流动人口的增多,为了相互沟通,使用普通话人口越来越多,使用范围越来越广,普通话的影响也越来越大。而地域方言的使用则受到一定的限制,使用范围日渐缩小;三是普通话有统一的书面语,地域方言没有统一的书面语,只能采用共同语的书面语,必然要受到普通话的影响;四是普通话的使用是主流和主动的,普通话作为具有全民通用性和权威性的特殊方言,作为经过规范的标准语,对地域方言起着示范作用,地域方言的发展也逐渐向普通话集中靠拢。

而地域方言产生至今存在了这么多年,影响了一代又一代人,有其独有的存在价值。例如,地域方言本身属于地域文化,又是厚重地域文化的重要载体,是地域文化生存的根基,是地域文化产生发展的源泉,具有非常独特的人文价值;地域方言及以其为载体的各类特色艺术形式,是长时间的文化积淀,更是我国非物质文化遗产。实际上,只要是语言,就是文化的载体抑或文化本身,地域方言更是如此。与"中央方言"类型的通用语言——普通话相比,地域方言与地域文化的关系可以说是你中有我、我中有你,不可分离。因此,不同地域方言的价值都是独特的、相互之间也是不可取代的。我国文化之所以丰富多彩,一大原因就是以地域方言为载体的地域文化的丰富多彩,是多样的地域文化构成了中国文化,而不是依靠权力的通用语言——普通话构成了中国文化。可以说,没有地域方言,不仅没有通用语言——普通话本身,也没有现在的中国文化。换言之,我国文化的多样性首先由语言的多样性展现。这不仅需要通用语言,需要少数民族语言,更需要既非少数民族语言又非通用语言的地域方言,它们之间的共同存在、相互补充、互为发展构成了我国文化持久的多样性。

地域方言与普通话承担不同的社会功能,适用于不同场合。从普通话与地域方言的历史发展来看,普通话与地域方言互相影响,互相吸收。而作为普通话发展的源头活水,地域方言一直与普通话间有密切的互动关系，对于丰富普通话有着极为特殊的意义。但是，普通话作为权力介入后的"中央方言"，在推广的进程中，既带来了普通话与地域方言之间的借鉴和融合，也产生了普通话与地域方言之间的冲突。如果说普通话是权势的权力话语，地域方言就是弱者的心灵话语；如果说普通话是扩张的、外向的、处于中心的，地域方言无疑就是内心的、收敛的、处于边缘的。普通话天然的在无情地挤压、威胁方言以期维护自己的权威性与合法性。① 地域方言与普通话两者冲突如何协调还是基本处于比较模糊的状态；地域方言与普通话两者如何能长期共存，和谐发展，是一个难题。

（二）地域方言与普通话的现实纠缠

1. 推广普通话进程

从 20 世纪初开始，中国自觉地进入了语言一体化进程。语言一体化是指不同语言或不同方言或者不同层次方言的趋同、合一现象。我国语言一体化的主要表现是普通话为国家通用语言和在全国各地推广普及普通话。

（1）国语统一运动

我国近现代推广普通话进程如下：

1911 年，清政府通过《统一国语办法案》，开展审定国语标准等工作。

1913 年，北洋政府的读音统一会议定了汉字的国定读音（"老国音"）。

1919 年，又成立国语统一筹备会，出版了《国音字典》。

1923 年，国语统一筹备会决定以北京语音作为国音的标准（"新国音"）。

这个时期的制定标准并推广共同语的工作被称作"国语统一运动"。

国语统一运动时期，由于国语尚处于建立阶段，对地域方言实际上没有影响。

（2）普通话形成阶段

1949 年新中国成立后，推广共同语上升为一项重要的国策，由政府

---

① 参见敬文东《被委以重任的方言》，中国人民大学出版社 2003 年版，第 75 页。

组织大力推行。

1954年12月成立中国文字改革委员会，直属国务院。中国文字改革委员会执行文字改革的三大任务：简化和整理汉字，推广普通话，制定和推行汉语拼音方案。

1955年10月，教育部和中国文字改革委员会联合召开全国文字改革会议，会议通过了《汉字简化方案修正草案》，确定了普通话的民族标准语的地位。随后，中国科学院召开了现代汉语规范问题学术会议，会议对语言规范的含义、现代汉语规范化要解决的问题等取得了一致的认识。这两个会议为新中国全面开展语言文字规范化工作提供了思想上、理论上和学术上的准备。

1956年，国务院专门发布《关于推广普通话的指示》，同时还成立了中央和各地的推广普通话工作委员会。首次出现"以北京语音为标准音、以北方话为基础方言、以典范的现代白话文著作为语法规范的普通话"这个完全的表述。

1958年，周恩来总理作了《当前文字改革的任务》的报告。他在报告中指出，我国方言的分歧给我国人民的政治、经济文化生活都带来了不利的影响，因此，在我国汉族人民中努力推广以北京语言为标准音的普通话就是一项重要的政治任务。

（3）通用语言文字准备阶段

1982年，第五届全国人民代表大会第五次会议通过的《中华人民共和国宪法》写进了"国家推广全国通用的普通话"的条文。此后，多部法律、法规中出现关于语言的专项条款，如《民族区域自治法》（1984年通过）、《教育法》（1995年通过）、《义务教育法》（1986年通过）、《人民法院组织法》（1979年通过）、《刑事诉讼法》（1979年通过）、《民事诉讼法》（1991年通过）、《行政诉讼法》（1989年通过）、《居民身份证法》（2003年通过）等多部法律中均有关于语言使用的专项条款；① 有

---

① 例如，《教育法》第12条规定：汉语言文字为学校及其他教育机构的基本教学语言文字。学校及其他教育机构进行教学，应当推广使用全国通用的普通话和规范字。《义务教育法》第6条规定：学校应当推广使用全国通用的普通话。《民族区域自治法》第37条规定：招收少数民族学生为主的学校（班级）和其他教育机构，根据情况从小学低年级或者高年级起开设汉语文课程，推广全国通用的普通话和规范汉字。《民族区域自治法》第49条规定：少数民族干部在学习、使用本民族语言文字的同时也要学习全国通用的普通话和规范文字。

《地名管理条例》《扫除文盲工作条例》《幼儿园管理条例》《民族乡行政工作条例》《广播电视管理条例》《专利法实施细则》《文物保护法实施细则》等多部行政法规中有关于语言使用的专项规定；① 还有教育部的《普通话水平测试管理规定》《汉语作为外语教学能力认定办法》，国家工商总局的《广告语言文字管理暂行规定》《企业名称登记管理实施办法》，民政部的《地名管理条例实施细则》，国家广播电视总局的《播音员主持人持证上岗规定》等多部门规章中有专门关于语言使用的规定；以及国家和地方制定的其他规范性文件中有关于语言使用的规定。

1985年12月16日，为了加强新时期的语言文字工作，国务院决定将原中国文字改革委员会改名为国家语言文字工作委员会。国家语言文字工作委员会仍为国务院的直属机构。其主要职责是：贯彻执行国家关于语言文字工作的方针、政策和法令，促进语言文字的规范化、标准化，继续推动文字改革工作，并做好有关的社会服务工作。少数民族语言文字工作仍由国家民族事务委员会管理。1988年12月10日，李鹏总理主持召开国家机构编制委员会会议，审议并批准了《国家语言文字工作委员会"三定"方案》，明确了国家语言文字工作委员会是国务院主管全国语言文字工作的部门，其主要职能是：拟定语言文字工作的方针、政策，制定语言文字标准，发布语言文字管理办法，促进语言文字的规范化标准化。1994年2月14日，国务院批准国家语言文字工作委员会为国家教育委员会管理的国家局（副部级）。1998年机构改革，国家语言文字工作委员会并入教育部，对外保留国家语言文字工作委员会的牌子。主要职责是：拟定国家语言文字工作的方针、政策；编制语言文字工作中长期规划；制定汉语和少数民族语言文字的规范和标准并组织协调监督检查；指导推广普通话工作。②

---

① 例如，《扫除文盲工作条例》第6条规定："扫除文盲教学应当使用全国通用的普通话。"《幼儿园管理条例》第15条规定："幼儿园应当使用全国通用的普通话。"《民族乡行政工作条例》第14条规定："民族乡的中小学可以使用当地少数民族通用的语言文字教学，同时推广全国通用的普通话。"《广播电视管理条例》第36条规定："广播电台、电视台应当使用规范的语言文字。广播电台、电视台应当推广全国通用的普通话。"

② 参见《国家语言文字工作委员会历史沿革》，http://www.china-language.gov.cn/6/yuyanwei.htm。

(4) 通用语言文字确立阶段

2000年10月31日，第九届全国人大常委会第十八次会议审议通过《中华人民共和国国家通用语言文字法》，并于2001年1月1日起实施，这是我国第一部语言文字方面的专项法律，该法进一步明确"国家推广普通话"的政策和措施。此后，各地相继开始了关于通用语言文字方面的专项立法。直至2013年，全国已有17个省（自治区、直辖市）联合地方人大开展了《国家通用语言文字法》贯彻实施情况的执法检查。已有29个省（自治区、直辖市）制定了地方法规，2个省计划将地方规章上升为地方法规。

2012年12月，为了全面贯彻《国家通用语言文字法》，大力推广国家通用语言文字，规范使用国家通用语言文字，科学保护各民族语言文字，构建和谐语言生活，教育部、国家语言文字工作委员会印发《国家中长期语言文字事业改革和发展规划纲要（2012—2020年）》（以下简称《语言文字规划纲要》）。《语言文字规划纲要》提出了七项主要任务：大力推广和普及国家通用语言文字；推进语言文字规范化标准化信息化建设；加强语言文字社会应用监督检查和服务；提高国民语言文字应用能力；科学保护各民族语言文字；弘扬传播中华优秀文化；加强语言文字法制建设。2013年度，全国共30个省、自治区、直辖市印发了贯彻落实规划纲要实施方案；23个省、自治区、直辖市开展了贯彻落实规划纲要的培训活动。①

与此同时，各地还设有语言文字工作常设机构。2013年度，全国31个省、自治区、直辖市和新疆生产建设兵团均设有省级语言文字工作常设机构。其中，独立设置行政机构的18个，行政机构合署办公的13个，事业性机构1个；共有专职人员176人，兼职人员22人。全国地市级语言文字工作常设机构446个，专职人员360人，兼职人员561人。其中，省会、自治区首府、计划单列市的语言文字工作常设机构31个，行政独立设置的13个，行政合署办公的16个，事业独立的1个，事业兼管的1个；共有专职人员47人，兼职人员39人。②

---

① 参见《2013年度语言文字工作基本情况统计》，http://www.moe.edu.cn/publicfiles/business/htmlfiles/moe/s8477/201501/182696.html。

② 同上。

2. 推广普通话对地域方言的影响

地域方言千百年来生生不息，其价值与功能不可否认。但是在现代社会，人们之间交往越来越多、越来越广，由于方言与生俱来的不便于交流等缺陷，方言的局限性也日益明显。20世纪50年代初，全国各地人民会讲普通话的不多，需要普及推广普通话，来增进各地人员交流。自1955年我国推广普通话以来，普通话的主流地位日益加强，方言的地位日益式微，地域方言的生存和发展不容乐观，主要表现在以下方面：

第一，地域方言使用空间逐渐压缩。推广普通话在学校教育、公众媒体等各社会领域的使用，或多或少会限制压缩其他语言的使用，方言的使用空间就会减少。例如，推广普通话后，公众媒体方面，除了少数本地方言栏目，电台，广播，电视都是普通话一统天下。又如，学校教育方面，除了个别地方将本地方言作为选修课程进入小学阶段之外，很多地域方言未得到系统的教育传承，有的学校甚至禁止学生在学校讲地方话。

第二，人们在心理上认同普通话为权威语码，而地域方言是弱势语码。由于学习、工作、生活等处处都需要普通话，加之"说普通话，做文明人"之类的标语给人暗示：方言是粗俗的、不文明的；普通话才是文明的、高雅的。这些推广方式有侵犯说地域方言的公民的人格尊严之嫌，在这样的一种氛围里，说地域方言的公民会感受到强大的压力，从而被迫选择学习或说普通话，最终不可避免地导致其学习、使用语言的选择权事实上被侵犯。久而久之，随着普通话的推广，普通话的权威语言地位也被不断强调和提升。人们会在心理上认同普通话为权威语码，而地域方言是弱势语码。因而造成有人认为普通话与地域方言间存在等级差异，如普及普通话在上海日益成为高层语体而上海话日益成为低层语体。[①] 甚至有人认为地域方言与普通话是绝对对立的，汉语规范化就是要用普通话，应该只说普通话而不说地域方言，更有甚者提出消灭地域方言的口号。

第三，会说方言的年轻人越来越少。2012年《中国青年报》社会调查中心通过民意中国网和新浪网，对1045人进行的一项在线调查显示，

---

① 游汝杰：《方言和普通话的社会功能与和谐发展》，《修辞学习》2006年第6期。

95.9%的受访者确认身边存在怯于说方言的年轻人，37.1%的人表示身边能说纯正方言的年轻人已经不多。受访者中，"80后"占41.1%，"70后"占40.1%。39.0%的受访者经常使用方言交流，47.0%的人有时使用，3.8%的人很少使用，8.2%的人从不使用，还有2%的受访者表示自己不会说方言。一般来说，在县城，老年人多说当地方言，中青年方言和普通话并用，少年儿童无论在学校还是在家里一般都说普通话；在社会上，政治、文化、商贸等场合已经通用普通话。① 我们也可以观察到，出生在外来人口越来越多的中大城市的小孩，生活和学习中他们一般只会讲普通话，他们既不会说父母出生地的方言，也不会说自己出生地方言。

"普通话饱具权力、权势色彩的可通行、可公度的话语流，类似于美国的赫伯特·马尔库塞所谓'全面管理的语言'。它既有滔滔不绝的语势——以保证自己理由在握，道理在手；也具有高度的挤压力——对其他话语方式将形成极大的威慑，以期保证自己的无限权威性。"② 因推广普通话，加之经济全球化、互联网等的冲击，地域方言使用空间逐渐压缩，普通话的权威语的地位被不断强调和提升，以至于有学者认为，语言多样性的快速丧失，已经严重危及人类文化多样性和社会的可持续发展。③ 前文所述的地域方言的分化问题都与推广普通话有着剪不断理还乱的联系。当前，我国一方面在积极地保护地方方言，另一方面却又对方言制定了一些不恰当的限制规定。这种矛盾的根源在于：一些人认为地方方言与普通话之间是一种竞争关系，推广普通话就得限制方言的使用和传播。但是在通常情况下，多种语言之间并不必然存在相互替代的竞争关系，它们可以共同存在甚至相互促进。地域方言因其独有的文化价值，还会保持其独立性，并且一般人掌握几种语言是没问题的。从这个意义上看，地域方言作为一种文化现象，随着普通话的进一步推广，地域方言在今后的作用和使用范围会受到一些限制，但还会存在相当长的时间，或许会同共同语永远共存下去。

---

① 参见向楠、邢赫男《调查称会说方言年轻人越来越少　学者吁保护方言》，载《中国青年报》2012年3月22日。
② 敬文东：《被委以重任的方言》，中国人民大学出版社2003年版，第73页。
③ 参见范俊军《少数民族语言危机与语言人权问题》，《贵州民族研究》2006年第2期。

四 地域方言权与推广普通话的正确"姿势"

(一) 地域方言法律地位分析

如前文所述，在推广普通话进程中引发了关于地域方言的价值、使用、发展等针锋相对的观点。我们认为，世界是多彩的，语言是多元的，无论是语言上的多数人还是语言上的少数人都享有使用自己的语言的权利。[①] 为保障语言权利，保护文化的多样性，就必须正确地对待方言，合理地利用方言，健康地发展方言。而其中一个非常重要的路径就是明确方言的法律地位，依法来规范方言的发展。目前，我国关于语言的法律规定，除了宪法文本，主要集中在《民族区域自治法》以及《国家通用语言文字法》等法律规范中。我国现行《宪法》规定了普通话、民族的语言两个概念，但未涉及"地域方言"或"方言"的概念（尽管地域方言的存在是事实）；仅有几个条文涉及了语言权，但并没有把"语言权利"上升为公民基本权利，仅在总纲部分规定了"普通话条款"，即第19条第5款。[②] 这些规定对理解地域方言的法律地位有着重要的作用。而2001年1月1日起实施的我国第一部语言文字方面的专项法律《国家通用语言文字法》，标志着我国语言文字规范化、标准化的工作开始走上法制轨道，进入一个新的发展时期。该法有条文涉及方言，对理解方言的法律地位有着举足轻重的作用。我们主要分析现行宪法和《国家通用语言文字法》以及其他几个重要规范性文件关于普通话和方言的相关规定来分析我国地域方言的法律地位，以确定推广普通话的正确"姿势"。

1. 我国宪法文本中普通话条款的规范分析

宪法是国家的根本大法。法律、法规、规章等规范性文件作为下位法，其规范内容实质上是宪法原则和精神的展开，没有也不应该超出宪法规定的范围。尽管我国宪法中没有涉及地域方言的规定，但是要了解并理解我国地域方言法律地位，必须了解普通话的法律地位，正确理解宪法中

[①] 联合国《公民权利和政治权利国际公约》第二十七条。
[②] 张慰：《宪法中语言问题的规范内涵——兼论中国宪法第19条第5款的解释方案》，《华东政法大学学报》2013年第6期。

"国家推广全国通用的普通话"条款的含义。

《宪法》第19条第5款规定：国家推广全国通用的普通话。这一条款措辞高度概括、简练，但在理解上容易产生歧义：何谓"推广"？采取什么方式"推广"？"全国通用"如何理解？等等。为保证宪法在实践中得以正确的实施，并维护其在法律规范层级中最高地位，须先对宪法条款的内涵加以确定，建立价值秩序。但有权解释宪法的全国人民代表大会常务委员会迄今尚未对该条款做出解释。

我们认为从文义解释的角度，对该条款语句应作如下理解：

推广普通话的主体是国家。这里的"国家"并不等同于我们通常所说的作为抽象政治实体存在的"国家"。在宪法条文（特别是总纲的有关规定）中所使用的"国家"，往往指称的是国家机关。国家在条文中应有的权利义务，由国家机关加以落实和承担。这与现代宪法通过规制公权力来保障公民权利的目的不谋而合。尽管宪法条文明确规定推广普通话的主体是国家，但是普通话的推广是一个系统工程，需要多方的参与，因此公民和社会组织也应该配合推广普通话。①

"推广"是语句中的谓语。按照现代汉语词典的解释，"推广"意为"扩大事物使用的范围或起作用的范围"，现行宪法使用的"推广"二字，这是比较准确的。② 从语义上说，"推广"普通话，并不意味着伴有禁止，并不排斥其他语言的使用。③ 同时，将"推广"一词放在整个条文中综合考察，从体系解释的角度看，这里的"推广"也应解释为指导性和鼓励性的方式。④ 也不排斥其他语言的使用。

---

① 张震：《"方言学校"评析——以我国宪法文本中普通话条款的规范分析为路径》，《山东社会科学》2007年第5期。

② 常与推广进行比较的词语有"推行""提倡"和"保护"。推广与推行不一样，"推行"意为"普遍实行"。相较而言，从语言色彩的角度来说，推行具有更大的强制性和排斥性，表达一种行政指令般的强势态度；而"推广"则相对柔和，更多是一种渐进、缓和的方式。推广与提倡也不一样，提倡主要强调的是一种鼓励，不带有强制性，其效果与推广使用是大相径庭的。推广更多的具有国家主动的色彩。推广与保护也不一样，保护适合针对弱势语言，非主流语言。在我国，普通话自20世纪50年代开始就是主流语言、强势语言。

③ 张慰：《宪法中语言问题的规范内涵——兼论中国宪法第19条第5款的解释方案》，《华东政法大学学报》2013年第6期。

④ 该款规定位于《宪法》第19条，该条第3款规定国家"鼓励自学成才"，第4款规定国家"鼓励集体经济组织、国家企业事业组织和其他社会力量依照法律规定举办各种教育事业"，均为指导性和鼓励性的表达。

而"普通话"则是语句中的宾语,是"推广"的客体,"全国通用的"是其定语,表示使用范围上量的规定性。从规范化的角度来看,普通话就是标准语。它以北京语音为标准音,以北方话为基础方言,以典范的现代白话文著作为语法规范。普通话本为汉民族共同语,处于政策考量,政府将其上升为"全国通用的"语言,这就使得"普通话"在意义上与方言和各民族自身的语言相对。

另外,由于宪法规范所调整的关系是宪法主体之间的关系,即政府和公民之间的关系。"国家推广全国通用的普通话"这一条款,在语义上所缺乏的推广对象,便是中国公民。

通过以上规范的宪法解释,对"国家推广全国通用的普通话"的内涵可作如下理解:

一是,我国各民族语言一律平等,即我国宪法保障各民族的语言权(群体语言权)。

二是,我国宪法尊重和保护公民个体的语言权。宪法中的普通话条款属于政策性条款,政府对于公民使用普通话持着鼓励性态度,其目的在于国家通过采取鼓励的手段,以达到推广普通话,便利经济、文化发展及人们相互之间交流的目标。对普通话以外的少数民族语言和汉民族方言等其他非标准语并不排斥。国家立法也不干涉私领域公民语言文字方面的自由权。[①] 可见,宪法上的规定为方言的使用留有空间。但颇为遗憾的是,我国相关立法中尚缺乏"禁止歧视方言"以及政府及相关公共部门负有为不懂普通话的公民提供帮助的义务等条款。

三是,学习及使用普通话是公民的一项权利而非义务。作为权利,权利人可以放弃,法律设定该权利的目的主要在于课以政府为公民学习、使用普通话提供便利条件的义务。[②]

另外,现行宪法中,除了第19条第5款规定的"推广普通话条款",还分别在第4条第4款、第121条、第139条特别规定了民族语言自由以及各民族语言在诉讼、公务领域作为地域性通用语言而加以使用的内容,

---

① 例如,在民族自治地方国家对语言文字作出专门规定的领域都是诉讼、行政、教育等公领域,对于私领域国家并未加以规定。这点从《国家通用语言文字法》中也可以看出。

② 高军、杜学文:《"语同音"与人权保障——对宪法"国家推广全国通用的普通话"条款的法理思考》,《延边大学学报》(社会科学版)2009年第6期。

其实质在于反对语言歧视与语言同化。反之，方言保护则缺乏明确的宪法依据，只能从《宪法》第 22 条规定的发展文化事业的国家任务条款，以及第 47 条规定的文化权利与自由中予以推定。①

2.《国家通用语言文字法》中关于使用方言情形的规定

《国家通用语言文字法》进一步明确"国家推广普通话"的政策和措施，确立了普通话的通用语言地位，但作为我国语言文字政策的最高体现和执行标准的《国家语言文字法》，没有任何关于方言保护的条款，也没有任何承认方言具有保护地位的条款，并没有确立地方方言权利。② 该法仅对使用方言的情形作了规定。

首先，《国家通用语言文字法》进一步明确"国家推广普通话"的政策和措施。

《国家通用语言文字法》是中国第一部语言文字方面的专门法，第一次以法律形式确立了普通话和规范汉字作为国家通用语言文字的法律地位，并具体采用"隔离空间"或"定位主体"的确立方式。③ 该法进一步明确"国家推广普通话"的政策和措施，规定：国家通用语言是普通话。国家推广普通话。公民有学习和使用国家通用语言的权利。国家为公民学习和使用国家通用语言提供条件。地方各级人民政府及其有关部门应当采取措施，推广普通话。国家颁布国家通用语言的规范和标准，管理国家通用语言的社会应用，支持国家通用语言的教学和科学研究，促进国家通用语言的规范、丰富和发展。各民族都有使用和发展自己的语言的自由。④ 这些规定明确了通用语言的法律地位，公民的语言权利和义务，国家的义务与职责。该法还规定了国家通用语言的使用：国家机关以普通话

---

① 庄汉：《论汉语方言的行政法保护》，《行政法学研究》2018 年第 1 期。
② 也有学者认为，我国《宪法》和《国家通用语言文字法》承认地方方言权，我国《宪法》第 4 条规定："各民族都有使用和发展自己的语言文字的自由。"该条明确规定了语言自由，地方方言是语言的子语言，比如，在汉语之下又有闽南语、粤语等地方方言，因此，地方方言权应属语言权的子权利，是宪法所承认的权利，具体包括地方方言的自由使用权和发展权。我国《国家通用语言文字法》第 16 条规定了四种可以使用方言的情形，该条以正面清单的形式规定了方言使用权的具体内容。所以根据我国宪法法律的规定，方言权是法定权利，同时也是宪法权利。除了法律明确禁止的情形以外，任何人都有自由使用其方言的权利。参见杨清望、代秦《论地方方言保护的法理、困境与方法》，载《邵阳学院学报》（社会科学版）2017 年第 4 期。
③ 详细解读请见本书第四章；另参见耿焰《地域方言权：从习惯权利到宪法权利》，载《政法论坛》2017 年第 1 期。
④ 《国家通用语言文字法》第 2、3、4、6、8 条。

为公务用语，法律另有规定的除外；学校及其他教育机构以普通话为基本的教育教学用语用字，法律另有规定的除外；学校及其他教育机构通过汉语文课程教授普通话；广播电台、电视台以普通话为基本的播音用语；提倡公共服务行业以普通话为服务用语。① 这些规定涉及国家机关领域、教育领域、媒体领域、服务领域的语言使用。可见，这些领域无一不是公共领域。在私领域国家并不介入，甚至在公共服务行业，都只是"提倡公共服务行业以普通话为服务用语"。而在其他的基本法律中，如《选举法》《人大组织法》等，还有一些法规中，如《居民身份证条例》中，对于语言文字的规定也都是在相应的公领域。因此，国家推广普通话仅仅是在公共领域中，国家保障在私领域里公民个人的语言文字自由。

其次，《国家通用语言文字法》规定有使用方言的情形。

汉语中最小的语言单位就是地域方言。地域方言是客观存在的，有其自身的使用价值。普通话和方言的关系是相互补充的关系。普通话是国家通用语言，来源于特定地域方言，其词汇还在不断地靠各种地域方言来丰富。普通话在全国范围内通行；方言是汉语的地域分支，在特定地区内通行。国家推广普通话是为了充分发挥普通话在社会语言生活中的全局性作用，消除方言隔阂，以利于社会公共交际和事业发展。但消除方言隔阂不等于消除方言，方言将在一定领域和特定地区内长期存在。因此，国家机关、新闻媒体、文学艺术、教学研究在以普通话为基本用语的情况下，也有一些特殊情况需要使用方言。《国家通用语言文字法》仅有的一个涉及方言的条文就是对使用方言情形的规定，即《国家通用语言文字法》第16条。根据该条的规定，在以下四种情形时可以使用方言：

一是国家机关的工作人员执行公务时根据需要使用的。如公安部门为了侦破案件的需要，在排查或者卧底时需要使用方言。地方法庭在农村审理诉讼时，由于原告、被告都是当地人，其方言不影响且有利于审理效果。不过，由于很多情况下公务员执法不用方言根本就无法与行政相对人做畅通的交流，即便没有法律的授权，公务员也不得不用方言，地域方言权作为一种事实性的习惯权利，在法律中在规定此情形下可以有这种权利

---

① 参见《国家通用语言文字法》第9、10、12、13条。这些条文中的法律另有规定的除外，主要是指《民族区域自治法》等相关法律，规定民族自治地方的自治机关保障本地方各民族都有使用和发展自己的语言的自由。保障少数民族使用发展本民族语言。

就显得有些矫情。①

二是经国务院广播电视部门或省级广播电视部门批准的播音用语。媒体和信息技术的迅速发展极大地扩展了语言的使用范围，国家通用语言作为基本播音用语可以克服多语言多方言的地域局限。与此同时，在现代社会，大众传媒对多元文化的传承负有重要的责任。而以地方话为载体的文化艺术类节目则是方言的优势领域。但广播电台、电视台开播方言节目，以及其播音、主持播音用语均须经过相关部门的批准。

三是戏曲、影视等艺术形式中需要使用的。由于方言特殊的文化价值和自身的使用价值，需加强以方言为载体的地方戏剧、曲艺事业的建设，加大投入和扶持力度；大力开展关于方言剧种的群众文化活动，建设相关基地，扶持相关群众性社团。所以在戏曲、影视等艺术形式中需要使用方言，探索将方言作为非物质文化遗产加以保护和利用的有效途径，这也是法律在戏曲、影视文化领域对方言给予了特别关注。

四是出版、教学、研究中确需使用的。同戏曲、影视等艺术形式中需要使用方言一样，出版、教学、研究中使用方言，也是由于方言特殊的文化价值和自身的使用价值，探索将方言作为非物质文化遗产加以保护和利用的有效途径，法律在出版、教学、研究领域对方言给予特别关注。例如在教育上，一方面，开展地方乡土文化教育，在基础教育阶段和高等教育阶段开设相关的拓展型课程，向学生讲授地方人文习俗和方言知识。另一方面，重视加强方言研究，加大对各高校和有关科研机构方言专业建设的支持和投入力度，鼓励高校和有关科研机构开展有关方言课题的研究。

但是，无论是"隔离空间"还是"定位主体"的方法，都无法实际撼动地域方言在特定地域作为交流语言或至少作为交流语言之一的事实：人们不仅在私人场合实际享有以地域方言为内容的语言权利，在特定地域内的公共场合，地域方言也作为实际被选择使用的语言之一。虽然《国家通用语言文字法》没有确立地域方言权，但是地域方言权是一种事实性的权利，一种习惯权利。因此，为了保护地方方言的权利事实，作为习惯权利的地域方言权应当向法律权利转换。②

---

① 详细解读请见本书第四章；另参见耿焰《地域方言权：从习惯权利到宪法权利》，载《政法论坛》2017年第1期。

② 耿焰：《地域方言权：从习惯权利到宪法权利》，《政法论坛》2017年第1期。

3. 其他规范性文件中关于使用方言情形的规定

在法规、规章和其他规范性文件中，也有关于地域方言的规定。尤其是《国家通用语言文字法》实施后，各地根据《宪法》《国家通用语言文字法》等有关法律的规定，结合地方实际，制定了相应的实施办法。各地实施办法中，关于方言的立法规定，基本上承袭了《国家通用语言文字法》的模式。用肯定的方式列举了应当以国家通用语言为基本的用语的情形，同时用肯定的方式列举了可以使用方言的情形。但列举情形时，出现扩张和限制《国家通用语言文字法》的规定的两种表述。一是对使用方言主体作了扩张。例如，《国家通用语言文字法》规定，国家机关的工作人员执行公务时确需使用方言的，可以使用方言。有的地方规定中表述为：国家机关和具有管理公共事务职能的事业单位工作人员执行公务时，根据沟通和交流的需要可以使用方言。① 国家机关及其他具有公共管理职能的组织的工作人员执行公务时需要使用方言的。② 二是增加了方言的限制使用规定。例如，有的地方规定：广播电视播音确需使用方言的，应当报经国家或者省广播电视行政管理部门依法批准，并在规定时间内播放；电视中播放的，应当加配规范汉字字幕。③ 广播电视教育节目和面向少年儿童的节目必须全部使用普通话播音。广播电视记者、播音员或节目主持人在采访活动中，应使用普通话，被采访者不能使用普通话的，电视台在播出其方言时，必须配以相应的字幕。④ 另外，有的地方的实施办法中关于方言只字未提，未做具体规范。⑤

4. 地域方言与少数民族语言的法律地位的比较

《宪法》关于语言权保护的内容除了规定推广全国通用的普通话，还对民族语言权利作出了规定。《宪法》明确规定，各民族有使用和发展语

---

① 2007 年贵州省人民代表大会常务委员会公布的《贵州省国家通用语言文字条例》第 9 条。
② 2014 年河南省政府公布的《河南省实施〈中华人民共和国国家通用语言文字法〉办法》第 10 条。
③ 2006 年浙江省政府公布的《浙江省实施〈中华人民共和国国家通用语言文字法〉办法》第 12 条。
④ 2001 年汕头市人民代表大会常务委员会公布的《汕头市人民代表大会常务委员会关于推广和使用普通话的决定》。
⑤ 2004 年山东省人民代表大会常务委员会公布的《山东省实施〈中华人民共和国国家通用语言文字法〉办法》。

言文字的自由。民族自治地方的自治机关在执行职务的时候，依规定使用当地通用的一种或者几种语言文字。各民族公民都有用本民族语言文字进行诉讼的权利。① 但《宪法》中并没有直接针对地域方言的规定。

《民族区域自治法》依据《宪法》，做出规定：民族自治地方的自治机关保障本地方各民族都有使用和发展自己的语言的自由。保障少数民族使用发展本民族语言。例如，《民族区域自治法》规定，招收少数民族学生为主的学校（班级）和其他教育机构，有条件的应当采用少数民族文字的课本，并用少数民族语言讲课；根据情况从小学低年级或者高年级起开设汉语文课程，推广全国通用的普通话和规范汉字。② 可见，法律肯定了民族地区学校教育的双语教育。语言作为现代教育的重要工具，国家通用语言在教授现代科技文化知识方面具有明显的优势，而民族语言在传承母语及其传统文化方面具有不可替代的作用。

又如，从三大诉讼法的规定来看，也只规定了保障少数民族使用和发展本民族语言，对地域方言并未涉及。③ 最高人民法院 2005 年 11 月 4 日发布试行、2010 年 12 月 6 日修订后发布正式施行的《法官行为规范》第 32 条规定，诉讼一方只能讲方言的，应当准许；他方表示不通晓的，可以由懂方言的人用普通话进行复述，复述应当准确无误；使用少数民族语言陈述，他方表示不通晓的，应当为其配备翻译。可见，具体事务中对当

---

① 《宪法》第 4 条第 4 款规定：各民族都有使用和发展自己的语言文字的自由。《宪法》第 35 条规定：中华人民共和国公民有言论、出版、集会、结社、游行、示威的自由。《宪法》第 121 条规定：民族自治地方的自治机关在执行职务的时候，依照本民族自治地方自治条例的规定，使用当地通用的一种或者几种语言文字。《宪法》第 139 条规定：各民族公民都有用本民族语言文字进行诉讼的权利。人民法院和人民检察院对于不通晓当地通用的语言文字的诉讼参与人，应当为他们翻译。在少数民族聚居或者多民族共同居住的地区，应当用当地通用的语言进行审理；起诉书、判决书、布告和其他文书应当根据实际需要使用当地通用的一种或者几种文字。
② 参见《民族区域自治法》第 37 条。
③ 《民事诉讼法》第 11 条规定，各民族公民都有用本民族语言、文字进行民事诉讼的权利。在少数民族聚居或多民族共同居住的地区，人民法院应当用当地民族通用的语言、文字进行审理和发布法律文书。人民法院应当对不通晓当地民族通用的语言、文字的诉讼参与人提供翻译。《刑事诉讼法》第 9 条规定，各民族公民都有用本民族语言文字进行诉讼的权利。人民法院、人民检察院和公安机关对于不通晓当地通用的语言文字的诉讼参与人，应当为他们翻译。在少数民族聚居或者多民族杂居的地区，应当用当地通用的语言进行审讯，用当地通用的文字发布判决书、布告和其他文件。《行政诉讼法》第 9 条规定，各民族公民都有用本民族语言、文字进行行政诉讼的权利。在少数民族聚居或者多民族共同居住的地区，人民法院应当用当地民族通用的语言、文字进行审理和发布法律文书。人民法院应当对不通晓当地民族通用的语言、文字的诉讼参与人提供翻译。

事人使用方言或者少数民族语言做出的处理方式和力度也是不一样的。

显而易见，目前，我国少数民族语言的法律地位与地域方言的法律地位不一样。与立法和实践中对少数民族语言实质性保护相比，我国对地域方言重视和保护显得相形见绌。不仅相关的立法条款缺位，即使《国家通用语言文字法》第16条中规定了有关方言的条款，也只是规定了可以使用方言的四种例外的情形，而未从方言保护的角度进行规范，与对少数民族语言通过《宪法》《民族区域自治法》等法律相关条款明文予以正面保护相比，不可同日而语。

（二）推广普通话的"姿势"

对地域方言保护的最直接途径在于从法律上确立地域方言权。但是相较于"中央方言"普通话与少数民族语言，我国方言保护存在宪法依据不明确、相关法律制度不健全的问题。地域方言法律地位不明确，加之我国当前的语言文字立法，重心在于推广普通话，为维护普通话的官方语言地位而过度限制方言的使用，导致普通话推广过程中行政管制色彩过强。有关机关在推广通用语的过程中，存在不当限制或者禁止地方方言使用的规定或行为，如前所列举的限制地方方言使用和传播的实例。而根据目的解释之法理，《宪法》等相关规定的目的只是推广普通话，让更多公民通过掌握普通话这一工具，普及教育，进而促进我国科技文化的发展，并没有限制地方方言使用和传播。而各地关于推广普通话的规定，部分法规、规章却存在对相关上位法进行不当扩张解释的现象。例如，我国《通用语言文字法》和《教育法》只是规定了学校及其教育机构在进行"教学"的时候应当推广普通话，但是2011年广东省颁布的《广东省国家通用语言文字规定》将推广普通话的情形从"教学"扩展到"教学、会议、宣传和其他集体活动中"。① 这种地方立法对推广普通话的范围进行了扩张，相应地，地域方言的原有领域就遭受了权力的强行介入。

如前所列举的方言保护的实例，我国方言保护主要靠政策推动，且方言保护面临着保护力量严重不足的问题，来自政府方面的财政投入和支持力度明显不够。虽然2008年国家语委启动了中国语言资源有声数据库录

---

① 《广东省国家通用语言文字法规定》第10条：学校及其他教育机构在教学、会议、宣传和其他集体活动中应当以普通话和规范汉字为基本用语用字。

制，在不少地方也开展了语料库的建设，但这种单一、脆弱的保护只是一种记录性的治标式保护，没有作为语言主体的人的积极参与和活用，其记录的方言将会成为僵死的"语言标本"，更解决不了如何使地域方言"存活"下去这一关键问题，不足以保持方言的持续发展，因而并不能有效维护我国语言的多样性。

可见，我国地域方言在法律和政策的限制与保护的困境中艰难并顽强地存续与发展着。而方言只有在使用中才得以存续和保护，故有必要为方言的使用预留合理的空间：在社会公共交际领域使用普通话，维护普通话的"中央方言"地位；在其他交际场合，则应允许使用地域方言。这样既体现了国家语言政策的全面性和完整性，也坚持了语言主体性和多样性的辩证统一原则。具体而言，为有利于国家通用语言文字的推广使用，应该把握以下三个方面的问题：第一，《国家通用语言文字法》主要是规定在国家层面使用普通话，普通话与地域方言实际上是一种互补而非对立的关系，是一种国家语言统一规范和地方语言多样化的有序语言状况。第二，国家通用语言主要用于行政、教育、媒体等官方场合，而地域方言更多的是在一些非官方场合使用，二者之间是不可替代的互补关系。第三，国家通用语言和地域方言都有规定的社会领域，其含义和侧重也是有所不同的。因此在全国推广国家通用语言和使用发展地域方言在政策上和法律上并没有冲突。

由此可见，推广通用语言普通话并不意味着将其与非少数人语言的地域方言对立。通用语言、少数人语言和其他地域方言都有各自的领域，法律为保证通用语言的绝对优势地位，为其划定了特定领域，但同时也为少数人语言以及非少数人语言的地域方言预留了领域。而在法律划定的区域之外，如播音、学校外，语言的选择是个人自主的范围，地域方言没有任何理由不可以作为个人的选择之一。现实中，在《国家通用语言文字法》规定必须使用通用语言场合和情形外，特定地域的人们实际上更多的是用地域方言来做交流工具。语言就是约定俗成的，往往不是法律规定的，法律也无法约束普通个体在私人场合语言的选择，倘若这样的私人场合与公共场合交织，那么语言选择仍然是个人的事，而个人往往选择最为熟悉的语言，特定地域实际交流工具的语言自然就成为首选。因此，《国家通用语言文字法》才规定公务需要时可用方言，这只不过是面对现实、承认现实中的语言选择罢了，因为不让用地域方言,很可能公务活动都无法进行。

更重要的是,地域方言对通用语言的绝对优势地位构不成挑战,这不仅是因为法律、政策的充分的偏向和保障,更重要的是在于语言本身,地域方言是历史性沉淀下来的语言,虽然与现代生活不排斥,但是其与现代性的结合在许多方面不及通用语言,典型地体现在通用语言在科技领域的垄断地位。可以说,越到现代社会,通用语言越有优势。在此情形下,还需要用完全排斥、完全隔绝地域方言的模式来"推广"普通话吗?

语言是"桥"而不是"墙",任何地域方言都不应该被看成一种语言"问题",而应被视为一种语言"资源"和中华民族极其珍贵的财富。因此,我们应该重新探讨推广普通话与方言保护的关系。对地方方言的最佳保护方式,就是让其继续"存活"下去。由于语言使用者是语言最重要的"宿主",因此,承认语言平等和语言多样性,加强对说话者语言权的保护是关键所在。[1] 尤其是行政权在推广普通话的过程中应遵循职权法定原则,恪守公权力的边界,为方言的使用保留合理空间。语言立法规范的重点在于语言平等问题,在平等权意义上,汉语方言相对于作为汉民族共同语的普通话,居于少数语言和弱势语言的地位,应当受到法律的特别保障。[2] 从国家层面来讲,国家可以因为政治、经济的目的推广某种或者某几种语言,但是不能人为地禁止个体对于他自由选择的语言的学习、使用和传播。而且,私主体之间应当相互尊重,不侵犯他人自由使用某种语言的权利。而维护地方方言的生存和发展,关键在于增加语言使用者与地方方言的接触途径。保护地方方言主要有两种方式:一是采用科学技术将方言固定下来,将其当作文物收藏起来;二是让地方方言继续被人们使用和传播,让其继续成为地方文化的活化石。由于第一种方式的保护,对维护我国语言多样性并没有促进作用,因此,第二种保护方式才是实现语言保护和持续发展的有效途径。如上所述,为了要让地方方言持续发展,保护语言的生态环境至关重要。在推广通用语的同时,也应当在公共生活领域给地方方言提供合适的传播渠道。倘若是因为语言使用群体与地方方言接触的渠道被切断,那么国家应当适当地采取双语教育,或者在电视广播等

---

[1] 杨清望、代秦:《论地方方言保护的法理、困境与方法》,《邵阳学院学报》(社会科学版)2017年第4期。

[2] 庄汉:《论汉语方言的行政法保护》,《行政法学研究》2018年第1期。

平台上设立方言频道，建立方言网络社区等措施，让地方方言继续"活"下去，以维护我国的语言多样性。

所以，为了保护地方方言的存续和发展，维护语言的多样性及其生态平衡，必须回到地域方言权的语言平等和文化形式自由这个本质，从个体语言权和群体语言权两个方面进行一体化保护。① 地域方言权意味着，保留个体的语言选择权，哪怕他们选择的是地域方言，也丝毫不影响通用语言的绝对优势地位和未来的前景。这也许才是"推广"普通话的正确"姿势"。

五　地域方言权与中国道路自我表达的话语困境

（一）中国道路自我表达的原创语言缺失

近四十年来中国以独特的方式实现了大国的崛起，在制度安排、社会结构和发展路径等方面很大程度上溢出甚至颠覆了基于西方历史经验所得出的以往被认为放之四海而皆准的结论。中国的这种发展模式被称为"中国特色社会主义道路"，也被称为"中国道路"。如有学者认为，"理论上的中国道路是对我国现阶段纲领的概括，具体指的是以中国特色社会主义制度为保障，以中国特色社会主义理论体系为行动指南，并以中国传统文化为精神积淀的道路"。② 可见，中国道路是一种抽象概念，是指中国这一大国在国内与国际上的存在方式与发展方向，是一种综合性的探索与选择，更多地体现一种价值观念和与之相匹配的实践。目前学术界对中国道路的基本框架有了相当的认识，认为中国道路既包含经济上的目标又包含政治上的要求，以及文化上的坚守等。③ 但是，对中国道路内容上的

---

① 杨清望、代秦：《论地方方言保护的法理、困境与方法》，《邵阳学院学报》（社会科学版）2017年第4期。

② 李健：《"中国道路"的全面内涵及其经验总结》，《社会主义研究》2015年第1期。

③ 有学者总结到中国道路在经济上的目标包括：建立"五年规划"目标，实现社会主义现代化，坚持解放和发展社会生产力，坚持推进改革开放，坚持走共同富裕道路等；在政治上的要求包括"一个中心、两个基本点"的基本路线，坚持党的领导，拥护中国的根本政治制度与基本政治制度，以人民幸福、民族复兴等宣言为使命等；在文化上的坚守包括：增强文化软实力，坚持走以建设社会主义文化强国为目标的文化发展道路等。另外，中国道路还表现为社会主义市场经济、民主政治、先进文化、和谐社会和生态文明这五大建设途径。参见陈晋《关于中国道路的几个认识》，载《党的文献》2013年第2期。

阐释却乏善可陈。

在当今世界上，支撑整个秩序的思想和文化都是西方的，所用的语言也是体现西方文化的语言，借以表达了西方价值观的范式和框架。而中国道路的自我表达，要求尊重中国自身的事实、需求和特点，从学理上发现并阐述"真实的中国"，锻造尊重本土成功经验的理论模型。因此，西方语言对中国经验与现实的解释效能愈见式微。可以说，虽然经济总量上中国是大国，但在秩序中鲜有与经济地位相匹配的思想、文化上的话语权，这实际上使得中国道路自我表达陷入一个困境。此外，由于种种因素，"思想的推动力和文明内在的原创精神，实际上均有所削弱，封杀既多，愈感压抑，致使汉语思想和中国文明的供给能否支撑起大国成长的步伐……已经表现出吃紧的一面"。① 其中，表达语言的缺失是重要因素之一。

中国道路自我表达的语言沿用了西方语言，原创语言缺失。目前，"中国道路"没有中国自己原创的语言来表达。体现在：中国道路自我表达的关键词源自西方语言。构成中国道路自我表达的关键词不少，人民、公民、民族、民主、法治、治理等都可以作为其中的关键词，据统计发现，3万多字的党的十九大报告中，"人民"二字出现超过200次。② 但令人遗憾的是，这些关键词无一不是出自西方的原创。目前，在治理国家的政治架构和社会结构中，西方无疑占据了强势地位，此时的西方不是地理意义上的，而是借用伯尔曼的话，是文化意义上的西方，指承继古希腊、古罗马文明的国家。③ 从这个角度看，西方探索源自自身生活方式的政治架构和社会治理模式，即西方道路的历史源远流长。目前，西方道路有多种表达。从经济学方面讲，可以有市场经济、福利国家等模式；从政治学的角度看，有代议制民主、参与式民主等模式；从法学角度看，主要是不同的宪政模式。无论哪个角度、哪个领域，西方道路都围绕着个体与

---

① 许章润：《防止中国滑入"普京式"治理模式》，《凤凰大学问》2017年4月13日。
② 中青在线新闻网站. 十九大报告中，"人民"二字出现逾200次 [Z]. http://news.cyol.com/content/2017-10/24/content_ 16615937. htm, 2017年10月24日。
③ 伯尔曼在《法律与革命》中认为，东西方的划分不是地理的，而是"有强烈时间性的文化方面的词"，西方是指"吸收古希腊、古罗马和希伯来典籍并以会使原作者感到惊异的方式对它们予以改造的西欧诸民族。"参见 [美] 哈罗德·J. 伯尔曼《法律与革命》，贺卫方、高鸿钧、张志铭、夏勇译，中国大百科全书出版社1993年版，第3页。

国家、市场与政府,夹杂着国际组织、非政府组织等的运作而进行,形成了自己系统的理念和价值追求,集中体现在其核心观念上。以法学领域的宪政主义为例,西方道路的核心观念集中在权利和权利主体,具体指"人民""公民"及其与"平等""法治"等其他概念的组合和运用,构成了宪政主义的基本轮廓。因此,中国道路自我表达借用西方道路的核心概念在时间的先后上似乎也说得过去。但是,西方也不是完全一致的,即便都是承继古罗马、古希腊文明,运用到自己独特生活方式上所形成的实践也是有区别的。因此,中国道路自我表达的原创语言缺失更重要的表现是:在沿用西方语言时没有有效地渗入自己的经验和经过检验的见解。即便同是西方国家,如法国、美国、英国,它们在运用这些核心概念时并不是非常一致,而是结合了各自的文化特点、当时的需求以及自己独到的经验形成表达自己道路的关键词。以"人民"概念为例,虽然人民作为普遍的定义就是指"一个国家的公民的全体,他们因政治目的而被授予了政治权利"。① 在不同国家不同时期有不同的关注和侧重,如卢梭认为人民就是全体公民的总称,国家只能是自由的"人民"自由协议的产物,而表达自由协议的途径就是获取人民的"公意"。由于"公意是国家全体成员的经常意志",② 因此,卢梭的"人民"概念实际上着眼于选举权,由"人民"建立国家。而在美国,"人民"概念关注的则是"共同的经历","人民"赢得国家独立。在《联邦党人文集》中,"人民"概念是这样定义的:"上帝乐于把这个连成一片的国家赐予一个团结的人民——这个人民是同一祖先的后裔,语言相同、宗教信仰相同,隶属于政府的同样原则,风俗习惯非常相似;他们用自己共同的计划、军队和努力,在一次长期的流血战争中并肩作战,光荣地建立了他们全体的自由和独立。"③ "共同的计划、军队""并肩作战",这些都是美国独特的经历。这充分说明,在使用同样的核心概念来表达自己的道路时,必须结合自己的经历、有效渗入自己的经验,方能够借用他人的语言成功地表达出自己的模式,展现出自己的道路。而在结合经验的过程当中,亦缺少不了自己的原创语

---

① *Black's Law Dictionary*. Sixth Edition. West Group. 1990: 1135.
② [法] 卢梭:《社会契约论》,何兆武译,商务印书馆1980年版,第40页。
③ [美] 汉密尔顿、杰伊、麦迪逊:《联邦党人文集》,程逢如、在汉、舒逊译,商务印书馆1989年版,第8页。

言。在中国道路中标志中国特色，就证明我国急需寻找真正属于我们的词汇来进行中国道路的自我表达。只运用西方的语言并不能明确充分地对中国道路的理念、内容、地位与发展方向等进行描述。当国内外关注中国道路提出问题时，这些不带有自身特点的词语会限制其作出回应。因此，在中国道路的自我表达上，需要丰富语言，让世界更好地了解这一大国的崛起，而在这其中地域方言的重要性便凸显了出来。

（二）通用语言的强势造成汉语语言的供给吃紧

首先，通用语言是权力架构的语言。通用语言又称官方语言，是国家以明示或默示的形式确立的、通用于国家权力所辖范围内的语言。通用语言通常不是自发形成或者自行产生的，其基本属于国家权力介入的结果，因为通用本身就是权力确定的结果。官方语言中的"官方"表明在政府对内和对外交往中某种语言作为正式使用的语言，也是权力界分的结果。从世界范围来看，确立通用语言的过程与民族国家政治构建的过程相一致，源于近代欧洲。当时，在"一个国家、一个民族、一种语言"的政治理念和原则下，"作为民族社会的黏合剂以及各个民族国家政治认同的资源，共同民族语言的构建与西欧民族国家的形成是同步的"。[①] 由此，在世界范围内开始了以明示或默示方式确立通用语言或官方语言的过程，这一过程由于权力的介入，自然伴随着对其他未被纳入通用语言或官方语言的地域方言的挤压和瓦解。从性质来讲，通用语言首先也是一种或几种地域方言，或者地域方言的合体，只不过因为权力的加持，其获得了法律和政策的认可，有了"中央方言"的地位。因此，毫不夸张地说，通用语言就是由权力架构的语言。

我国通用语言普通话的确立也是遵循的这种模式。虽说在前期的国语统一运动中，权力的介入还不明显，但是在1949年后，权力在语言问题上的介入不仅明显而且非常深入。从1954年成立的、直属国务院的中国文字改革委员会以及其关于简化和整理汉字、推广普通话与制定和推行汉语拼音方案的三大任务，到1955年的《汉字简化方案修正草案》；从1956年，国务院专门发布《关于推广普通话的指示》到首次出现"以北

[①] 肖建飞：《语言权利研究——关于语言的法律政治学》，法律出版社2012年版，第36页。

京语音为标准音、以北方话为基础方言、以典范的现代白话文著作为语法规范的普通话"这个完全的表述;从 1982 年宪法中关于"国家推广全国通用的普通话"的条款,到《教育法》《义务教育法》《人民法院组织法》以及三大诉讼法;从 2000 年的《国家通用语言文字法》到多个省关于实施《国家通用语言文字法》的地方法规;从教育部、国家语言文字工作委员会印发《国家中长期语言文字事业改革和发展规划纲要(2012—2020 年)》,到国家教委、国家语委陆续发出各级各类学校普及普通话的通知并进行检查评估;从 2004 年 10 月国家广播电影电视总局下发的关于加强译制境外广播电视节目播出管理的通知到 2014 年国家新闻出版广电总局发出的、要求广播电视节目规范使用通用语言文字的通知以及一系列限制地域方言的详尽规则等。这些标志着通用语言法律地位确定过程的时间、事件和规范无不显示了权力在通用语言上明显而深入的介入、确定而公开的支持。因此,说包括普通话在内的通用语言是权力架构的语言只不过是对事实的描述。

其次,由于通用语言在国家权力的支持下不断变强,其他相对弱势的地域方言的发展空间就会受到挤压。国家强制力的干涉不仅仅促进多种语言的交流与融合,更多地带来了不同语言之间的冲突,使得它们之间不再是自然状态下的平等竞争关系,而是一种此消彼长的状态。这就必定会造成了我国通用语言普通话的强势与汉语语言的供给吃紧。社会资源是一定的,通用语言占据的部分大,就势必会压缩汉语语言的空间。而对中国道路的内容、特点等进行表达,仅仅依靠通用语言的力量是不够的。要摆脱这种语言困境,就应力求加大汉语语言,特别是地域方言的运用范围,从地域方言中发现中国自我表达的原创语言。

(三) 通用语言与中国文化的脱节现象明显

由于通用语言本身是一种地域方言或几种地域方言的合体,其与特定的地域有关,故其在文化上投射或对应关系非常有限。即通用语言仅仅反映了特定地域的文化,并不能反映中国文化,与中国文化存在明显的脱节现象。中国文化是一个大概念,是由不同地域的地域文化融合而成的。因此,研究中国文化,必须从地域文化入手,而地域方言恰恰是地域文化的载体。正如英国语言学家帕默尔所言:"语言忠实地反映了一个民族全部的历史、文化,忠实地反映了它们的各种游戏和娱乐、各种信仰和偏见。"①

地方性知识又称亲密知识、民族知识、当地知识等。自从人类学家吉尔茨提出地方性知识的概念后,人们越来越接受一种观念,那就是人类的认知具有当地性、地方性或地域性,脱离当地性、地域性的知识也存在,但是如果没有地方性知识,未必就能更客观、更真实地认知世界。即人的认知与当地地方、自然条件、文化环境有相当密切的关系。特定地域的人们在长期的本地生活中,基于本地生产和生活经验,本地所发生的各种事件的影响,包括各种具有某种周期的事件和偶然的事件,以及外界信息的刺激,形成了对自身、自然、他人和社会独特的体验和领悟,成为独特的地方性知识。而从本质上看,"一切知识首先都是地方性知识,任何一种文化语境中的知识生产,都潜藏着独特的禀赋和鲜明不同的创造性"。② 格尔茨还特别指出:"地方在此处不只是指空间、时间、阶级和各种问题,而且也指特色,即把对所发生的事件的本地认识与对可能发生的事件的本地想象结合在一起。"③ 实际上,既然知识是人类的认知,那么知识首先是地方性知识,不是不存在那种具有普遍适用性的知识,只是普适性知识来源于不同的地方性知识的高度抽象。正是这种蕴含在地方性知识中"独特的禀赋和鲜明不同的创造性"构成了地域文化的核心。

中国道路的自我表达需要尊重本土经验的理论模型,这集中体现在地方性知识中,而地方性知识的传承、发展离不开地域方言。缘由在于:地域方言表达了地方性知识。地方性知识的传承和表达通过语言来进行,具体体现在特定地域人们所沿用的、历史性沉淀下来的地域方言中,用地域方言的语音、语意、词汇以及独特的文字来表达和传承它们的地方性知识。换言之,地域方言实际上成为地方性知识的载体,即地方性知识要通过地域方言来表达。

对比之下,通用语言仅以一种或几种地域方言为基础,普通话以北方

---

① [英] L. R. 帕默尔:《语言学概论》,李荣等译,商务印书馆1983年版,第139页。
② [英] 毛伊·赫德森:《从全球着想,从本地入手:集体同意与知识生产的伦理》,李萍译,载《国际社会科学杂志》2010年第2期。
③ Geertz·C., *The Integrative Revolution: Primordial Sentiment and Civil Politics in the New States*. Old Societies and New States, 1963: 105-157.

方言为基础，北方方言仅仅是汉语众多方言中的一种，如果地域方言是地方性知识的载体，那么普通话实际上仅仅是有限的地方性知识的载体，仅仅表达和传承了特定区域的地域文化。如果在推广普通话的同时挤压其他地域方言的适用空间，那么等同于压制甚至抛弃了其他广泛的地方性知识所构成的地域文化。此种情形下，仅仅以特定地域文化为基础的通用语言焉能代表中华文化？中华文化应是各种地方性知识的兼收并蓄，是各种地域文化的交融汇集。因此，通用语言与中华文化的脱节现象自然不能避免。更何况，通用语言在特定地域推广的同时，借助权力在相当程度上会解体或重构特定地域的地方性知识，这使得通用语言与中国文化脱节的现象愈加突出。

（四）通用语言的强势削弱了思想的原创性

如前所述，语言不仅仅是自我与现实之间的媒介，而且语言也决定了思维的方式或模式。正是借助语言、依靠语言，人们才得以认识自己、认识他人、认识社会和世界，认识自己与他人的关系、自己与社会的关系、自己与世界的关系，从而将自己定位。因此，从这个意义上讲，语言本身就是一种思维方式。

如果说语言直接决定了人的思维方式，甚至语言就是思维本身，那么对地域方言的限制实际上也就限定了人的思维，直接削弱了思想的原创性。人只有自动、自如地运用语言，才能真切地认识感知世界、认识世界，才有可能形成自己的观点、看法，最终汇聚成思想之源。对地域方言的限制，很大程度上将一部分人同其最为熟悉、最得心应手的语言割裂开来，同他们本来的生活割裂开来，这部分人自幼生活在特定地域中，地域方言构成其生活的一部分。人如果割裂至此，产生的思想的环境就被极大地破坏，自然无法产生原创性的思想。

历史上发生的事实也是说明了这一点，如古罗马，当时其已经组建了横跨欧亚非大陆、环绕地中海的罗马帝国，但是，帝国的统治并没有形成语言的统治。实际上，尽管罗马用武力征服了不同的地区，但是对被征服地和被征服者并没有在语言、文化上进行强制同化，因此，在罗马发展的顶峰时期，"由恺撒设想、奥古斯都实施的'罗马统治下的和平'是一个包容了不同民族、不同宗教、不同文化、不同语言的多元化社会"。① 罗马尊重被征服地域的方言,这种尊重甚至让罗马的官方语言让位给特定的地域方言。例如,在向东方各领地发送罗马中央政府公告时,罗马没有强行使用其母语和官方语言,即拉丁语,而是让人将公告翻译成东方世界的通用语希腊语。② 罗马对被征服地域方言的承认和尊重不仅为其赢得了"罗马统治下的和平",而且罗马灭亡后,原来的被征服地如高卢地区、日耳曼地区、英格兰地区等,都在当地地域方言和罗马拉丁语的基础上,结合当地文化,发展出新的语言如英语、法语、德语,创造出丰富的思想,将人类文明往前推动了一大步。假设当初罗马强行推行拉丁语的官方语言,结果肯定不乐观。中国也是如此。作为中国文化重要组成部分、浓缩中国文化价值观、思维模式的成语多出现在地域方言发达,或者权力没能主宰或介入语言的时期。有学者将诸家成语创造数量进行排名,其中前十本著作中有包括《论语》《左传》《诗经》等七本源于春秋战国时期。由此可见,在权力未能强势介入语言的春秋战国时期,我国的成语词汇十分丰富。③ 而真正到了权力介入语言的时期,成语的数量反而少了。有人对《汉语成语词典》(上海教育出版社,1978 年)中注明语源的 4600 条四字成语进行统计,结果显示:源自先秦的四字成语占 63%;在秦统一文字之后魏晋南北朝的四字成语仅占 15%;随着时代推进,成语来源的数量越来越少,最后元明清时期仅占 2%。④ 这就表明,权力介入语言的政策越是强势,代表着文化与思维的成语的数量就越发减少。这些实例均证实了一个观点:地域方言的发达、不受权力的压抑会增加思想的原创性,反之则不然。因此,地域方言在中国道路自我表达的语言困境中有举足轻重的作用,成为突破其语言困境的关键。

---

① [日]盐野七生:《罗马人的故事》(Ⅵ 罗马统治下的和平),徐越译,中信出版社 2015 年版,第 86 页。
② 同上。
③ 作者将诸家成语数量排出了 40 位,并在文中列举前 20 位,本文中只参考前 10 位。夏松瑜《汉语成语发展创造谭概——兼为成语创造者排座次》,《社会科学论坛:学术研究卷》2006 年 11 期。
④ 肖竹声:《四言成语的两项小统计》,《中国语文天地》1987 年第 5 期。

六 地域方言权与中国道路自我表达话语困境的突破

(一) 地域方言展现了真实的中国

首先,地域方言真实地展现了人们生活模式的变化,表达了人们真实的需求。

有一种通行的观点认为,是文化定义了不同的人们。如有人曾经说过:"在我有生之年,我见过法国人、意大利人、俄罗斯人,等等;感谢蒙田,他让我知道,还有可能有波斯人。然而,谈到人,我可以断言,我从来没有见过他;即使他存在,对我来说,也是未知的"。① 这段话的意思是说不存在脱离文化的人性,所有的人性都与文化相关,不同的文化决定或定义了不同的人、不同的群体。如果这个前提成立,那么文化是如何定义人们? 或者文化是如何将人们区分为不同的人呢? 这里面的关键词是生活或者生活模式。

什么是生活? 什么是生活模式? 或许梁漱溟的领悟有助于理解这一抽象的问题。在梁漱溟看来,"生活就是没尽的意欲——与叔本华所谓的意欲略相近——和那不断的满足与不满足罢了"。② 也就是说,生活就是人向自然、向他人、向世界的不断索求与不断妥协、不断探索与不断调整的过程中所获得的不断满足与不满足。梁漱溟所说的"满足与不满足"既是对这一过程的一种评价,与"意欲"相比的评价,也是指过程本身。如果在"不断的满足与不满足"的过程中,人们逐渐表现出某种大致相同或相似的倾向,这就形成了特定的生活模式,梁漱溟称为生活样式。生活模式或生活样式直接与文化相关,甚至可以说生活模式或生活样式构成了文化的核心。例如,维柯认为,文化就是任何社会对现实、对世界、对自然、对自身、对自身历史及其奋斗目标的看法,这些诸多看法通过其成员的行为、思想、感觉等来表现,通过他们的文字、他们的语言的形象描

---

① 这是以赛亚·伯林评价迈斯特关于否认人这种创造物的实在性时所引用的迈斯特的话。[英] 以赛亚·伯林《扭曲的人性之材》,岳秀坤译,凤凰出版传媒集团、译林出版社 2009 年版,第 104 页。

② 中国文化书院学术委员会编:《梁漱溟全集》(第一卷),山东人民出版社 2005 年版,第 352 页。

述或抽象的隐喻来表达，也通过他们的崇拜、他们创制的机构来展现。[①]可见，文化是具体的，是特定生活模式或生活样式的指代，即特定的文化是特定的群体在自己的经历中所萌生的对世界、对自然、对现实、对自身、对历史和未来的看法和实践，这些看法和实践尽管在个体之间存在种种差异，但在群体外部看来，通过语言、信仰、理想和创制的机构、沿用的习俗、衣着甚至食物体现出来的观念和看法及实践，具有大致的趋同性，可以以此将其与别的群体区分开来。依照生活模式或生活样式被区分开来的文化，彼此之间存在差异，即文化差异。其中的情形如梁漱溟所言："文化又是什么呢？不过是那一民族生活的样法罢了。"[②] 生活模式的差异造成文化的差异。由此，通过所谓文化区定性某个特定的群体、族裔或者民族，实际上就是通过生活模式或者生活样式去发现特定群体、族裔或者民族的真实需要、真实观念和看法。而这其中，最为主要的就是他们的语言。语言既是文化的载体，更是生活模式的必备要素，信仰、服饰、艺术、建筑、制度无不通过语言来表达和传承。这里的语言首推地域方言，原因就在于：地域方言是历史性沉淀下来作为特定地域实际交流工具的语言。如果在特定地域出生、成长，那么毫无疑问，这种作为当地实际交流工具的语言就能成为其母语，哪怕是在有通用语言的情形下。

特定的地域方言之所以成为这一种语言而不是另一种语言，之所以有这样的语法而不是那样的语法，之所以有特定的词语、特定的明喻、隐喻就是因为其不同的生活模式造就。可以说，生活模式表达了人们特定的需求，其成就的地域方言中自然蕴含着特定地域人们看待世界、想象自己的方式，也建构了他们自己的价值观。因此，地域方言展现了真实的生活方式，这种方式不因技术的变革造成形式的不同而产生本质的变化，这才是发现真实中国的基础。

其次，地域方言诠释了特定地域的习俗、风俗和习惯，展现了真实的中国。

曾游历欧洲数十年的孟德斯鸠发现，习俗都是因某些独特的生活方式

[①] Cf. Isaiah Berlin. *The Crooked Timber of Humanity* [M]. edited by Henry Hardy. London: John Murray (publishers) Ltd: 8-9.
[②] 中国文化书院学术委员会编：《梁漱溟全集》（第一卷），山东人民出版社2005年版，第352页。

造成的，或是取决于一些如此不可理解、如此遥远的因素，人们几乎不可能事先预见它们。因此，他得出了一个经得住考验的结论：最能适应人们习性和倾向的政府，是最好的政府。"当一个民族有良好风俗的时候，法律就是简单的"。① 并且由于"法律是立法者创立的特殊的和精密的制度，风俗和习惯是一个国家一般的制度。因此，要改变这些风俗和习惯，就不应当用法律去改变"。② 中国道路的表达方面，需要如孟氏一样立足于特定地域，通过对特定地域的考察来发现真实的中国。曾经代表在某些领域成功表达的思想、观点无不与对特定的地域的考察相关，如费孝通的《江村经济》以江苏省吴江县开弦弓村为考察点，通过以点带面来考察了当时中国农民、农村的经济生活。其著作中关于村与户的关系考察、关于江村（费先生将开弦弓村取名为江村）亲属关系的考察、关于村民养羊与贩卖羊的考察、关于村民养蚕与缫丝的考察、关于江村资会的考察，都清晰地展现了特定地域的习俗、习惯、风俗。他们同特定地理环境的关系、他们的经济劳作、他们的社会结构都融入在这些习俗、习惯和风俗中。而这些习俗、习惯或风俗无不通过地域方言来切入。可以说，没有特定的地域方言，就没有特定的习俗、习惯和风俗。语言由劳作、社会交往形成，语言的运用又实际完成习俗、习惯、风俗的承继，所有的习俗、习惯和风俗都借助语言来展现和诠释，甚至地域方言本身就是一种习俗、习惯和风俗。这里面藏着人们想象世界的角度、方式，藏着人们的欲望、信念和理想，藏着人们的经验、无奈和妥协。因此，可以说，不同的地域方言就是不同群体在不同地域所遭遇的不同经历所铸就，展现了他们不同的发展路径，这些多样的经历和不同的发展路径恰恰构成了立体、丰富和复杂的中国。因此，从地域方言诠释的特定地域的习俗、风俗和习惯中可发现真实的中国。

（二）地域方言所蕴含的地域文化构成中国文化

文化首先表现为地域文化。文化总是在特定地域发展，此处的地域包括物理空间，包括一定范围的自然地理和人文地理。自然地理包括区位空

---

① ［法］孟德斯鸠：《论法的精神》（上册），张雁深译，商务印书馆 1961 年版，第 317 页。
② 同上。

间和物产资源；而人文地理则包括经济分布和社会架构等。实际上，在地域内，除特定的自然条件外，其余的条件如经济状况、社会架构等也都与地域有关。正如有人说言，地域既是自然概念，也是人文地理概念，地域文化就是作为一个地区历史形成的特质文化，是具有共同文化传统和相同发展脉络的文化形态，其特征表现为文化发展的持续性和文化认同的一致性。[①]

如第一章所述，地域语言代表了文化认同，地域方言的实质：一是地域方言是文化最恰当、最成功的解释。用菲西曼（Fishman）的话说，语言是特定文化的利益、价值和观点的最好表达。地域方言恰恰是在特定地域，经过各种因素以看得见或看不见的方式相互博弈，历史性沉淀下来的语言，是伴随文化形成和发展的原生语言，自然成为文化最恰当、最成功的诠释。进一步追溯，语言不仅是特定文化最成功、最恰当的诠释，甚至语言本身就是文化的化身。二是地域语言代表了文化认同。特定的语言不仅与特定的文化识别相联系，而且作为文化识别的标识，表明了个体对于特定语言所代表的一种生活方式的参与，一种价值观念的认同，是一种文化认同。特定的地域方言作为历史性沉淀下来的原生语言，也代表了一种文化认同。语言成为文化本身的典型化身，特定地域方言也成为特定地域文化的化身。不同的地域方言代表了不同的地域文化，共同构成了中华文化。

（三）地域方言为中国道路的思想原创提供路径

地域方言与古汉语的密切关系为思想原创供给营养。中国语言文字经过白话文、简体字、汉语拼音化，其中的变革是非常重大的，也可以说是根本性的变革。但从另一个角度看，这种根本性的变革就是一种断崖式的变革，太突然、太剧烈，以至于让思想的传承断裂，思想发展自然就茫然，思想原创也成为一种奢望。

当然修正断崖式的改革并不是说要回到从前，回到古汉语或者半文半白的时代。实际上也回不去了。不过，采取某种路径，最大可能地消除断崖式改革所带来的巨大的负效应，以在思想传承的基础上力争思想原创，

---

① 卞敏：《城市文化与地域文化》，《阅江学刊》2011年第2期。

这应该是可行的。地域方言就是一种可行的路径。其中的缘由在于：

首先，地域方言与古汉语存在不同程度的密切关系，这远非通用语言能比。地域方言是历史性沉淀下来在特定地域作为实际交流工具的语言，特定地域的历史、人文、自然环境等无不在地域方言中找到印迹。可以说历史上各种事件、变化、生活模式的变迁等都在地域方言中打下了烙印，地域方言就是一个活化石，其中与古汉语的密切关系更是源远流长，用盘根错节等词来形容一点不过分。章太炎说，地域方言是古汉语遗留的宝贵财富，"其宝贵过于天球、九鼎"。① 可见，地域方言与古汉语之间存在紧密的关系。随着时间的演变，许多古汉语中的词语逐渐演变消失在不同朝代的官方语言中，而在各地的地域方言中却存在被保留下来的可能性。在2007年的国际认证ISO 639-3国际语种代号的编制中，国际标准化组织把汉语分为十三种方言，即闽东言、晋方言、官方言、莆仙方言、徽方言、闽中方言、赣方言、客家方言、湘方言、闽北方言、闽南方言、吴方言、粤方言。而在2012年版的《中国语言地图集》则把地域方言分为十个区：官话区、晋语区、吴语区、徽语区、赣语区、湘语区、闽语区、粤语区、平话区、客家话区。典型的如粤语、湘语等。无论将其分为方言种类还是方言区，都说明了一个事实：中国的方言种类较多。而这些方言区中的不同方言几乎都与古汉语直接相关。例如，在古汉语中"囝[Kia]"字是儿女，孩子的意思。唐朝诗人顾况在《囝》中写道："囝生闽方，闽吏得之……囝别郎罢，心摧血下。"在闽语中，人们也都用"囝"来表示儿子。又如，"箸[ti]"字在古汉语中是筷子的意思。在我国南朝宋的临川王刘义庆集结门客编撰的《世说新语》中写道："王蓝田性急，尝食鸡子，以箸刺之，不得，便大怒，举以掷地。"在闽方言体系中"箸"恰恰也是筷子的意思。可见，"闽南方言保留的古汉语字、词、句与中原古文化关系密切"。② 再比如，自西汉时期，"起"字就有"建造，兴建"之意。在《史记·孝武本纪》中有"越人勇之曰：'越俗，有火灾复起屋，必以大，用胜服之'"。明代朱国桢在《涌幢小品·番族》中写道："在境上，建寺起屋，纳妻妾，酗淫赌博，靡所不至。"

---

① 章太炎：《论汉字统一会》，载《章太炎全集》（四），上海人民出版社1985年版，第319页。
② 林宝卿：《闽南方言是古汉语的活化石》，《闽台文化研究》2014年第3期。

现如今，在我国浙江南部一带还习惯用"起屋"来表示建造房屋。而这些用法，在我们通用语言中已找不到踪迹。历史上，由于政权、战乱、饥荒等原因，中原汉民大致经历三次大规模的南下，① 大量古汉语的语言文字被带入长江流域地区，形成不同的方言区。因此，在今天的几大方言区的方言中，都可以清晰地发现古汉语的身影。而现如今的普通话作为中国法定的全国通用语言，是"以北京语音为标准音，以北方话为基础方言、以典范的现代白话文著作为语法规范"的语言。这里的"北方话"从历史上看，是夹杂着阿尔泰语系的蒙古族、鲜卑族、女真族等游牧民族学习汉文时所保留的成分。它与古汉语的关系自然不如由北方居民在历史上不断南迁中逐步形成的其他地域方言。而古汉语本身就是中国思想表达，甚至就是思想本身。地域方言与地域文化的密切乃至重合关系能使得地域方言的言语者从古汉语中吸取营养，方便思想的原创。

其次，地域方言所蕴含的自由是其他自由无法取代的，为思想原创提供路径和方式。承认地域方言，表明了国家真实地认可和尊重个人和群体所选择的生活模式，使个人能最大限度地尽其所愿地过上自己想要过的生活，成为自己想要成为的幸福的人。而自由是事关人的幸福不可缺少的要件，自由的根本含义就在于对个人意愿和由此导致的选择最大限度地承认和尊重。人只有在能用自己母语来表达的充分自由下，思想原创才能成为可能。从这个意义上讲，地域方言权所蕴含的自由是其他自由无法取代的，为思想原创提供表达路径和方式。此外，通用语言在国家的推广下突

---

① 第一次是"永嘉之乱"时期。西晋永嘉五年（311年），匈奴攻入京师洛阳，俘获怀帝，杀王公民众三万余人。《晋书·孝怀帝纪》："永嘉五年春正月，帝密诏苟晞讨东海王越……三月戊午，诏下东海王越罪状，告方镇讨之。以东征东大将军苟晞为大将军。丙子，东海王越薨。四月戊子，石勒追东海王越丧，及于东郡，将军钱端战死，军溃。太尉王衍、吏部尚书刘望、廷尉诸葛铨、尚书郑豫、武陵王澹等皆遇害，王公以下死者十余万人。"永嘉之乱后，西晋统治南迁，定都建康（今南京）建立东晋，史称衣冠南渡。第二次是"安史之乱"时期。唐代玄宗末年至代宗初年（755—763年），将领安禄山与史思明同唐朝争夺统治权，发动内战。李白在《永王东巡歌十一首·其二》中写道："三川北房乱如麻，四海南奔似永嘉。但用东山谢安石，为君谈笑静胡沙。"安史之乱后，由于北方的社会制度等受到了极大的破坏，大量北方汉人南迁。第三次是"靖康之耻"时期。北宋宋钦宗靖康年间（1126—1127年），金军攻破东京（今开封），俘虏了宋徽宗、宋钦宗父子及大量赵氏皇族、后宫妃嫔与贵卿、朝臣等三千余人北上金国。南宋大将岳飞在《满江红》中写道："靖康耻，犹未雪，臣子恨，何时灭！"当时的主要战场在黄河流域，因此造成周边的大量居民向长江流域迁徙，主要迁徙地区为：浙江、江苏、湖北、四川。参见王雨霖《中国人口迁徙中的经济学分析》，载《中外企业家》2014年第2期。

飞猛进地发展或迅速地扩张的同时，在社会中，特定的地域内，总是存在地域方言，存在以与通用语言相分立的地域方言为母语的个人和群体。他们在与自身利益密切相关的公共生活中若能选择自己母语作为交流语言，这在相当程度上能缓和地方与中央的关系，从而也确定了一个相对自由的空间。这无疑对思想原创大有裨益。

早在79年前，费孝通先生通过实地考察，在其博士论文《江村经济》的序言中就写道："中国经济生活变迁的真正过程，既不是西方制度直接转渡的过程，也不是传统的平衡受到干扰而已，而是各种力量作用的结果。"① 这个观察性的结论不仅适用于中国经济的变迁，而且以小见大，也适用于中国社会的变迁。费先生所说的这个变迁过程至今还在继续，中国变迁的过程实际上就是一个展现中国道路的过程，其既不是西方的复制品，也不是传统的回归，而是一种在中国特有的环境下（包括地理环境、人文环境），依据中国人真实的需求和其特殊的经历所跌跌撞撞摸索出来的种种做法，这些做法可统称为本土经验，但绝不是完全排斥外界尤其是西方影响、西方强势地位压力的狭隘的本土主义。这些本土经验本身就发生在不同的地域，是特定地域具有特定思维的人摸索出来的，与地域历史、地域文化密不可分，只有借助地域方言才能将其系统化、模型化。因此，地域方言能为中国道路自我表达中锻造尊重本土经验的理论模型提供有力的表达方式。

每种地域方言都是相对独立的语言系统，是记录某种地域文明的符号。从这个意义上来看，不同地域方言就代表了不同的思维方式，而一种地域方言的衰落甚至消亡，也就意味着关闭了一种或几种思维模式。中国道路自我表达的语言困境从深处看，实际上就是一种思想困境、思维困境。因此，困境的解除，仅仅依靠普通话这类权力确定的语言显然是不够的，更应该仰赖更有丰富文化底蕴、历史性沉淀下来的地域方言。唯有如此，才有可能突破中国道路自我表达的语言困境。

---

① 费孝通：《江村经济》，《中国农民的生活》，江苏人民出版社1986年版，第2页。

参考文献

［英］A. J. M. 米尔恩：《人的权利与人的多样性——人权哲学》，夏勇、张志铭译，中国大百科全书出版社1993年版。

［英］埃里·凯杜里：《民族主义》，张明明译，中央编译出版社2002年版。

［英］埃里克·霍布斯鲍姆：《帝国的年代》，贾士蘅译，上海人民出版社2006年版。

［美］爱德华·萨丕尔：《萨丕尔论语言、文化与人格》，姚小平译，商务印书馆2011年版。

［美］本尼迪克·安德森：《想象的共同体：民族主义的起源与散布》，吴叡人译，上海人民出版社2005年版。

蔡永良：《美国的语言教育与语言政策》，上海三联书店2007年版。

耿焰：《少数人差别权利研究——以加拿大为视角》，人民出版社2011年版。

郭友旭：《语言权利的法理》，云南大学出版社2010年版。

［美］汉密尔顿、杰伊、麦迪逊：《联邦党人文集》，程逢如、在汉、舒逊译，商务印书馆1980年版。

［英］吉姆·麦圭根：《文化政策的三种话语》，载［美］尼克·史蒂文森编《文化与公民身份》，吉林出版集团2007年版。

敬文东：《被委以重任的方言》，中国人民大学出版社2003年版。

［美］克利福德·格尔茨：《文化的解释》，韩莉译，凤凰出版传媒集团、译林出版社2008年版。

［美］克利福德·吉尔兹：《地方性知识：阐释人类学论文集》，王海龙等译，中央编译出版社2004年版。

[伊朗]拉明·贾汉贝格鲁:《伯林谈话录》,杨祯钦译,凤凰传媒集团、译林出版社2011年版。

[美]雷蒙·威廉斯:《关键词——文化与社会的词汇》,刘建基译,三联书店2005年版。

[法]罗朗·布洛东:《语言地理》,祖培、唐珍译,商务印书馆2000年版。

[法]托克维尔:《旧制度与大革命》,冯棠译,商务印书馆1992年版。

王辉:《澳大利亚语言政策研究》,中国社会科学出版社2010年版。

[德]威廉·冯洪堡特:《论人类语言结构的差异及其对人类精神发展的影响》,姚小平译,商务印书馆2008年版。

[加]威尔·金利卡:《少数的权利——民族主义、多元文化主义和公民》,邓红风译,上海世纪出版集团2005年版。

肖建飞:《语言权利研究——关于语言的法律政治学》,法律出版社2012年版。

[日]盐野七生:《罗马人的故事》(VI 罗马统治下的和平),徐越译,中信出版社2012年版。

[以色列]耶尔·塔米尔:《自由主义的民族主义》,陶东风译,上海实际出版集团2005年版。

[英]以赛亚·伯林:《自由论》,胡传胜译,译林出版社2003年版。

[英]以赛亚·伯林:《个人印象》,林振义、王洁译,译林出版社2013年版。

[英]约翰·密尔:《论自由》,许宝骙译,商务印书馆1959年版。

[加]詹姆斯·塔利:《陌生的多样性——歧异时代的宪政主义》,黄俊龙译,上海世纪出版集团2005年版。

Alan Patten and Will Kymlicka, *Language Rights and Political Theory*: *Context, Issues, and Approaches*, Will Kymlicka and Alan Patten (edited), *Language Rights and Political Theory*, Oxford, Oxford University Press, 2003.

Alan Patten and Will Kymlicka, *Language Rights and Political Theory*: *Context, Issues, and Approaches*, Will Kymlicka and Alan Patten (edited), *Language Rights and Political Theory*, Oxford, Oxford University Press, 2003.

Anthony Pagden, *Lords of all the Word: Ideologies of Empire in Spain, Britain and France. C.* 1500 – *C.* 1800, New Haven and London, Yale University Press 1995.

Cf. Isaiah Berlin. *The Crooked Timber of Humanity*, edited by Henry Hardy, London: Johan Murray (Publishers) Ltd.

Charles Taylor, *Nationalism and Modernity*, in R. Beiner (ed.) *Theorizing Nationalism*, State University of New York Press 1997.

Colin H. Williams, *Linguistic Minorities in Democratic Context*, Palgrave Macmillan 2008.

Isaiah Berlin, *Vico and Herder: Two Studies in the History of Ideas*, London: The Hogarth Press 1976.

I. M. Young, *Justice and the Politics of Difference*, Princeton University Press, 1990.

Kerttu Vuolab, *Such a Treasure of Knowledge for Human Survival*, Robert Pillipson edited, *Rights to Language: Equity, Power, and Education*, Mahwah, New Jersey, Lawrence Erlbaum Associates, Inc 2000.

Nathan Glazer, *Individual Rights against Group Rights*, in Nathan Glazer, *Ethnic Dilemma: 1964 – 1982*, Harward University Press, Cambridge, MA1983.

Ozolins, U. *The Politics of Language in Australia*, Cambridge: Cambridge University Press, 1993.

Stephen May, *Language and Minority Rights: Ethnicity, Nationalism and the Politics of Language*, Pearson Education Limited 2001.

后　记

方言的味道

我的老家，湖南平江，山清水秀，因其相对闭塞的地理环境和独特语言群体等因素，孕育了一方特殊的地域语言——平江方言，它属于最难懂的湖南话之一。虽然我现在说的是普通话，耳边萦绕的是普通话，但是我觉得最悦耳动听的语言，最有味道的语言，还是我从小就说的平江话。这是我的母语。

记得上小学时，邻居家姐姐大学毕业后在长沙教书当老师，她的五岁儿子回老家和我们一起玩耍，不仅会说我们土得掉渣的平江话，还会说一口流利的普通话，平江话和普通话能随时自由转换。而那时候，我们学语文拼音，还分不清 n 与 l，k 与 h，一不小心就会读混淆的 f 与 h；那时候，我认识的最牛的人——我的表哥在北京师范大学上大学，刚到北京就得了一个外号"福来人"。因为他大学室友第一次见面问他是"哪里人"，他脱口而出把"湖南人"说成了"福来人"。这一比较，哇，我觉得这小孩太厉害了，还没上学普通话就说得这么溜溜的，真是羡慕嫉妒恨啊。

推广普通话时，我已上初中。那时候，我们学校来了一批刚大学毕业的老师们，烫着卷发，伴着欢快的曲调，哼唱着"辽阔草原，美丽山冈，群群的牛羊；白云悠悠，彩虹灿烂，挂在蓝天上……""太阳太阳像一把金梭，月亮月亮像一把银梭，交给你也交给我，看谁织出最美的生活。"朝气蓬勃的年轻的老师们上课说着普通话，也鼓励我们说普通话。那时候，如果有人说普通话，我们会觉得这人这么矫情，故意显摆，但是年轻的老师们说普通话，我们觉得是一件很牛很酷的事，那是新潮青年的标配。

上高中时，可能要求老师们不分年龄，上课要讲普通话。年龄大一点的老师们讲普通话，让课堂气氛活跃了不少。生活和学习中耳边时常会有飘出"平江塑料普通话":"好好考试"说成"考考好事";把"发生"说成"花生";把"绿色"说成"六色";把"四川"说成"四圈";把"喜欢"说成"稀饭"……那时候,大家上课说着普通话,课后说着平江话,平江话和普通话也能随时自由转换,方言在自己自然的生存空间还得以自然地延续。那时候,大家普通话水平都不怎么样。发现读错了,音调拐弯拐得太离谱了,"塑料普通话"变形变得太严重,也就会相视哈哈大笑。直至现在高中同学聚会,还会调侃一下当时大家说"平江塑料普通话"的趣事。

到了上大学,我第一次远离父母,远离家乡,来到了江城武汉,普通话朝我迎面扑来。开学第一天,室友问我哪里人?我说平江人,她听了一脸迷茫,"平江人?是哪里人呀?"我突然醒悟,平江,是地球上很小很小的一个地方,在这里,大家不知道有平江这个地方,更没有人听得懂我说的平江话。在这里,我是湖南人,我是大学生,我要说普通话。那时候大家基本上都是第一次远离父母,远离家乡,必须抛弃方言,必须说普通话,也闹了不少笑话。记得大一军训期间的一天,一位湖南室友慌慌张张地跑到寝室,语无伦次地告诉大家:"排长杀人了!"我们几个听了目瞪口呆,面面相觑:这是咋回事啊,不可能呀,排长人品多好!再听她一描述,终于明白了,原来她是说,军训最后要汇报走队列,排长要刷下几个平时不好好训练的同学。是"排长刷人了!"真是虚惊一场。还有一次,同学一起出游,初夏时节,天气渐热,一湖南男生说,今天好"夜"啊!一江西女生说,你说的不对,不是"夜",是好"乐"!我在一旁听得云里雾里,一琢磨才恍然大悟,原来他俩是说:今天好"热"。争执解决,三人也乐得不行。虽然我们为了更好地交流,必须说普通话,但是大家对方言永远充满着好奇。我们宿舍有来自湖南、江苏、江西、陕西、湖北等地,天南海北,南腔北调,大家上学期间一直都是饶有兴趣地相互学习各地方言和各地童谣。在武汉上大学,有点遗憾的是我们寝室没有武汉人,大家基本上接触不到武汉话,虽然我们喜欢吃热干面,喜欢吃豆皮,但我们不会说武汉话,我想这也是大家对校园有着无限的眷恋,可感觉城市少那么点味道而多了点距离感的原因吧。

工作以后,来到青岛这个海滨城市,在大学里工作,周围的人说的全是标准的普通话,正宗的青岛话很稀罕听到。我的普通话也越来越标准,以前我的学生会模仿我的湖南腔调，但是现在很少有人能听出我的湖南腔调。从小在青岛长大的女儿，她不会说山东青岛话，也不会说妈妈老家和爸爸老家的方言，她只会说普通话。和她一起长大的小朋友都是这样，他们只会说普通话，方言已经离他们很是遥远。以至于有一年，女儿的同学在班级元旦联欢会上表演青岛话，在他们班上引起轰动，女儿也很受感染，觉得说说青岛话，又帅又酷还很有味道，回来学得惟妙惟肖。这和我们当时听见普通话的感觉一样。走在青岛的大街小巷，波螺油子路上，虽然我们喜欢吃蛤蜊，喜欢海边踏浪，但我们不会说青岛话，听不懂青岛话，和青岛这座城市的交流对话也总是差那么点味道。

现在回到平江老家，我的发小、我的同学很多在家里也鼓励自己的孩子说普通话，大家说普通话都很自然，虽然孩子们也会说平江话，但是，有很多"很土很老"的方言他们都不会说了，也听不懂了。这显然是强势推广作为通用语言的普通话的一种当然结果，也成为一种普遍现象，很显然，方言的生存空间已经被极大地挤压了，即便在其天然的生存空间——特定的地域也是如此。

我在家里有时会用平江话读唐诗给女儿听；和她说平江话，教她说平江话；告诉她"十里不同音"的奇妙；告诉她"平江话哇出来的是历史，讲出来的是文化"。告诉她平江话，是现代汉语中古汉语语音语素保存最完整、最古老的一种语言，被称为古汉语的"活化石"；和她一起破解平江话与普通话之间联系的密码；和她一起体会一种方言，就是一种生活的韵味，一种文化的底蕴。

普通话让我们更容易交流，方言却让我们自带特色，自带不一样的味道。在一个城市，不会说这个城市的方言，自己会说的方言没人听得懂，总觉得隔着那么一点点距离，生活中总是少那么一点点味道。我想，我们还是应该去亲近一下方言，去品尝她自酿出的生活的味道。这不仅让我们的生活多一点不一样的味道，更重要的是，不同的地域方言代表了不同的地域文化，是中华文化的组成部分，而文化只有传承才能阐释历史的厚重。地域方言权，应该可以让我们自由品味方言的味道。

张朝霞

2018年4月于青岛